高等院校"十三五"工商管理类课程系列规划教材

组织行为学

（第三版）

主 编 王 岩 郭志达 王俊峰
副主编 徐 雯 马 越 奚秀岩

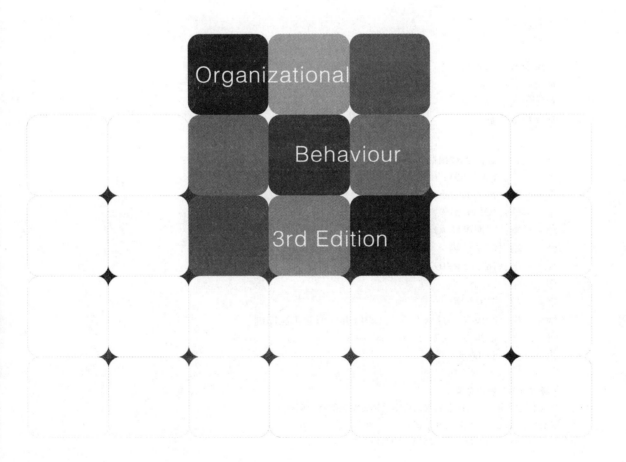

Organizational

Behaviour

3rd Edition

经济管理出版社
ECONOMY & MANAGEMENT PUBLISHING HOUSE

图书在版编目（CIP）数据

组织行为学（第三版）/王岩，郭志达，王俊峰主编 . —北京：经济管理出版社，2019.6
ISBN 978 - 7 - 5096 - 6576 - 3

Ⅰ . ①组… Ⅱ . ①王… ②郭… ③王… Ⅲ . ①组织行为学 Ⅳ . ①C936

中国版本图书馆 CIP 数据核字（2019）第 081427 号

组稿编辑：王光艳
责任编辑：李红贤
责任印制：黄章平
责任校对：董杉珊

出版发行：经济管理出版社
　　　　　（北京市海淀区北蜂窝 8 号中雅大厦 A 座 11 层　100038）
网　　址：www. E - mp. com. cn
电　　话：（010）51915602
印　　刷：三河市延风印装有限公司
经　　销：新华书店
开　　本：787mm×1092mm/16
印　　张：17.25
字　　数：410 千字
版　　次：2019 年 7 月第 1 版　　2019 年 7 月第 1 次印刷
书　　号：ISBN 978 - 7 - 5096 - 6576 - 3
定　　价：68.00 元

前　言

　　所有的组织都离不开管理，有一种观点认为，管理者就是通过别人来完成工作。如何了解他人，与不同的人相互理解？如何激励他人？怎样才能使自己的员工、同事甚至家人按照期望的方式行事？如何管理团队？怎样才能打造一个高效的团队？如何成为成功的领导？怎样根据千变万化的环境选择领导方式？这些都是管理学所要解决的问题。无论从哪一个角度来审视管理者的工作，都无法回避对人的行为进行管理的重要性。

　　要对人的行为进行有效的管理，必须对人的行为规律及其影响因素进行全面的了解。因此，以个体、群体行为规律为主要研究对象的组织行为学，是管理类各专业本科生的必修课。组织行为学是研究工作中人类行为的一门学科。组织行为学中的理论和方法，不仅有益于人们的管理实践，对于日常生活也大有裨益，因为它教人们如何描述、解释甚至预测人们的行为。

　　本书可作为高等院校经济、工商管理类专业的本科教材，也可作为从事组织行为学基础理论研究及实践应用等专业技术与管理人员的参考用书。

　　本书一改以往组织行为学教材内容抽象、枯燥的特点，把知识趣味性、内容实用性、结构新颖性有机地结合起来，既强调基本理论的完整性，又强调基本理论与管理实际的结合。书中穿插了阅读材料、案例、讨论和综合练习题等多个板块，满足了现代"90后"本科生的性格特点和学习习惯。根据各编写者专业兴趣及特长，本书由王岩、郭志达主编并负责全书的修改和定稿，刘英侠副主编对最后的修改和定稿提出了很多宝贵的建议。第一章由郭志达编写，第二章、第三章、第四章、第五章由王岩编写，第六章由郭志达、王大伟编写，第七章、第八章由王岩、奚秀岩编写，第九章由郭志达、周树文编写，第十章由郭志达、赵富洋编写，第十一章、第十二章、第十三章由刘英侠编写。

　　本书在撰写过程中，参考了有关书籍和资料，在此向其作者表示衷心的感谢！本书在出版过程中，得到经济管理出版社的大力支持，在此表示衷心的感谢！

　　由于作者水平所限，书中难免存在疏漏之处，敬请读者批评指正。

目　录

第一章
导　论

☞ **教学目标**

通过学习本章，掌握组织行为学的基本概念、组织行为学的研究方法，了解组织行为学的产生过程，明确组织行为学的学科基础及发展趋势。

☞ **教学要求**

主要内容	知识要点	重点难点
组织行为学的概念	（1）组织与组织行为 （2）组织行为学	组织行为学的概念
组织行为学的产生与发展	（1）组织行为学的产生 （2）组织行为学的发展 （3）组织行为学面临的主要挑战	组织行为学的产生
组织行为学的学科基础	（1）心理学 （2）社会学 （3）社会心理学 （4）人类学 （5）政治学	（1）社会心理学 （2）政治学
组织行为学的研究方法	（1）观察法 （2）调查法 （3）心理测验法 （4）实验法 （5）定性与定量法 （6）案例法 （7）情景模拟法	（1）观察法 （2）调查法 （3）心理测验法 （4）实验法 （5）定性与定量法 （6）案例法 （7）情景模拟法

 **导入事例**

弥勒佛与韦陀

去过寺庙的人都知道，一进庙门，首先是弥勒佛，笑脸迎人，在他的北面，则是黑口黑脸的韦陀。相传在很久以前，他们并不在同一个庙里，而是分别掌管不同的庙。

弥勒佛热情快乐，所以来的人非常多，但他什么都不在乎，总是丢三落四，从不好好管理账务，所以，虽然香客众多，但依然入不敷出；韦陀虽然是管账的好手，但面容冷峻，搞得人们都不喜欢他，来的人越来越少，最后竟然断绝了香火。

后来，佛祖在查香火的时候发现了这个问题，就将他们俩放在同一个寺庙里，由弥勒佛负责"公关"，笑迎八方，于是香火大旺，而韦陀铁面无私，他负责财务，严格把关。这样，在二佛的分工合作中，庙里不仅香火大旺，而且口碑甚佳，一派欣欣向荣的景象。

[**管理启示**] 人无完人，在现代社会，人很难成为一个通才，能好好掌握一门技能已经非常不容易。而作为管理者，要善于驾驭人才，看到一个人的长处，把他安排在什么位置，最大限度地去发挥他的才能。所以说，团体的力量是强大的，而作为管理者就是知人善任，用一种高瞻远瞩的眼光把大家组合起来。这也是学习组织行为学的一个重要目的所在。

资料来源：价值中国《小故事大道理》。

第一节 组织行为学的概念

随着社会的进步、经济的发展，人类生产、生活的社会化程度日益提高，组织活动影响、改变人们生活的广度与深度也不断增强。从最基本的家庭组织到最复杂的行政或企业组织都与我们息息相关，我们大多数人会作为组织的一员而度过工作、生活的大部分时间。组织建立、管理的方式会影响人们工作的性质和效率，也会影响到人们生活的质量、精神的感受和活动的自由。在信息时代，组织使人们的生活、工作和认识发生了重大的变革，现代组织中的人们正在受到前所未有的挑战。因此，对组织行为进行深入系统的研究，探讨组织内部结构和演变的规律性，推究组织活动中个体、群体行为的各种因素及相互关系，对于增进组织活动的有效性、提高人们的生活质量和福利都是非常重要的。这是组织行为学研究得到重视的必然所在。

一、组织与组织行为

1. 组织的概念

组织是对完成特定使命的人的系统性安排。

不同学派对组织的定义见仁见智。但一般说来，任何一个组织的存在都必须具备三个条件：

（1）组织是人组成的集合。组织是由人构成的，组织活动需要一定的物质资源。因此组织既是物质结构，又是社会结构。组织活动的资源配置是通过人来完成的，正是人群形成了组织，没有人群便没有组织。

（2）组织是适应于目标的需要。任何组织都有其基本的使命和目标，企业是为了生产产品、提供服务满足顾客需要，教育机构是为了培养人才，医院的存在是为病人提供健康服务的，等等。组织的使命和目标说明了组织存在的理由。

（3）组织通过专业分工和协调来实现目标。组织的存在是由于有自身的使命和目标。这些使命和目标是社会所必需而单个人又不能完成的。组织是直接通过作业活动来完成组织目标的，而作业活动的展开又离不开相应的人力资源（员工）、物力资源（原材料和机器设备）、财力资源（资金）和信息资源（各种数据和情报）等的运用作为条件，否则作业活动就成了"无米之炊"。为了保证作业活动基本过程的顺利、有效进行，还需要开展另一方面的活动——管理。因此，组织中的活动便由此实现其基本的专业化分工——作业和管理两大类。

组织是在共同目标指导下协同工作的人群社会实体单位，又是通过分工协作而协调配合人们行为的组织活动过程。组织是动态的组合活动（动词的组织）和相对静止的人群社会实体单位（名词的组织）的统一。

2. 组织行为的概念

组织提供人们所需要的商品和服务，这些商品和服务的数量、质量取决于组织的管理者、技术人员、销售人员、作业人员的工作表现和行为。所以，一些企业家深有感触地说："做企业就是做人。"组织行为研究也正是以组织中人的行为研究为核心。

组织行为应该是指人们作为组织成员在工作中表现出来的行为。然而，组织成员的行为并不完全属于组织行为。组织成员下班后的业余活动，如娱乐、健身、购物等不属于组织行为范畴。

因此，我们这样定义，组织行为是指组织内部群体和个体所产生的行为以及组织与外部环境之间的相互作用。

根据分析水平不同，可以将组织行为分为微观组织行为和宏观组织行为。所谓微观组织行为是指组织内的某一个体和群体的行为。它包括个体行为、人际行为、群体行为和群际行为。宏观组织行为是指所有组织成员作为一个整体活动时表现出来的行为，如组织结构、组织文化、组织变革、组织发展等。组织行为是组织种种外显活动的总和，组织行为着重研究的是作为组织成员的人的行为或者组织的行为。行为是可描述、可预测和可控制的。分析和研究行为，就是为了能解释、预测和控制行为。

二、组织行为学

许多国内外学者从不同角度阐述过组织行为学的定义。

美国学者安德鲁·丁·杜布林（A. J. Dubri）曾经定义："组织行为学是系统研究组织环境中所有成员的行为，以成员个人、群体、整个组织以及外部环境的相互作用所形成的行为作为研究的对象。"

约翰·W. 纽斯特罗姆和基斯·戴维斯的定义是："组织行为学是一门研究人——个体和群体——在组织中的行为知识并加以应用的学科。它致力于寻找人的更有效的行为方式。"

中国学者孙彤的定义是："组织行为学是研究一定组织中人的心理和行为规律性的科学，它采用系统分析的方法，综合运用心理学、社会学、人类学、生理学、生物学、经济学和政治学等知识，研究一定组织中人的心理和行为的规律性，从而提高各级领导者和管理者对人的行为的预测和引导能力，以便更有效地实现组织预定的目标。"

卢盛忠、余凯成等人的定义相对简单："组织行为学是综合运用各种与人的行为有关的知识，研究各类工作组织中人的工作行为规律的学科。"

斯蒂芬·罗宾斯的定义是："组织行为学是一个研究领域，它探讨个体、群体以及结构对组织内部行为的影响，以便应用这些知识来改善组织行为的有效性。"

在本书中，我们认为组织行为学是综合运用与人相关的知识，采用系统分析的方法，研究一定组织中个体及群体的行为规律，从而提高各级管理人员对组织中个体及群体行为的预测和引导能力，以便有效地实现组织目标的一门科学。

组织行为学不是研究人的一般心理行为规律的，而是研究各种工作组织中人的工作行为规律的。这些工作组织涉及的面很宽，比如工商企业、政府机关、学校、医院甚至部队等。工作行为主要包括涉及影响组织成员积极性和组织绩效的行为管理、差异管理、激励管理、团队管理和权力管理等。

组织行为学是一门综合的学科，它综合运用了与心理学、社会学、文化人类学、生理学、生物学和经济学、政治学等学科有关人的行为的知识与理论，来研究一定组织中的人的行为规律。

组织行为学涉及三个重要的方面，即个体、群体和组织。个体是组织的基石，个体行为是组织行为的核心，研究组织行为的规律性，首先要研究个体是如何影响组织的，同时，要研究组织通过什么来影响个体的态度、价值观、积极性及满意度，个体差异又如何影响其行为和工作绩效。群体是介于个体与组织之间的一级组织，它是个体直接工作的地方，个体对组织和社会的贡献是通过群体实现的。

研究与学习组织行为学的目的，是在掌握一定组织中人的心理和行为规律的基础上，正确认识人的行为，理解人的行为，预测人的行为，引导人的行为，控制或改变人的行为，以便调动人们的积极性和创造性，提高组织工作绩效。通过科学的测试手段，对组织成员的心理素质及各方面的能力进行诊断，做到了解自己、完善自己、了解他人、理解他人、激励他人。

第二节 组织行为学的产生与发展

一、组织行为学的产生

组织行为学是随着组织的演变、管理理论的发展而产生的。组织行为学产生于 20 世纪五六十年代的美国，但其形成过程却可以追溯到 19 世纪末 20 世纪初。

从 1900 年到 20 世纪 30 年代中期，最初的一般管理理论开始形成。这一时期的重要人物是泰勒、法约尔、韦伯、福莱特和巴纳德等人，他们奠定了当代管理实践的基础。泰勒的科学管理原理将精确化和标准化引入了工作中；法约尔则界定了所有管理者执行中的一般职能以及构成良好管理实践的原理；韦伯则从结构化的角度来研究组织及其管理活动，并提出了理想的官僚组织模型。

无论是泰勒、法约尔，还是韦伯，他们都忽视了一点：人是所有组织中的核心，是具有社会性的动物。而福莱特和巴纳德是两位看到组织中社会一面的重要性的理论家。他们的观点产生在科学管理之后，但是在 20 世纪 30 年代之前，并没有受到多大程度的认可。

福莱特是最早承认应该从个体和群体行为两个角度来看待组织的学者之一，她提倡以人为本，管理应该包含管理者允许员工在工作中参与并创新。管理者要领导下属，不仅要依靠正式职权，更要靠他们的专业技能和知识。福莱特的人本主义观点对如何看待激励、领导行为、权力和职权等都有影响。巴纳德将组织看作是需要人际合作的社会系统。他认为，组织由具有相互作用的人组成，管理者的主要作用是沟通、激励下属使其愿意付出高水平的努力。

在巴纳德看来，一个组织的成功主要依赖于从其员工中所获得的合作程度；同时，他也注意到了组织外的、与组织有定期联系的机构和人员维持良好关系的重要性。

开始于 1924 年，最后不断扩展、延伸到 20 世纪 30 年代早期的霍桑实验，对组织行为学中的人际关系问题产生了非常深远的影响。这时，关于组织人性方面的观点开始自成体系，并逐渐兴盛。作为实验实施的重要领导者，梅奥（Elon Mayo）的结论是：行为与情感紧密相连，组织的力量显著地影响着个人的行为，群体内标准决定着单个工人的产量，与群体内标准、群体情感、安全相比，金钱是决定产出的次要因素。学者们普遍认为，霍桑研究对组织行为学和管理实践的发展方向产生了巨大的影响，它开辟了组织管理研究的新领域。"人际关系理论"（Human Relation Theory）从此闻名于世，成为行为科学研究的先声。从此，更多的管理学者、专家开始专注并致力于对人的行为的研究，自然科学和社会科学方面不断取得的新成果，又促进了这一研究的发展进程，从而导致行为科学这一新兴学科在 20 世纪 40 年代末 50 年代初的正式形成。

1949 年在美国芝加哥大学召开的一次跨学科讨论会上，正式把这门综合性很强的学科定名为"行为科学"，它主要涉及对组织中员工的行为及其原因的研究，包括员工的需要、动机、个性、情绪，特别是人群之间的相互关系，等等。以此为标志，行为科学学派逐渐成为管理理论的主流学说。由于人的行为表现是多方面的，所以，对人的行为的研究要涉及心理学、社会学、社会心理学、人类学、政治学等多个学科。

从 20 世纪 60 年代中期开始，行为科学的一个重要发展方向就是组织行为学，它的内容主要涉及企业组织内的人和群体的行为。随着这一学科的研究从个体到群体，再到组织的演变，其研究和实验的机构也发生了变化。这门学科从各个大学的心理系转到了管理学院，并开始由原来的管理心理学改为"组织行为学"这一名称，并一直沿用至今。

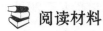 阅读材料

霍桑试验与人际关系学说的产生

20 世纪前后，科学管理研究盛行，各种企业通过采用科学管理而尝到了甜头，但是好景不长，一段时间后这些企业的生产效率纷纷止升下跌。1924 年 11 月，根据科学管理的思路，美国科学院在芝加哥美国电话电报公司的附属机构西部电气公司的霍桑工厂进行工作条件与生产效率关系的试验，目的是想改善工作条件，以提高生产效率。

研究者在继电器车间开展"照明度试验"（1924～1927 年），即厂房照明条件与生产效率关系的实验研究。研究小组将工人分成"控制组"和"试验组"两组，控制组保持照明强度不变，试验组的照明强度做各种变化。研究者预先设想，在一定范围内，生产效率会随照明强度的增加而增加，但不论增加或减少照明强度都可以提高生产效率，有两个女工甚至在照明强度降低到与月光差不多时仍能维持生产的高效率。而且，不同的工资报酬、福利条件、工作与休息的时间比率等对生产效率的影响，也不是预期的效果。试验表明，这些条件与生产效率之间不存在简单的因果关系。

1927 年，澳大利亚人爱尔顿·梅奥应邀参与这项工作。梅奥感到用经典理论难以解释三年的试验结果，于是组织哈佛大学和西部电气公司的研究员成立新的研究小组。1927～1932 年，他们将"继电器装备组"和"云母片剥离组"的女工作为试验对象，把她们组成单独的小组，脱离原来的群体，赋予新的组织体制。例如，把工资支付办法改为小组工资制，撤销工头监督，仅安排一个观察员进行质量、产量记录，及时表扬工人的创造性，维持一种友好的人际关系，免费提供点心等。试验表明，产量上升了 30% 以上。他们继续通过增减或控制一系列福利条件又进行了一次"照明度试验"。结果发现，在不同福利条件下，产品保持了高产量，小组中形成了和谐的人际关系与团结互助的团队精神。这说明群体内成员的人际关系是影响生产效率更有效的因素。

梅奥在1933年出版的《工业文明的人性问题》一书中提出了人际关系学说。他第一次把工业中的人际关系问题提到首要地位，并且提醒人们在处理管理问题时要注意人的因素。

资料来源：许芳. 组织行为学原理与实务 [M]. 北京：清华大学出版社，2007：14.

二、组织行为学的发展

组织行为学的发展过程实质上是组织行为的探索研究的过程。严格说来，组织行为学的产生和发展是组织管理理论与人力资源学派、权变理论学派和组织文化理论不断融合的结果。

1. 人力资源学派的出现

20世纪50年代后期，美国出现了经济衰退，人际关系学派片面强调搞好关系的观点迫切需要修正，这时心理学界对动机、需要、群体动力等的研究趋于深化。客观因素促使行为科学家重新探讨激励员工积极性的途径。于是在人际关系理论的基础上发展出一个新的学派——人力资源学派。其中心思想认为，企业中发生种种问题的根源在于未能发挥职工的潜力。这个学派的主要代表人物是阿吉雷斯（Chris Argyris）和麦格雷戈（D. McGregor）。

阿吉雷斯在1957年发表了《个性与组织》一书，从组织角度来分析影响职工发挥潜力的原因，认为传统的组织设计使员工处处听命于上级，变得消极被动，依赖成性，这样既束缚了员工的创造性和积极性，又阻碍了个性的成熟发展。阿吉雷斯呼吁企业管理者要从组织上进行改革，鼓励员工多负责任，让他们有成长和成熟的机会。

1960年，麦格雷戈在他所著的《企业的人的方面》一书中总结了人性假设对立的两种观点，即X理论、Y理论。X理论认为，员工天生不喜欢工作，只要可能，他们就会逃避工作。大多数员工喜欢安逸，逃避责任，安于现状。由于员工不喜欢工作，因此必须采取强制措施或者惩罚办法，迫使他们实现组织目标。而现实生活中许多现象不符合X理论的观点，人并不天生厌恶工作，人们在工作中能自我控制，绝大多数人都具备做出正确决策的能力，而不仅仅管理者具备这一能力，每个人不仅能够承担责任，而且会主动寻求承担责任。他将这种观点称为Y理论。他认为现代组织的管理者就应让员工负更多的责任，发挥他们的潜力。

2. 权变观点进入管理领域

从科学管理理论到X理论、Y理论，都受19世纪哲学中决定论思想的支配，其出发点都认为处理管理问题，可以有一个普遍适用的最佳方案。在人力资源学派成长的过程中，权变理论逐渐进入管理领域，认为管理的对象和环境变化多端，简单化的、普遍适用的方案并不存在，必须按照对象和情景的具体情况，选择具体对策。组织行为学认为，遵循权变理论，并不等于没有理论，而是告诉人们怎样从错综复杂的情景中寻找关键性变量。然后找出变量与变量之间的因果关系，从而针对一定的情景，使用一定的对策。

3. 组织文化研究的兴起

组织文化的兴起有其历史必然性，其触发的契机是第二次世界大战后日本经济从废墟中奇迹般地迅速崛起，仅仅30多年就在世界经济的竞争中对美国构成了威胁。因此，从20世纪70年代末开始，一些美国学者对日本企业做了深入的分析研究，得出了导致日本企业成功的两条基本经验：一是善于吸收外国的先进经验为己所用；二是在企业管理中注重文化因素，注重树立全体员工共同具有的价值观念，注重企业中的人际关系，重视做人的工作，把这些因素称为"组织风土"。他们认为"组织风土"是日本企业经过长期管理实践才产生的通过员工的行为举止表现出来的企业文化。相对而言，美国的管理注重"硬"的一面，强调理性管理；日本企业在管理中兼顾"硬"的同时，更注重"软"的方面，即企业中的文化因素。战后日本企业正是通过各种手段致力于企业文化的建设，成功地激发了员工的自觉性、责任感、成就欲，增强了员工对企业的向心力、认同感、凝聚力，使全体员工同心协力为企业目标的实现而努力工作，从根本上提高了企业的市场竞争力。

美国学者对企业文化在日本经济腾飞中所起作用的研究，是管理理论研究的新突破。人们对企业是人群的有机协作体这一观念的认识日益深刻和普遍，这也使组织行为学的研究走向更为深入和成熟的阶段。

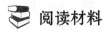 阅读材料

松下公司的管理诀窍

第二次世界大战中，日本是战败国，战后的日本一片废墟，当时每年人均收入仅20美元。到19世纪50年代，人均所得还不足200美元，但30多年后就突破了1000美元；与第二次世界大战结束时相比增长50倍，甚至超过了一些发达国家。战后日本经济的飞速发展引起了世人的关注，究其根本原因，乃是将古老的儒家思想与战后由美国引入的现代经济民主主义巧妙地结合和应用。日本公司强调"以人为中心"的思想，符合激励理论，可以使员工得到内在的激励和才能的发挥空间，从而带来员工的克己、忠诚、服务、合作及效忠精神。

例如，"经营管理之神"日本松下公司的创始人松下幸之助有21条管理诀窍：

（1）让每个员工都了解自己的地位的重要性和必要性。

（2）一有成绩，立即奖赏。

（3）如有不测，应事先或者尽快通知有关人员以示尊重。

（4）让员工参加和他们自身有关问题的规划和决策。

（5）要信任他们，以赢得职工们的信赖和忠诚。

（6）应亲自和职工接触交谈，了解其能力、习惯、兴趣、爱好等，能正确地认识员工也是一种资本。

（7）要耐心地倾听员工的建议，尤其是合理化建议。

（8）对举止怪异的员工要查清原因，不可轻率处理。

（9）应妥善地讲清管理人员的意图。

（10）交代一件任务时，要讲清为什么要这样干。

（11）自己有了错误要及时承认，向有关部署表示歉意，不要推卸自己的责任。

（12）及时告诉员工每项工作的重要意义。

（13）鼓励员工提出批评意见，并力求找到改进办法。

（14）在责备某人时，要先讲他的优点，对其缺点、错误有帮助的诚意，不只是惩罚。

（15）自己要以身作则，做出好榜样。

（16）自己要言行一致，不要失信于员工。

（17）把握一切机会表明以有这样的员工而骄傲。

（18）有人发牢骚时，应耐心找出产生不满的合理性，而加以改善。

（19）尽可能安抚不满情绪，不使之蔓延。

（20）每个员工自己都定出目标规划并及时衡量进步。

（21）尽量支持员工使之权、责、利一致。

资料来源：许芳. 组织行为学原理与实务〔M〕. 北京：清华大学出版社，2015：17.

三、组织行为学面临的主要挑战

世界环境的变化既给组织行为学的发展带来了机会，也提出了挑战。在新的形势下，组织行为学理论与实践在企业界、实业界面临着许多新的问题，需要根据实际情况不断发展完善。

1. 经济全球化

在经济全球化的冲击下，各个国家、民族之间经济与文化的交流更加频繁和广泛。要求组织行为学更加重视跨文化研究，学会了解不同国家和民族的心理与行为特征、道德规范、跨文化的道德行为问题，尊重不同的价值观。

2. 高新科技的发展

高新技术，特别是信息技术的发展使地球正在变小，组织结构正在发生重大变化。组织的管理层次减少，更趋扁平化，横向、纵向分离及决策分散化；组织结构更富有弹性，临时工增加，固定工减少，人员更加一专多能；网络化、虚拟化组织结构出现。

3. 管理劳动力多元化

全球化的直接结果是导致组织劳动力的多元化，跨国公司的成员来自不同的国家和民族。不同的人在组织中多多少少地会被同化，但是，员工在工作时不会把自己的文化价值观和生活方式偏好放在一边。因此，组织所面临的挑战是通过澄清不同的生活方式、家庭需要和工作风格来使自己适应各种各样的人群。劳动力多元化对管理实践意义重大，管理人员需要改变他们的经营哲学，从把员工作为相同的人来对待，转变为承认差异，并以能够保证员工稳定和提高生产率的方式对差异做出反应。同时，不要有任何歧视。如果管理得当，多元化会提高组织的创造性和革新精神，通过鼓励不同的观点来改善决策质量。如果管理不当，就可能会出现流动率高、沟通困难和更多的人际冲突。

4. 员工的忠诚性减弱

随着中国体制改革的推进、市场经济的发展，"铁饭碗"被打掉了，减员增效使一部分人面临下岗。这些在发达资本主义国家早就出现了，从20世纪80年代开始，为了适应全球性的竞争、不友好的接管、收购、兼并等，许多公司开始摒弃传统的工作稳定性、资历和报酬政策，通过关闭工厂，把生产转移到劳动力成本低廉的国家、卖掉或关闭不盈利的企业、减少管理层次等，以适应竞争的环境，从而变得"刻薄而吝啬"了。这些变化导致员工的忠诚性急速下降。组织行为学所面临的一个重要的挑战，就是为管理者设计出能够调动忠诚性不同的员工的积极性的方法，同时又维持组织在全球竞争中的能力。

5. 面对临时性

动荡的环境使管理发生了很大的变化。以前的管理是长期稳定伴随着短期的变革，而当今的情形正好相反，长期的变革伴随着短期的稳定。管理者和员工所面对的世界是一个永久的"临时性"。组织本身也处于不断变化的状态。组织不断地重组部门，撤销经营不善的业务，缩短作业流程，用临时工代替长期工。这一切都要求组织成员学会应对临时性，学会在充满灵活性、自发性和不可预测的环境中生活。组织行为学能帮助人们更好地理解不断变革的工作环境，使人们能够克服变革的阻力，创造一种积极的组织文化，使组织在变革中求得繁荣。

6. 员工参与程度加强

面对全球的激烈竞争，一个组织为了生存，不得不提高生产率，改善质量。而任何提高质量和生产率的努力要想成功，都离不开员工的参加。员工将不再只是执行变革的主要力量，而且会越来越主动地参与变革计划的制订过程。组织行为学应为管理者处理这些变革提供重要启示。

第三节 组织行为学的学科基础

组织行为学是一门应用学科，它产生的直接原因是行为科学的产生与发展，深层原因来自心理学、社会学、社会心理学、人类学、政治学、伦理学等各学科的理论知识。表1－1表明了对组织行为学研究有贡献意义的主要学科。

表1－1 组织行为学相关学科

学科	具体学科	主要影响及涉及的研究领域
行为科学	心理学	激励、领导、知觉、个性、工作满意度、态度、工作压力、工作设计、绩效评估、领导的有效性
	社会学	群体动力、团队建设、沟通、冲突、组织变革、组织文化、组织理论
	社会心理学	行为改变、态度改变、沟通、群体决策、群体过程
	人类学	比较价值观、比较态度、组织文化、组织环境、跨文化研究
社会科学	政治学	冲突、组织内权力与政治
	伦理学	激励、领导、道德问题、沟通的伦理问题

一、心理学

心理学是研究人类心理现象规律的科学。一般认为，心理活动是内省的，行为是外显的，要研究组织中的人的外显行为的规律性，必须以心理学为理论基础。早期的工业组织心理学主要关心疲劳、厌倦等与工作条件有关的因素，这些因素会妨碍工作的有效性。近期的研究已经扩展到学习、激励、人格、知觉、培训、领导有效性、工作满意度、个体决策、绩效评估、态度测量、员工选聘、工作设计和工作压力等方面。

组织行为学是以个体的一般心理过程规律为基础，进而研究群体的行为以及个人与群体之间的相互关系的学科。要研究组织行为学，必须研究关于基本的心理活动和心理特征的知识，进而研究社会对个人的影响和相互关系。

二、社会学

社会学是一门综合性较强的学科，它把社会作为一个整体，综合研究社会现象各方面的关系及其发展变化的规律性。具体地讲，社会学对组织行为学的最大贡献是关于组织中群体行为的研究。社会学中对组织行为提供有价值的信息的领域包括群体动力学、工作团队设计、沟通、权力、冲突和群体间行为、正式组织理论、官僚组织、组织技术、组织变革、组织文化。

三、社会心理学

社会心理学属于心理学的领域，它是心理学和社会学结合的产物。它关注人与人之间的相互影响，致力于理解人在社会情境中的心理和行为及其本质和起因的一个领域。社会心理学的贡献体现在组织变革、沟通、群体过程、群体决策等方面的研究。

四、人类学

人类学是研究组织行为学的重要的理论基础之一。人类学家研究社会是为了认识人及其活动。他们对于文化和环境的研究使我们得以了解不同国家和不同组织内人们的基本价值观、态度和民族文化的差异，为我们理解多元化文化下的组织以及多元化文化下组织的管理，提供了理论基础。

五、政治学

政治学研究政治环境中个体和群体的行为，政治学中的权力与冲突问题会影响组织中人的行为。尽管政治学常常被人误解，但事实就是这样——组织中群体的争夺、冲突的出现是不可避免的。因此要研究组织中人的行为，必须引入政治学的观点。

第四节　组织行为学的研究方法

方法与手段是达到目的的桥梁，学好、用好组织行为学，要运用科学的学习方法。

一、观察法

观察者以自己的感觉器官为工具（如眼、耳、鼻、舌和皮肤等），直接观察人们的行为，并通过对外在行为的分析去推测人们内在的心理状态，这种方法称观察法。

在实践中观察法是多种多样的，大体有以下两种分类：

1. 按照观察者与被观察者的关系划分

按照观察者与被观察者的关系来分类，可把观察法分为参与观察法和非参与观察法两类。观察者直接参与被观察者的活动，并在共同活动中进行观察的方法称为参与观察。观察者不参与被观察者的活动，以旁观者身份进行观察的方法称为非参与观察法。

采用参与观察法的好处是：研究人员以组织成员的身份去观察，使被观察者避免伪装和做作，从而使观察到的资料较为可靠和有效。可是参与观察法也存在某些问题：一是由于亲自投入现场做观察者，可能会影响到研究者的客观性，而非参与观察法就较为客观。二是在观察别人时，会使别人感到不自然，如若要使被观察者不知道是在观察他们的行为，就得创造一种观察的条件，这是不太容易做好的。此外，参与观察法和非参与观察法均受观察者本人的价值观、个性等的影响较大，因此，信度、效度也会受到一定的影响。

2. 按照观察情景的差异划分

按照观察情景的差异来分类，可把观察法分为自然观察法与控制观察法两类。观察者在自然真实的情景下观察他人的行为，也就是被观察者不知道自己处于被观察状态，这种观察方法叫自然观察法。

观察者在限定条件下进行观察，也就是操纵自变量的情况下进行观察，被观察者知道自己处于被观察的状态中，这种观察方法叫控制观察法。自然观察法不操纵自变量，在实际生活中观察人的行为，此法的优点是所观察得到的结果更具有典型性，更易应用于实际。但是也有缺点，自然观察法有时不能肯定被观察到的行为变化是由何种自变量所引起的，这方面控制观察法就优于自然观察法。

二、调查法

调查法是了解被调查者对某一事物（包括人）的想法、感情和满意度的方法，因为有些心理现象可以直接观察到，有些则不能直接观察到，对那些不能直接观察到的心理现象则可以通过调查、访问、谈话、问卷等方法来搜集有关材料。这种方法很有价值，研究者和管理者可以用这种方法来调查职工对组织以及所任工作的满意度，以及影响职工积极性的因素等。许多公司还用这种方法来发现顾客对公司产品的青睐度。国家也可以通过调查了解民意，为制定和修改政策提供依据。

这种方法要求研究对象必须有代表性，同时所运用的统计方法也必须恰当。为了使研究的对象具有代表性，样本的选择很重要，一般来讲取样方法有三种：①随机抽样。这是最主要的方法，它能够使所要研究的总体的各个部分都有同等被抽选的可能，保证调查对象的代表性。②有意抽样。这是研究者根据一定的要求，选择具有代表性的对象进行研究。③分层抽样。就是按照年龄、性别、地区、单位、等级、行业等级或其他因素分别抽样。

调查法的种类很多，可以单独使用。根据研究需要，有时也会将几种方法结合起来进行。

1. 面谈法

这是研究人员通过与被调查者直接交谈来探索被调查者的心理状态的研究方法。其优点是，信息的回收率高，通常在80%～95%。而且由于是面对面地谈话，调查者可以作解释，因此所得的反应也较丰富、确切。但是这种方法也有缺点。因为面对面谈话往往会给人增加心理负担，使人产生防御心理，所以要求研究者应具备一定的谈话技巧。另外，面谈比较费人力和时间。

2. 电话调查法

优点是比较节省，而且能调查较多的人。但是这种方法也有缺点，它不像面谈法那样可以采取多种方式详细询问和解释问题，以使被调查者对问题不产生误解。

3. 问卷法

这是运用经严格设计的问题和对问题回答的不同程度的量表，让被调查者进行书面回答的调查、研究方法。这种方法可以在很大的范围内进行调查，而且花钱花时不多。此外，回答问题的人可以不写明姓名，这使被调查者敢于如实回答一些敏感的或关于本人的问题。这种方法还有一个优点是：被调查者有较多的时间考虑如何回答问卷中提出的问题。这种问卷调查又可分为两种：一种是书信邮寄问卷调查法，另一种是直接现场问卷调查法。前者的缺点是回收率较低，尽管信中附上了邮票，而真正回复的一般只在45%左右；而直接现场问卷调查法，回收率较高，但花的人力和时间又会较多。

问卷法的优点是可以在较短时间内取得广泛的材料，并使结果达到数量化、程序化。但是对用这种方法取得的材料很难进行定性分析，因而也无法用这种方法所得到的结论直接与被试者的实际行为进行比较。

三、心理测验法

心理测验法就是采用标准化的心理测量表或精密的测量仪器，来测量与被试者有关的心理品质的研究方法。常用的心理测验有能力测验、人格测验、机械能力测验、语言能力测验、管理能力测验、学术倾向测验、心理健康测验等。在企业人力资源开发与管理中，心理测验常常被用来进行人员考核、岗位测量与导引、职工选拔等，在运用测验法时，应将测验的信度和效度控制在一个合理的范围内。

四、实验法

由于人类行为的复杂性，许多变量不容易控制，因而很难确定，一定形式的行为就是某一组织特点的直接产物，而实验法能克服现场研究法中的缺点。这种方法要求先假设一个或多个自变量对另一个或几个因变量的影响，然后设计一个实验，有系统地改变自变量，再测量这些改变对因变量的影响。实验法有两种类型：

1. 实验室实验法

实验室实验是在有意设定的实验室内进行的，通常借助于各种仪器设备，在严格控制的条件下，通过反复实验而取得精确的数据。这种实验可以模拟自然环境或工作环境中的条件，研究被试者的某种心理活动。如对汽车司机的应变实验，可以模拟自然景色，除了汽车没有轮胎，其他都是完好的，司机的前方设一电视屏幕，使被试者有如身临其境，然后让电视屏幕中的马路上突然出现障碍，在仪表的控制下检查司机紧急刹车的应变反应。显然，由于实验室实验多具有人为性，所得结果往往与实际情况存在一定的距离。实验室实验多用于对一些简单的心理现象的研究，而对复杂的个性方面的问题，则具有较大的局限性。

2. 自然实验法

自然实验法又称现场实验法。是在正常的工作条件下，适当地控制与实际生产活动有关的因素，以促成被试者某种心理现象的出现，这种研究有较大的现实意义。自然实验法的优点是：它既可以主动地创造实验条件，又可以在自然情景下进行，因而结果更符合实际。霍桑的实验长达五年零六个月，耗费了大量人力、物力、财力，但其实验结果对管理理论的充实与发展带来的影响是无法衡量的。

五、定性与定量法

所谓定性，就是对人与事的特质进行鉴别和确定。比如在人员功能测评中，对各类人员的素质、智能和绩效进行评定，以确定人的质的规定性，而不是量的规定性，但作为对人的客观公正的定性，必须以定量为基础。在传统的人事考核中，定性一般都建立在领导人的经验和印象的基础上，这固然也能发现人才，但难免会带有一定的盲目性。定量是通过一定的数据来反映人或事的特质，但定量也有它的局限性，比如在人员功能测评中，人们可能会过分迷信数据，对人员的考核单凭定量分析，这样尽管能避免考核中的主观随意性，但可能导致形式主义、片面性。因此，定性与定量的有机结合，能够发挥测量之长和评定之优。

定性与定量相辅相成，缺一不可。定量是定性的基础，定性则是定量的出发点和结果。所以，通过尺度、量表获得的人员特质的数据是定性的客观基础，而不是定性的替代；测试者凭借丰富的经验，对数据进行分析，对各类人员的素质、智能和绩效进行计量、鉴别，对人做出客观公正的评价。

六、案例法

案例法对学习组织行为学和研究组织行为都是一种非常有用的方法，而且对管理教育将产生越来越大的影响。这种方法是研究人员利用组织正式的或非正式的访问谈话，发调查表和实地观察所搜集的资料，以及从组织的各种记录与档案中去搜集有关个人、群体或组织的各种情况，用文字、录音、录像等方式如实地记录下来，提供给学生和有实际工作经验的人员进行研究或讨论、分析。

案例法是体现理论与实践、知识与能力、历史与现实、教学与研究、科学与艺术的极好方法。它提供了许多学习和研究的建议，为解决未来实际工作中的问题做了虚拟的培训。案例法的教学、研究是否成功，受多种因素的影响，如案例本身的质量、案例分析的组织以及学生对案例教学的适应性，都会影响案例法的效果。因为案例是事物本身的客观展示，变量多，解决问题的方法是开放性的，无法证明某种答案正确与否，所以结果的信度、效度和普遍性无法确切说明。尽管如此，案例教学在管理教育中的作用仍越来越重要，这种现实管理工作的虚拟式训练，是运用理论解决实际管理问题的最好桥梁，从中得到的启示显而易见。

七、情景模拟法

情景模拟法是根据被试者所担任的职务，编一套与岗位实际情况相似的测试场景，将被测试者放在模拟的工作环境中，由测试者观察其才能、行为，并按照一定规范对测试行为进行评定。情景模拟测评，一般通过公文处理、小组讨论、上下级对话、口试等方法进行。无领导小组讨论，在人员选拔、岗位晋升工作中应用广泛，从讨论中可以了解被试者的语言表达、思维、应变、驾驭等方面的能力。由于情景模拟方法具有针对性、客观性、预测性、动态性等特点，所以对人员考核的信度、效度较高，同时对主持者的技术要求也比较高。

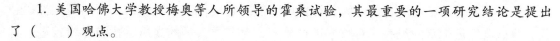

【综合练习题】

一、选择题

1. 美国哈佛大学教授梅奥等人所领导的霍桑试验，其最重要的一项研究结论是提出了（　　）观点。

A. 经济人　　　　　B. 社会人　　　　　C. 自我实现人　　　　　D. 复杂人

2. 观察者在自然真实的情景下观察他人的行为，也就是被观察者不知道自己处于被观察状态，这种观察方法叫（　　）。

A. 自然观察法　　　B. 控制观察法　　　C. 参与观察法　　　　D. 非参与观察法

3. 可以采取多种方式详细询问和解释问题，以使被调查者对问题不产生误解，这种调查法是（　　）。

A. 面谈法　　　　　B. 电话调查法　　　C. 问卷法　　　　　　D. 抽样法

4. 组织行为学是综合运用与人有关的各种知识，采用系统分析的方法，研究（　　）人的行为规律的一门科学。

A. 所有组织中   B. 一定组织中   C. 社会组织中   D. 管理组织中

5. 领导以喝下午茶的方式听取员工对公司目前发展的建议，属于组织行为学研究方法的是（   ）。

A. 观察法   B. 调查法   C. 实验法   D. 测验法

二、简答题

1. 组织行为学的概念。
2. 简述组织行为学的产生过程。
3. 组织行为学的研究方法有哪些？试举例说明。

三、案例分析与探讨

根据以下案例所提供的资料，试分析如下问题。

（1）面对这种情况，你将建议组织行为学家采取哪种研究方法？为什么？

（2）你认为从外部聘请专家是否是解决这个问题的最后方法？为什么？

（3）如果调查结果证明工人的情绪低落、满意度低，是否可以肯定目前的状况与新管理者有关？怎样才能确定压缩成本的措施与生产成本上升之间的关系？

原因何在

新生公司是位于中南部一个大城市的制造公司。一年前，该公司被一个大企业集团兼并。这个企业集团的主要业务在金融和房地产领域，对于制造业的情况并不十分熟悉。根据企业集团的惯例，他们派自己的人担任新生公司的高层管理职务，以能够创造最高的劳动生产率。集团公司对他们寄予厚望。

然而，事情的发展并不像想象的那样好。在新管理者上任的头 8 个月里，销售成本率由原来的 72% 上升到 80%。企业集团领导人非常纳闷，很想尽快找出其中的原因。

新生公司过去的管理者认为，新管理者采取的削减开支的做法适得其反，因为这些做法影响了工人工作的情绪，工人中普遍存在不满情绪。新生公司的工人都希望企业集团能撤换这些新管理者，让原来的公司管理者官复原职，按原来的方法管理企业。

另一方面，这些新管理者认为，他们是在非常时期到任的，他们采取的措施提高了劳动生产率，降低了成本。如果不是由于他们的努力，恐怕公司现在早就倒闭了。他们中有人这样辩解：“你们怎么能认为我们是劳动生产率下降的祸首呢？我们疏通了销售渠道、改革了公司体系、为公司签订了长期优惠贷款协议，这些工作不是那么容易的。我真想知道，如果不是我们来了，如果我们没有采取这些措施，公司现在会是什么样子。”同时，他们还认为过去的管理者之所以形成这种看法，是因为他们自己对新管理者的到来不满意，新管理者的到来，取代了他们原来在公司中的管理地位，他们必然心怀不满。

新生公司的总裁认为，新管理者夸大了他们的贡献，公司目前还存在的问题确实是由于他们而导致的。他认为，新生公司的工人担心企业集团正在利用这些财务管理专家来判断安装部门的人员和费用可以削减，因而害怕自己成为公司裁员的对象。这种担心导致了劳动生产率的下降。总裁所面临的问题是怎样才能验证他自己的看法。他认为能够找出成本上升的真实原因的唯一办法是聘请外部专家做调查，他特别想请组织行为学专家来调查新生公司工人的满意度状况，确定工人的行为态度与成本上升的关系。如果能够做到这一点，而且能够证明新的管理者是产生以上问题的原因和责任者，总裁相信他能够说服企业集团领导撤换这些人，让原来的管理者按照原来的方法管理公司。如果调查结果表明问题是由原来的管理者所导致的，那么这些人可能被解雇，新的管理者将继续留任。总裁认为后一种情况发生的可能性很小。

　　新生公司内部也有人不同意从外部聘请专家，他们认为这样的问题不需要专家来回答，公司完全可以自己解决。外部专家不了解公司的运作情况，未必能找到真正的原因。如果只做工人满意度调查，我们自己就可以完成，因为这是一项很简单的工作，不需要专家来做。满意度调查不就是出几个问题，让工人填写答案吗？

　　但总裁认为这是一项很复杂的工作，满意度调查并不像人们想象的那样简单。而且，由外部专家来调查，可以避免许多偏见和不必要的麻烦。

　　总而言之，总裁信心十足，正如那天他对助手说的，"不管发生什么问题，我的根本目的就是找出问题的症结所在，只要能找到真正原因，不管是什么问题，我都能解决。"

资料来源：根据百度文库《组织行为学案例及答案》编辑整理。

第二章
个性概述

☞ **教学目标**

通过学习本章，掌握个性的概念、特征以及个性形成的影响因素，了解个性的相关基础理论。

☞ **教学要求**

主要内容	知识要点	重点难点
个性	(1) 个性的含义 (2) 个性的特征 (3) 个性形成的影响因素	(1) 非倾向性心理特征
个性理论	(1) 特质论 (2) 心理动力理论 (3) 社会学习论	(1) 弗洛伊德理论 (2) 荣格理论

➤ **导入事例**

狼孩的故事

1920年，在印度加尔各答附近的一个山村里，人们在打死大狼后，在狼窝里发现了两个由狼抚育过的女孩，其中大的七八岁，被取名为卡玛拉；小的约2岁，被取名为阿玛拉。后来她们被送到一个孤儿院去抚养。阿玛拉于第二年死去，卡玛拉一直活到1929年。孤儿院的主持人辛格在他所写的《狼孩和野人》一书中，详细记载了这两个狼孩重新被教化为人的经过。狼孩刚被发现时，生活习性与狼一样；用四肢行走；白天睡觉，晚上出来活动，怕火、光和水；只知道饿了找吃的，吃饱了就睡；不吃素食而要吃肉，不用手拿，放在地上用牙齿撕开吃；不会讲话，每到午夜后像狼似的引颈长嚎。卡玛拉经过7年的教育，才掌握45个词，勉强地学会几句话，开始朝人的生活习性迈进。她死时估计已有16岁左右，但其智力只相当于三四岁的孩子。

资料来源：百度百科《狼孩》。

上述事例说明：长期脱离人类社会环境的幼童，不可能产生人的意识和行为，更不会形成人的个性。本章将介绍个性的含义、个性的特点及个体行为的产生及其规律。

第一节　个性

一、个性的含义

在心理学中，个性是一个复杂而广泛的概念，不同的心理学家对个性有着不同的定义。这里我们对个性给出一个较简单的定义：个性是指一个人整个的心理面貌，是经常出现的、比较稳定的心理倾向性和非倾向性特征的总和。正是这些稳定的倾向性和非倾向性心理特征构成了所谓的个人的心理面貌，也就是个性。

个性包括相互联系的两个部分：一是个性倾向性，即个人对客观事物的意识倾向性，包括需要、动机、兴趣、爱好、信念、理想、价值观等，它是人的行为的潜在动力，是人的积极性的不尽源泉。二是个性非倾向性心理特征，包括气质、性格、能力，它比较稳定地反映了个体的特色风貌。

二、个性的特征

人们经常使用个性这个概念或术语，但对它的性质的认识则未必清楚。它的性质的确较复杂，有时甚至看上去是自相矛盾的，因此有必要搞清它的基本性质。

1. 独特性

个性的独特性是指人与人之间在个性上的差异性和不同性。由于人的先天遗传素质的不同和后天的生活环境、社会实践及所受教育的不同，就形成了彼此之间在心理活动过程和表现方式上的个别差异，构成了每个人的独特风格。

2. 稳定性

个性是稳定的心理特征，具有时间（过去现在、未来）和空间（不同情境）的一致性、一贯性。这也是我们预测人的行为的基础。

【思考】个性的稳定性是绝对的吗？

3. 整体性

个性是一个人在行为中的所有心理特征的整合体。也就是说人的各种心理现象和心理过程，都是有机地相互联系、相互制约并完整地从一个人身上表现出来。个性不是支离破碎的特征的简单拼合，而是有机的组合，体现为人的思想、行为之间的协调性、统一性。

4. 倾向性

个性的倾向性是指人们对现实事物所持有的一定的看法和态度，它既体现个体的需要、动机、信念、理想、兴趣和价值观等，又体现出每个人对事物都有自己的选择和特定的行为方式。

5. 社会性

个性的特征都是受社会影响而成的。一个人如果离开了社会，个性就丧失了存在的基础。

马克思认为："人的本质并不是单个人所固有的抽象物，实际上，它是一切社会关系的总和。"从这种意义上说，个性的本质就是人的社会性。人若脱离了社会，不与人们交往，也就谈不到个性。所以，人的个性乃是具有不同素质基础的人，在不尽相同的社会环境中所形成的意识倾向性和比较稳定的个性心理特征的总和。

三、个性形成的影响因素

通常认为，造成个体之间个性差异的因素主要有以下几种：

1. 自然的、遗传性因素

除了完全相同的孪生子，每个人都有一组独特的基因。在此基础上成长出的中枢神经系统、内分泌系统和感官等，对人的行为有约束控制的作用。

2. 社会化因素

这里指的是人们少年时代在家庭和学校中，逐步认识并学会如何适应其现实环境的过程。独生与非独生子女、家庭最年长与最年幼的子女，会受到父母的不同对待，这些影响逐步积累，对个性的塑造起了相当重要的作用。有些早期的影响会随年龄的增长而衰退或消失，有一些则会留下持久乃至终生的烙印。

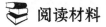 **阅读材料**

"孟母三迁"的启示

孟子小时候，他的母亲非常注意他的教育问题，曾经为了选择居住的人际环境，连续搬家3次。

汉朝刘询的《列女传》有记载：孟母带着幼年的孟子，起初住在千所公墓附近。孟子看见人家哭哭啼啼地埋葬死人，他也学着玩。

道德"；"它并不想自我保存"，因为它追求的只是按照"快乐原则"使其本能需求得到满足。

（2）自我，是协调本能需求与社会要求之间的平衡机能。"自我"是"本我"和外部世界的"中间人"。"自我"的主要功能是协调、改变、组织和控制"本我"的本能冲动，以使其与现实的冲突降到最低限度，即压抑那些与现实冲突的冲动，并通过改变其目标、延缓和转移其满足、改变其满足方式、使其与其他冲动相结合等方式，来使别的冲动与现实相一致。"自我"按照"现实原则"活动，"自我"所代表的是理性。

（3）超我，是从"自我"中分化出来的。"超我"在良心、道德律令、"自我"理想等因素的作用下形成。"超我"按照"至善原则"活动，其功能是监督"自我"去限制"本我"的本能冲动。"超我"的监督作用是由"自我"理想和良心实现的。"自我"理想是"自我"为善的标准，它规定了"自我"应该做什么；良心是"自我"为恶的标准，它规定了"自我"不该做什么。

2. 荣格理论

荣格的理论与弗洛伊德理论有三个不同点：

（1）承认潜意识是支配行为的内在因素，但是主张潜意识有两种：一种叫作个人潜意识，是由个人压抑自己的意识经验而形成的；另一种叫作集体潜意识，是由人类多代遗传演化积累而成的。两种潜意识合而支配人的行为。

（2）个性的发展并不取决于人本能的冲动，而是由个人为达到自我实现的内在潜力所引导。

（3）自我才是个性结构的核心，而自我又取决于两种"态度"或者倾向；一种为外向，一种为内向。这两种倾向是由人的感情显露与否来划分的。而把人的不同的特征进行不同的组合就成为具有不同个性结构的人。荣格除了把人的性格分为内向、外向以外，还把人的不同特征的组合，划分为敏感型、感情型、思考型、想象型不同的性格。

3. 阿德勒理论

阿德勒的理论强调人的积极品质和社会动机在个人行为中的重要作用。

他认为，在人的个性结构中起核心作用的是意识，而不是潜意识。个人不但意识到自己的行为，而且有计划、有方向地去追求成就以胜过他人。阿德勒强调人个性发展中的社会因素。

三、社会学习论

社会学习论是心理学界行为主义学派的大师——班杜拉提出的社会心理学基础理论，这一理论源于行为主义学派的强化学习理论——学习，本质上说是受到积极强化、消极强化、无强化、惩罚的影响，而改变了行为的发生概率。

社会学习论强调环境和情况对个人行为和性格起决定作用。具体来说，它具有以下几个观点：①一个人在特定的情况和环境中的行为取决于情况环境的特殊性，取决于个人对情况和环境的评价和对别人类似行为的观察。②一个人看到别人的行为受到奖赏或者遭到惩罚时，对自己的行为起着强化作用。③强调个人行为和别人的关系。

总之，社会学习论的核心认为环境的变化引起人的特殊行为，它引导人们认识人类的行动是对特殊环境的反应作用。

【综合练习题】

一、选择题

1. "江山易改，秉性难易"指的是个性的哪些特征？（　　）

A. 独特性　　　　　B. 社会性　　　　　C. 倾向性　　　　　D. 稳定性

2. "世界上没有两片相同的树叶，也没有两个个性完全相同的人"指的是个性的哪些特征？（　　）

A. 独特性　　　　　B. 社会性　　　　　C. 倾向性　　　　　D. 稳定性

3. 艾森克提出了个性的三个重要特质是（　　）。

A. 内外向性、神经质和敢为性　　　　　B. 内外向性、乐群性和敏感性

C. 内外向性、敏感性和精神质　　　　　D. 内外向性、神经质和精神质

4. （　　）属于特质—类型论的代表人物。

A. 艾森克　　　　　B. 荣格　　　　　C. 霍兰德　　　　　D. 卡特尔

5. 把人的性格分为内向型和外向型的心理学家是（　　）。

A. 艾森克　　　　　B. 荣格　　　　　C. 霍兰德　　　　　D. 卡特尔

二、简答题

谈谈环境和遗传对人们的行为的影响。

三、小测试

本心理测试是由中国现代心理研究所以著名的美国兰德公司（战略研究所）拟制的一套经典心理测试题为蓝本，根据中国人心理特点加以适当修改后形成的心理测试题。

1. 你更喜欢吃哪种水果？

A. 草莓2分　　　　B. 苹果3分　　　　C. 西瓜5分　　　　D. 菠萝10分

E. 橘子 15 分

2. 你平时休闲经常去的地方是？

A. 郊外 2 分 B. 电影院 3 分 C. 公园 5 分 D. 商场 10 分

E. 酒吧 15 分 F. 练歌房 20 分

3. 你认为容易吸引你的人是？

A. 有才气的人 2 分 B. 依赖你的人 3 分

C. 优雅的人 5 分 D. 善良的人 10 分

E. 性情豪放的人 15 分

4. 如果你可以成为一种动物，你希望自己是哪种？

A. 猫 2 分 B. 马 3 分 C. 大象 5 分 D. 猴子 10 分

E. 狗 15 分 F. 狮子 20 分

5. 天气很热，你更愿意选择什么方式解暑？

A. 游泳 5 分 B. 喝冷饮 10 分 C. 开空调 15 分

6. 如果必须与一个你讨厌的动物或昆虫在一起生活，你可以容忍下列哪一个？

A. 蛇 2 分 B. 猪 5 分 C. 老鼠 10 分 D. 苍蝇 15 分

7. 喜欢看哪类电影、电视剧？

A. 悬疑推理类 2 分 B. 童话神话类 3 分

C. 自然科学类 5 分 D. 伦理道德类 10 分

E. 战争枪战类 15 分

8. 以下哪个是你身边必带的物品？

A. 打火机 2 分 B. 口红 2 分 C. 记事本 3 分 D. 纸巾 5 分

E. 手机 10 分

9. 你出行时喜欢坐什么交通工具？

A. 火车 2 分 B. 自行车 3 分 C. 汽车 5 分 D. 飞机 10 分

E. 步行 15 分

10. 以下颜色你更喜欢哪种？

A. 紫 2 分 B. 黑 3 分 C. 蓝 5 分 D. 白 8 分

E. 黄 12 分 F. 红 15 分

11. 下列运动中挑选一个你最喜欢的（不一定擅长）。

A. 瑜伽 2 分 B. 自行车 3 分 C. 乒乓球 5 分 D. 拳击 8 分

E. 足球 10 F. 蹦极 15 分

12. 如果你拥有一座别墅，你认为它应当建立在哪里？

A. 湖边 2 分 B. 草原 3 分 C. 海边 5 分 D. 森林 10 分

E. 城中区 15 分

13. 你更喜欢以下哪种天气现象？

A. 雪 2 分 B. 风 3 分 C. 雨 5 分 D. 雾 10 分

E. 雷电 15 分

14. 你希望自己的窗口在一座 30 层大楼的第几层？

A. 七层 2 分　　　　 B. 一层 3 分　　　　 C. 二十三层 5 分　　　 D. 十八层 10 分

E. 三十层 15 分

15. 你认为自己更喜欢在以下哪一个城市中生活？

A. 丽江 1 分　　　 B. 拉萨 3 分　　　 C. 昆明 5 分　　　 D. 西安 8 分

E. 杭州 10 分　　 F. 北京 15 分

【测试方法】将你每道题的得分加起来。

【测评参考结果】

（1）180 分以上。意志力强、头脑冷静、有较强的领导欲、事业心强、不达目的不罢休。外表和善、内心自傲，对有利于自己的人际关系比较看重，有时显得性格急躁，咄咄逼人，得理不饶人，不利于自己时顽强抗争，不轻易认输。思维理性，对爱情和婚姻的看法很现实，对金钱的欲望一般。

（2）140～179 分。聪明、性格活泼、人缘好、善于交朋友、心机较深。事业心强，渴望成功。思维较理性，崇尚爱情，但当爱情与婚姻发生冲突时会选择有利于自己的婚姻。金钱欲望强烈。

（3）100～139 分。爱幻想、思维较感性，以是否与自己投缘为标准来选择朋友。性格显得较孤傲，有时较急躁，有时优柔寡断。事业心较强，喜欢有创造性的工作，不喜欢按常规办事。性格倔强，言语犀利，不善于妥协。崇尚浪漫的爱情，但想法往往不合实际。对金钱的欲望一般。

（4）70～99 分。好奇心强、喜欢冒险、人缘较好。事业心一般，对待工作，随遇而安，善于妥协。善于发现有趣的事情，但耐心较差，敢于冒险，但有时较胆小。渴望浪漫的爱情，但对婚姻的要求比较现实。不善理财。

（5）40～69 分。性情温良、重友谊、性格踏实稳重，但有时也比较狡黠。事业心一般，对本职工作能认真对待，但对自己专业以外的事物没有太大兴趣，喜欢有规律的工作和生活，不喜欢冒险，家庭观念强，比较善于理财。

（6）40 分以下。散漫、爱玩、富于幻想。聪明机灵、待人热情、爱交朋友，但对朋友没有严格的选择标准。事业心较差、更善于享受生活，意志力和耐心都较差，我行我素。有较强的异性缘，但对爱情不够坚持认真，容易妥协。没有财产观念。

第三章
知觉与行为

☞ **教学目标**

通过学习本章，掌握知觉的概念和特征、社会知觉的影响因素、社会知觉偏差及解决方法。

☞ **教学要求**

主要内容	知识要点	重点难点
知觉及其特征	（1）知觉的概念 （2）知觉的特征	知觉的特征
社会知觉及 知觉偏差	（1）社会知觉及其分类 （2）影响知觉选择的因素 （3）社会知觉偏差及其解决方法	（1）影响知觉选择的因素 （2）社会知觉偏差及其解决方法

🎞 **导入事例**

一位公安局长在路边和一位老人聊天，从对面小区跑来一个小男孩，小男孩拉着公安局长的手说："你快回家看看吧，你爸爸和我爸爸吵起来了！"老人问："这孩子是谁？"公安局长说："他是我儿子！"你能解释清楚情境中的人物关系吗？

第一节　知觉及其特征

在工作生活的不同环境之中，我们总会与不同的人和事物打交道。我们有正确的行为，首先必须对人、事物和所处的环境有正确的知觉判断。正确的知觉是正确行为的前提。

一、知觉的概念

知觉不同于感觉。人的认识是从感觉开始的，感觉是知觉的基础，知觉是感觉的进一步发展。感觉是直接作用于人们感觉器官的客观事物的个别属性或个别部分在人脑中的反映。是低层次的，是最简单的心理过程，只能反映事物的个别属性。知觉是外界刺激作用于感官时人脑对外界的整体的看法和理解，它为我们对外界的感觉信息进行组织和解释。知觉对事物的反映比感觉更深入、完整。

二、知觉的特征

1. 选择性

在每一时刻里，作用于人的感觉器官的刺激非常多，但人不可能对同时作用于他的刺激全都清楚地感知到，也不可能对所有的刺激都做出相应的反应。在同一时刻里，他总是对少数刺激知觉得格外清楚，而对其余的刺激知觉得比较模糊。这种特性被称为知觉的选择性。知觉得特别清楚的部分称为知觉的对象，知觉得比较模糊的部分称为知觉的背景。

你在图 3 – 1 看到了什么？？

图 3 – 1

2. 整体性

知觉的对象是由不同的部分、不同的属性组成的。当它们对人发生作用的时候，是分别作用或者先后作用于人的感觉器官的。但人并不是孤立地反映这些部分、属性，而是把它们结合成有机的整体，这就是知觉的整体性。

在图 3 – 2 中，粗看之下只是四条线段和四个缺角的圆，但是中间却形成了一个白色的正方形，这也是一种"主管轮廓"的知觉。

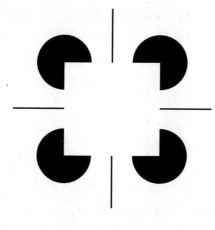

图 3 - 2

 案例

实验者先给被试者呈现一张图片，上面画着一个身穿运动服、正在奔跑的男子，使人一看就断定他是球场上正在锻炼的一位足球运动员。接着给被试者呈现第二张画片，在那个足球运动员的前方，有一位惊慌奔逃的姑娘。这时这幅画就被断定了一幅坏人追逐姑娘的画面。最后实验者拿出第三张图片，在两个奔跑的行人后面，是一头刚从动物园里逃跑出来的狮子。这时，被试者才明白了画面的真正意思：运动员和年轻的姑娘为躲避狮子而拼命地奔跑。可见离开了整体情境，离开了各部分的相互关系，部分就失去了它确定的意义。

3. 理解性

人在感知当前的事物时，总是借助于以往的知识、经验来理解它们，并用词把它们标志出来。这种特性称为知觉的理解性。

如图 3 - 3 中所看到，两个螺帽并不互相垂直，同时这也是一张不可能图形，这给人们判断它们的真实三维形状提供了错误信息。

4. 恒常性

当知觉的对象在一定范围内变化了时，知觉的映像仍然保持相对不变，知觉的这种特性称为知觉的恒常性。

例如：同一支乐曲，尽管演奏的人不同，使用的乐器也不一样，我们总是把它知觉成同一支乐曲。

如图 3 - 4 所示，A 和 B 的颜色实际上是相通的，在图片所反映的"物理世界"，是要让你认为"黑白格"台面的存在，而不是在屏幕上取色去辨别这两种颜色"视觉平面映射"是相同的。

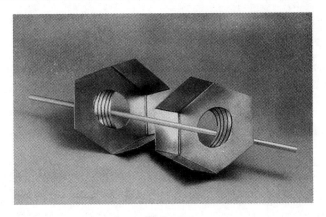

图 3 - 3

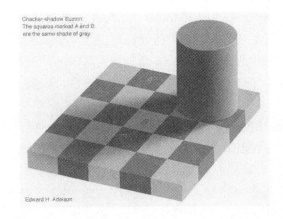

图 3 - 4

第二节　社会知觉及知觉偏差

一、社会知觉及其分类

1. 社会知觉的概念

社会知觉这一概念是由美国心理学家布鲁纳于 1947 年首先提出来的。从知觉对象看，可以把知觉划分为对物的知觉和对人的知觉。它们都服从于知觉的一般规律。但是，它们又表现出各自的特殊性。物是相对静止的，人在感知事物时，人是能动的，知觉的对象是被动的。而对人的感知就不同了。当人知觉人而不是物时，她（他）并不是停留在被感知者的音容笑貌、身体姿态、举止言行等外表上，而要依据这些人的外部特征知觉对象整体的另一部分——内部心理状态，即他（她）的态度、动机、观点、个性特点等，这是对人的知觉与对物的知觉的根本区别。

社会知觉就是对人的知觉，就是对人和社会群体的知觉，就是对社会对象的知觉。它是知觉主体的一种特殊的社会意识，影响着主体的心理活动，调节着主体的社会行为。组织行为学理论特别注重社会知觉的研究，因为它与人的行为密切相关。在组织行为学中，社会知觉是研究人际关系的基础。

2. 社会知觉的分类

社会知觉实质上是对人的知觉。我们在知觉人的过程中，可以从不同的角度和侧面进行，所以就有不同的社会知觉类型，即对人的知觉、人际知觉、角色知觉、因果关系知觉等。

（1）对人的知觉。这是单向知觉，主要通过对对象外表特征的知觉，进而取得对该对象的动机、感情和意图等的认识。俗话说"听其言，观其行，而知其人"。这就是说，了解一个人要根据他的言论和行为，这个行为，不仅指举止风度，同时也包括眼神、姿势和表情等。对他人知觉依赖两个方面：一方面是知觉对象的外表特征；另一方面是知觉者的观点、态度，因为每个知觉者总是用自己的观点、态度来观察人，不同的观点、态度必然影响对人的知觉。

对人的知觉带有很大的主观色彩，这种主观性看似很小，但是却影响着一个人对另一个的印象和态度，因此，在组织中，在应聘或者人才晋升的过程中，应当避免这种主观色彩的影响。

（2）人际知觉。这是双向知觉，是指对人与人之间的关系的知觉。这种知觉主要在人际交往中发生，以各种交际行为为知觉对象。这种知觉有明显的感情因素，人们彼此之间的接近程度、交往频率、相似度等都对人际知觉产生很大影响。

在企业中，管理者应当经常与员工交往，建立友好的人际知觉，建立相应的关系和感情，这是调动职工积极性的一个重要因素。

（3）角色知觉。对社会上所扮演的角色的认识及判断。人们在社会上从事各种各样的工作，各有特点，也各有难处。角色知觉就是要使人能够"设身处地为别人想想"，善于理解非自己扮演角色的特点和困难，也就是通常意义的换位思考。良好的社会知觉能力是人们之间和谐相处的基础，作为管理者，这一点尤为重要。

（4）因果关系知觉。指在相关的一系列社会知觉中对其因果关系的知觉。如果一个企业的领导感知到某一职工的群众威望比较高的时候，如果他以此为果，那么他就把过去对该员工经常帮助他人的行为知觉作为"因"，这就是因果知觉。

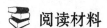 阅读材料

"知己知彼"——谈社会知觉

孙子提出"知己知彼"原本是行军之道，意思是用兵打仗只有"知己知彼"才能"百

战不殆"。其实，在日常生活中，要正确理解人与人的关系，妥善处理这样或那样的人际关系，何尝不需要知己知彼呢？知己知彼能力的大小，是一个人社会知觉发展水平高低的标志。

社会知觉就是一个人在社会生活实践过程中对别人、对群体、对自己进行认识的过程，包括对别人的知觉、自我知觉、角色知觉和人际知觉。

一个人生活在社会上，就要和别人交往，而要恰当地处理和别人的关系，就必须了解对方的情感、好恶、需求和个性，此所谓"知彼"。同时，在交往过程中，我们对自己的行为和心理倾向也应该有所察觉，知道自己是喜欢对方还是讨厌对方，此所谓"知己"。只有对自己的态度做出准确的判断，才能明确我们在与别人交往的过程中可能会有哪些冲突和契合，从而及时进行调整，有效地消除交往过程中可能导致障碍和隔阂的不利因素，促进彼此关系的健康发展。

在人生大舞台上，每个人都是一个出色的演员，随时随地扮演着各种不同的角色，因而每个人必须对自己和别人的角色身份、社会地位及行为规范做出准确的认识和判断。否则，如果一位公司领导把在公司的上下级关系搬到家里，在家里也强调等级制度，他就不可能与家庭成员建立亲密的关系，而只能使家里人对自己"敬而远之"。

每个人从出生之日起，就和别人发生了关系，产生了相互作用。对这种人与人之间的相互联系和相互影响过程的知觉，就叫作人际知觉。人际知觉既包括对自己和对别人关系的知觉，也包括对别人与别人关系的知觉。只有正确认识各种人际关系，才能正确处理好"关系网"，并利用"关系网"为自己服务。在现代社会中，人际关系日益成为影响人们得失成败的一个重要因素，因此，高水平的人际知觉能力是成功者所必不可少的。

一个人获得了较强的社会知觉能力，就具备了处世的艺术，在人际交往中就能够左右逢源，游刃有余。因此，我们应该通过各种途径培养社会知觉能力，训练社会知觉的准确性，真正做到"知己知彼，百战不殆"。

二、影响知觉选择的因素

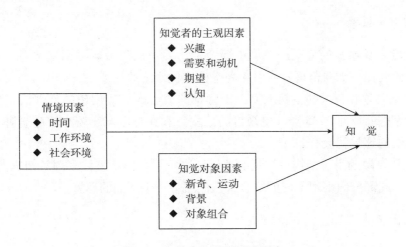

图 3-5　社会知觉的影响因素

1. 知觉者的主观因素

（1）兴趣。知觉者的兴趣和爱好会影响到知觉的选择性。通常感兴趣的事物，较容易从复杂的环境中被注意到，成为知觉对象。经验知识对知觉选择性的影响很明显，主要是使熟悉的对象易于从环境中分出，成为知觉的对象。

（2）需要和动机。个人的需要不同，对客观事物产生不同的知觉。凡是能够满足或威胁人的某种需要，影响其动机的人或事，容易成为知觉对象的中心。反之，与需要和动机无关的事物，则易被知觉所忽略。

（3）期望。一个人的内心期望也会影响到知觉的选择，人们总是比较容易知觉到自己所期望的东西。如果你预期现在的年轻人都是缺乏进取心的，你也很容易以这种方式去知觉他们，而不管实际情况究竟怎样。

（4）认知。个体在知觉时，深受知觉者个人认知结构的影响。这包括个人的不同观点、态度以及不同的评价标准。比如，对于同一个教师，喜欢他的学生会对这个教师所讲授的课程比不喜欢他的学生有更多的正面反应，也会有更多的认同。

案例

李明同学喜欢小班型课，因为他希望和老师有更多的沟通机会。赵亮同学则喜欢大班型课，希望自己消失在人群中。新学期开学第一天，两个人去上管理学这门课程，两个人都知道这门课是200人的大课。李明同学不高兴，赵亮同学却抑制不住自己，轻松地微笑起来，因为在大教室里他很容易不被注意到。由于两位同学所持的态度不同，因此，对于面前所发生的事情可以做出不同的解释。

（5）知识和经验。个体所具有的知识和经验能够加强或者减弱知觉者对知觉客体的知觉。

（6）个性特征不同气质、性格的人在知觉的深度和广度上有所不同。

2. 知觉对象因素

（1）知觉对象本身的特征。环境中新奇或者熟悉的对象容易引起注意。例如，一棵高大的冷杉树要比一棵树苗更容易引起高空电线检修工的注意。

（2）知觉对象和背景的差异。突出于背景的或者人们所期望的外部因素更易引起注意。人们在家电商场对一25英寸电视机的感觉，和在自己家比较小的起居卧室里对同一尺寸的电视机的感觉就会有差异。

（3）知觉对象的组织结构。知觉的整体性决定了人们从整体来理解知觉对象。因此，当知觉对象不同部分间出现不同的组合，人们就会产生不同的理解。

3. 情景因素

在不同的时间、不同的工作环境和社会环境中，即使是同一知觉对象，人们的知觉也各不相同。

例如：在周末的晚会上，一个身穿晚礼服、浓妆艳抹的年轻女教师不会引起人们太多的注意。但是这位女教师如果以同样的穿着出现在周一上午大学课堂上，则会非常吸引人们的注意。周末晚上和周一上午的知觉者及知觉对象都没有发生变化，只是情境不同，但是这会影响人们的知觉。

 讨论

组织情境中的工作行为观察

老张是市中心医院病理学实验室主任。老张有一个博士学位、两个硕士学位并持有病理学执照，而且已在实验室里工作了五年。作为关于如何把组织行为原则运用到具体工作环境中去研究的一部分，你最近一直注意老张的行为。

你发现了以下几点信息：

1. 在老张的办公桌上有一张合家欢。
2. 办公桌经常乱七八糟。
3. 老张经常和员工交谈。
4. 有几次你去老张的办公室，他的办公桌旁都没有人。
5. 有几次你都发现老张不在办公室里。
6. 老张一周和上司共进几次午餐。
7. 老张为家里即将诞生一个小宝宝而兴奋。
8. 老张将要去商务旅行。
9. 六星期后，老张将离开去从事更好的工作。

问题：你如何解释上述信息？

三、社会知觉偏差及其解决思路

1. 社会知觉偏差

（1）知觉防御。知觉防御是个体使自己免受某些观念、物体或情境的威胁的倾向，是人们保护自己的一种思想方法倾向。换句话说，通过知觉防御，人们试图扭曲或忽略可能威胁情感的或是文化上不能接受的信息。而个体一旦形成了观察世界的方法就可能很难改变。有时这种防御会给工作环境带来不良后果。例如，在劳资谈判过程中，有消息说，由于利润下降，工厂可能要关门停业了。但焦虑的工人可能会忽略这个信息，他们宁可相信这是管理层故意制造的谣言。

知觉防御的一个结果是使人们避免面对无力处理或不愿面对的事情。作为一种感觉防御装置，它使人们能对环境的干扰视而不见、充耳不闻，而将注意力转移到其他方面，并希望带来压力的事情能够最终消失。

知觉防御能够保护个体免受某些观念、物体或情境的威胁，但也使人们无法看到事情的本来面目，因为它使人产生了知觉盲点。

（2）晕轮效应。晕轮效应指的是通过社会知觉获得个体某一特征的突出印象，进而将此扩大成为他的整体行为特征，是一种以偏概全的倾向。知觉了某人的某个特征之后，就会形成一个整体印象。

晕轮效应不但常表现在以貌取人上，而且还常表现在以服装定地位、性格，以初次言谈定人的才能与品德等方面。在对不太熟悉的人进行评价时，这种效应体现得尤其明显。

有些时候很多人都会犯以貌取人的错误。比如他们会对那些衣着光鲜的人表示出自己的羡慕和敬仰，而对那些外表朴素平凡的人则会投去轻蔑的一瞥。很多人认为从外在形象中可以看出这个人的气质修养、才干学识、品德操守、身份地位等。但事实证明，并非如此。

（3）首因效应与近因效应。首因效应是指人们根据最初获得的信息所形成的印象不易改变，甚至会左右对后来获得的新信息的解释。是一种"先入为主"的效应。比如，在与员工沟通时，可首先用几句话扼要地说明一下问题的要点，产生首因效应，从而加深员工对问题的印象。

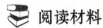 阅读材料

孙权痛失凤雏

《三国演义》中凤雏庞统当初准备效力东吴，于是去面见孙权。孙权见到庞统相貌丑陋，心中先有几分不喜，又见他傲慢不羁，更觉不快。最后，这位广招人才的孙仲谋竟把与诸葛亮比肩齐名的奇才庞统拒于门外，尽管鲁肃苦言相劝，也无济于事。众所周知，礼节、相貌与才华绝无必然联系，但是礼贤下士的孙权尚不能避免这种偏见，可见第一印象的影响之大！

近因效应是指在知觉过程中最后给人留下的印象最为深刻，对以后该人或物的印象起着强烈的影响。

一般说来，在知觉不太熟悉的人时，首因效应起到较大的作用，人们总是用后面得到的信息想方设法地去证实第一印象；在知觉比较熟悉的人时，近因效应起到较大的作用。

一般情况下，一个人的体态、姿势、谈吐、衣着打扮等都在一定程度上反映出这个人的内在素养和其他个性特征，不管暴发户怎么刻意修饰自己，举手投足之间都不可能有世家子弟的优雅，总会在不经意中"露出马脚"，因为文化的浸染是装不出来的。

（4）定型效应。定型效应是指社会上对于某一类事物所产生的一种比较固定的看法。这就是所谓的社会刻板印象。常规型思维方式会让人的思维产生一种惯性，这种惯性还会

不自觉地、无意识地影响人的活动。定型效应减轻了信息加工负担，但在很多情况下定型效应是一种社会偏见。

 案例

幼儿学新生开学，老师在给小朋友做入园登记时发现了两位长得很相似的小女孩，家庭信息也完全相同。老师把两位小女孩叫过来，问："你俩是双胞胎对吧？谁是姐姐，谁是妹妹啊？"其中一个小女孩说："我俩不是双胞胎，我俩是三胞胎其中的两位。"

(5) 对比效应。对一个人评价并不是孤立进行的，而是常常受到我们最近接触到的其他人的影响，这叫作对比效应。例如，一向口出厉言的教师，偶尔讲出几句柔和体贴的话，那么他这几句话就会令学生难忘。相反，向来宽厚的老师，有一天突然大发雷霆，当然也会令学生大吃一惊。由此可见，教育学生也要有对比效应，与平常不同的批评，容易给学生留下强烈的印象。

(6) 投射效应。投射效应是指假设他人与自己相同，以此进行归因，对他人的行为进行解释。中国有句古话叫"以小人之心，度君子之腹"，也是说投射作用在日常生活中是很常见的。

人们在日常生活中常常不自觉地把自己的心理特征（个性、好恶、欲望、观念、情绪等）归属到别人身上。如自己对社会某现象不满，总以为别人也是这样。也有些人，因自己遇到挫折失败后，没有自我反省，而将这些由挫折失败引起的内心不安、行为、态度和过失排除于自身之外，把这些责任推到别人或别的事物上。

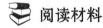 阅读材料

苏东坡与佛印和尚

宋代著名学者苏东坡和佛印和尚是好朋友，一天，苏东坡去拜访佛印，与佛印相对而坐，苏东坡和佛印开玩笑说："我看见你是一堆狗屎。"而佛印则微笑着说："我看你是一尊金佛。"苏东坡觉得自己占了便宜，很是得意。回家以后，苏东坡得意地向妹妹提起这件事，苏小妹说："哥哥你错了。佛家说'佛心自现'，你看别人是什么，就表示你看自己是什么。"

(7) 基本归因错误。基本归因错误是指理解他人行为时，高估他人内在因素，而低估外部环境因素的现象。

【思考】员工成绩不好，经理往往认为是因为下属的懒惰而不是管理出现了问题。这合理吗？

(8) 行动者和观察者差别。所谓行动者和观察者差别，是指人们作为一个评价者对他人的行为进行归因时，往往倾向于做稳定的内部归因；而当人们作为自我评价者对自己

的行为进行归因时，却倾向于做外部归因。原因主要是行动者与观察者认识的角度不同，而导致认识的倾向性不同。行动者强调他周围的环境，观察者则强调行动者本身。但如果行动者和观察者相互换位，从对方的立场看问题，情况就迥然不同。

（9）自我服务偏见。自我服务偏见是指人将自己的成功归因于内在因素（如能力、努力），而把失败归因于外在环境因素的现象。这就是经常说的"我很优秀，你只是运气好"。这与人的印象管理有关，人们总是试图创造一个特殊的、良好的印象，以使他人对自己有一个良好的评价。当别人问原因时，人们会尽量让对方相信，成功完全是由于自己本身，而失败则不能怪自己，如此才能让对方给你较高的评价。例如，一位国企老总认为企业繁荣是因为自己能力强，而企业倒闭则是体制原因。这也与人维护自尊的需要有关，这可增强人的自信和提高对自己的评价，心理上得到极大的满足；而把失败归因于外在环境，可减少挫折感，保护自尊心。这也与人的认识有关，因为人们一般是对成功的体验多，而对失败的体验少。

2. 减少社会知觉偏见影响的思路

虽然社会知觉过程中的知觉偏见是很难完全消除的，但是可以采取一些办法来减弱它们对人们社会知觉的影响，以便在社会互动过程中知觉更为准确一些。在减少社会知觉偏见方面，有以下三种思路：

（1）关注他人反应。如果在同一情景中，绝大多数个体的行为都是类似的，这时做出个性因素的归因是不合适的。相反，观察者应该从情景中寻找因素来解释对方行为。所以说，在任何情况、任何行为中，观察一下他人的行为反应，这可以成为反省自己行为的一面镜子，而这面镜子可以告诉人们其行为是否受到社会知觉偏见的影响。

（2）反思自己。反问自己如果身处相同情景，自己将如何做。这种做法可以减少行动者—观察者差异等偏见影响。一些社会知觉偏见的产生往往是由于人们所处的角色不同。在行动过程中，或者在行为发生之前，或者在行为发生之后，试想一下，如果我处在别人的角度，如果我是对方，我也会这样做吗？这种反思，往往可以减少甚至消除诸多知觉偏见对人们行为的影响。

（3）注意事件发生时的非突出因素。如果因果归因依赖于事件发生时最为突出的因素，寻找事件中隐藏的因素是非常重要的。例如，"张某喜欢这辆车"要比"这辆车张某喜欢"更可能引起个性方面的归因。因为在第二句话中，张某更为突出，更能引起人的注意。所以，在现实的工作和生活中，不要始终注意事件发生过程中的突出方面，而要关注一下事物发生过程中的"弱势群体"，很多时候，这些弱势群体往往是事件发生的根本原因。

四、知觉在组织管理中的应用

知觉差异的存在，导致行为不同。不同的人知觉不一样，所做的决策和行为也不一样。

在组织中，无论是管理者，还是一般的员工，人们都会进行相互评价。管理者评价下属的表现；下属也会评价管理者；下属还会评价自己的同事。所以，工作中的很多方面都依赖于人对人的评价和印象。以下两个方面是知觉在管理中的主要应用之处。

1. 面试选拔

管理中的面试选拔过程其实就是人对人的一个知觉评价过程，是一个面试考官搜集对方信息，并根据这些信息对对方进行评价的过程。考官通过对获得信息的理解和直觉来形成对考生的评价。因此，面试过程中，考官对某一群体的刻板印象、考生最初给面试考官的第一印象、前后考生与其对比情况等都会影响到最后的评价。所以，上面所介绍的社会知觉规律在面试中都会经常表现出来。

2. 绩效评估

绩效评估在很大程度上依赖于人的知觉过程。除了很多可以通过客观评价来衡量的标准外，员工绩效评估的很多方面都是以主观方式来进行的。在主观评价中，管理者主要依赖于对员工的工作印象进行评价，此时管理者的价值偏好、管理者的个人特点、被评价者本身的特点，这些都会影响到管理者对员工工作的评价。

【综合练习题】

一、选择题

1. "以小人之心，度君子之腹"体现了哪种知觉偏差？（　　）
A. 知觉防御　　　　B. 投射效应　　　　C. 首因效应　　　　D. 晕轮效应
2. 小学课本中的看图说话，不同的学生根据自己的想象编出不同的故事情节，这体现了知觉的（　　）。
A. 选择性　　　　B. 理解性　　　　C. 恒常性　　　　D. 整体性
3. 人们习惯认为"女人头发长见识短"，这体现了哪种知觉偏差？（　　）
A. 知觉防御　　　　B. 定型效应　　　　C. 晕轮效应　　　　D. 首因效应
4. 白色的粉笔与黑色的煤块相比，人们总习惯认为粉笔比煤块散发的光芒要大，这反映了知觉的什么特征？（　　）
A. 整体性　　　　B. 理解性　　　　C. 恒常性　　　　D. 选择性
5. 《三国演义》空城计中，司马懿无功而返，是因为他出现了哪种知觉偏差？（　　）
A. 知觉防御　　　　B. 定型效应　　　　C. 晕轮效应　　　　D. 首因效应

二、问答题

社会知觉过程中会出现什么知觉偏差？请举例说明，采取什么措施可以减少它们对社会知觉的影响。

第四章

气质、能力与性格

👉 **教学目标**

通过学习本章，了解气质的概念、性格的结构，掌握气质的类型及行为特征、性格的类型、能力的分类，掌握气质、性格、能力的管理。

👉 **教学要求**

主要内容	知识要点	重点难点
气质与管理	（1）气质类型及行为特征 （2）气质在管理中的应用	气质类型及行为特征
能力与管理	（1）能力的概念 （2）能力的分类 （3）能力的差异与管理	能力的差异与管理
性格与管理	（1）性格的概念 （2）性格的结构 （3）性格的类型 （4）性格的差异与管理	（1）性格的结构 （2）性格的类型 （3）性格的差异与管理

第一节　气质与管理

一、气质的概念

心理学上把一个人天生所固有的、稳定的、反映个体心理活动全部动力特征的心理特点的总和，称为一个人的气质。气质是个体心理特征之一，气质也是人的心理活动的动力特征。主要表现为人在心理活动和行为方面的动力特点，这种动力特点是指个体的高级神经活动的兴奋过程和抑制过程在强度、均衡性、灵活性等方面具有的不同特点在人的行为方面的表现，它反映个体心理活动过程进行的速度、强度、稳定性和指向性及其外部表现以及一般动作的速度、强度和灵活性等。气质不但表现在人的情绪活动中，也表现在智力活动中，它使人的全部心理活动都染上了个人独特的色彩。

个人气质的特点不依赖活动的内容而改变，它表现出一个人生来就有的自然特性，它是由人的生理机制所决定的。气质没有好坏之分，每一种类型的气质特点各有其长短。关键在于在社会实践活动中，要注意气质与工作、事业、生活的心理适应性，扬长避短，使气质能够熠熠闪光。

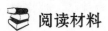 阅读材料

气质的天赋性

气质在个体刚刚出生就有所表现，有的新生儿喜吵闹、好动、不认生；有的较平稳、安静、害怕生人。这些差异受胎儿的个体生物组织制约。盖赛尔（A. L. Gesell）观察新生儿在运动中的敏捷性、反应性以及是否容易产生微笑等表现时发现，不同儿童有个体差异。他把观察的结果分成以下三种类型：①不着急，用心而慎重，能认真对待生活事态；②急急忙忙，不注意、冷淡、快活、伶俐、心眼快；③不规则，注意不稳定，性情不平稳，才气焕发。

气质的天赋性决定了气质的稳定性的特征，但它并不是绝对不变的，环境、教育社会、个人主观因素等对气质都有重要影响，气质是可塑的。

二、气质的类型及特征

所谓气质类型是指某一类人身上共同具有的典型气质特征的有机结合。

每个人都有不同的气质特点，这些特点有规则地互相联系，从而构成了一种特点的气质类型。心理学家通过观察研究，把人们表现出来的各种特点进行不同程度的组合，对人们的气质类型进行了划分。

公元前5世纪希腊著名医生希波克拉底提出体液说，把人的气质分为多血质、胆汁质、黏液质、抑郁质四种类型。苏联生理心理学家巴普洛夫根据神经活动的强度、均衡性、灵活性这三种特性的不同组合，将气质分为四种基本类型：活泼型、兴奋型、安静型、抑郁型，恰好相当于多血质、胆汁质、黏液质和抑郁质（见表4-1）。

表 4－1 神经活动类型及特征

神经活动类型（气质类型）	强度	均衡性	灵活性	行为特点
兴奋型（胆汁质）	强	不均衡	灵活	攻击性强、易兴奋、不易约束、不可抑制
活泼型（多血质）	强	均衡	灵活	活泼好动、反应灵活、好交际
安静型（黏液质）	强	均衡	不灵活	安静、坚定、迟缓、有节制、不好交际
抑郁型（抑郁质）	强	不均衡	不灵活	胆小畏缩、消极防御反应强

典型的四种气质类型人的行为特点如下：

1. 胆汁质

胆汁质的一般特征是：情绪兴奋性高，反应迅速，心境变化剧烈，抑制能力较差。易于冲动，热情直率，不够灵活。精力旺盛，动作迅猛，性情暴躁，脾气倔强，容易粗心大意。感受性较低而耐受性较高。外倾性明显。这种气质的人最突出的特点是具有很高的兴奋性，因而在行为上表现出不均衡性。他们能够以极大的热情投身于事业，埋头于工作，在达到既定目标道路上能够克服重重困难。但是，一旦精力消耗殆尽，这种人就往往对自己的能力失去信心，情绪低落下来。

2. 多血质

多血质的一般特征是：情绪兴奋性高，思维言语动作敏捷，心境变化快但强度不大，稳定性差。活泼好动，富于生气，灵活性强。乐观亲切、善交往、浮躁轻率、缺乏耐力和毅力。不随意反应性强，具有可塑性。外倾性较强。这种人突出的特点是热忱和有显著的工作效能。他们对自己的事业有着浓厚的兴趣，并能保持相当长的时间。这种人有很高的灵活性，容易适应变化了的生活条件，善于交际，在新的环境里不感到拘束。他们精神愉快，朝气蓬勃，但是一旦事业不顺利或需要付出艰苦努力，其热情就会大减，情绪容易波动。这种人大都机智敏锐，能较快地把握新事物；在从事多变和多样化的工作时，成绩卓著。

3. 黏液质

黏液质的一般特征是：情绪兴奋性和不随意反应性都较低，沉着冷静，情绪稳定，深思远虑，思维言语动作迟缓。交际适度，内心很少外露，坚毅执拗，淡漠，自制力强。感受性较低而耐受性较高。内倾性明显。这种人能够较好地克制自己的冲动，能严格地遵守既定的生活规律和工作制度。他们态度持重，交际适度，不足之处是其固定性有余而灵活性不足。但这种惰性也有积极的一面，它可以保持从容不迫和严肃认真的品格。对这种人，安排从事有条理、冷静和持久性的工作为好。

4. 抑郁质

抑郁质的一般特征是：感受性很强，善于觉察细节，见微知著，细心谨慎，敏感多疑。内心体验深刻但外部表现不强烈，行动迟缓，不活泼。易于疲劳，疲劳后也易于恢复，办事不果断和缺乏信心。内倾性明显。这种人的突出特点是敏感性较高，因而最容易受到挫折。他们比较孤僻，在困难面前优柔寡断，在面临危险情势时会感到极度的恐惧。这种人常常为微不足道的缘由而动感情。他们很好相处，能胜任别人的委托，能克服困难，具有坚定性。

需要注意的是，人的气质类型没有好坏之分，因为它是人的神经系统活动的特点。气质类型本身只有心理特征和表现方式的区别，并无优劣之分，各种气质的人都可以成为优秀的人才，走向成功。因为每种气质中都是积极、消极的发展因素并存。例如，多血质的人既容易形成灵活、活泼开朗、善交际等品质，也可能养成肤浅、不踏实、不真挚等毛病；抑郁质的人具有深刻敏锐、洞察力强、精细的优点，但也可能是阴沉的、多愁善感的。因此，气质不能决定个人活动的价值和成就高低。

而且现实中多数人是两种以上气质类型的混合体，而以上行为特点只描述典型的四种气质类型的行为特点。

气质具有较强的稳定性，但也具有可塑性，作为气质的生理基础的高级神经活动类型在外界条件的影响下是可以改变的，因此气质也会随环境、教育程度的变化而改变。在实践中，每个人都应该学会自觉掌握、控制自己的气质，发展气质的积极方面，限制并改变消极方面，努力培养自身良好的心理品质。同样，在组织的教育、培训工作中，要因材施教，增强针对性，扬长补短，帮助员工完善自己的气质。

三、气质在组织活动中的作用

气质对人的行为、对人的活动效率都有很大影响，因此对组织管理工作有重要的意义。

首先，根据人的气质特征来调动人的积极性，合理用人。管理工作纷繁复杂，每项工作都有自己的特点，每个人也都有自己的气质特征。所以，要尽量使人的气质特点与工作的特点相互协调配合，才能各尽所能、各得其所，有利于工作。

一般来看，典型胆汁质、多血质的人比较适合从事需要进行灵活反应的职业；而典型黏液质、抑郁质的人比较适合从事需要耐心、持久、细致的工作。一般情况下，应该安排多血质的人做一些社交工作，（如采购员等），可以委任胆汁质的人以突击性、开拓性的工作，可以安排黏液质的人从事一些核算和监督职能（如会计、统计等）的管理工作，可以安排抑郁质的人做一些研究工作。一些特殊职业对人某一方面的气质特征有特殊要求，如飞行员、驾驶员、宇航员等工作责任重大，要求极灵敏的反应、敢于冒险、机智果断、能经受高度的身心紧张等，这种情况下，气质特征决定着一个人是否适合这一职业。这应该通过心理测定来作为选拔依据。

其次，根据人的气质特征来合理调整组织结构，增强团体战斗力。人的气质特征有积极的一面，也有消极的一面，合理调整不同气质的人员，组成一个领导班子，组成一个生产班组，组成一个集体，形成气质"互补"的组合，就可以相互克服气质的消极影响，发挥气质的积极作用，从而达到增强凝聚力、战斗力的目的。例如，一个领导班子中，做出一个重大决策，需要有果断、机智、冷静、细心、创新、激情等不同气质类型的心理品质，但是很少有人同时具备上述品质，这就要求气质互补的团体组合。

再次，根据人的气质特征来做好思想工作。不同气质的人，对挫折、压力、批评、惩罚的容忍接受程度不同，对思想感情的接受程度不同。所以，做思想教育、做人的转化培养工作的重点就要有所不同。多血质的人豁达大度、反应灵活、接受能力强，对他们的培养教育应采用批评和劝导相结合的方式；胆汁质的人积极主动、生气勃勃、容忍力强，培养教育他们时，既要开展有说服力的严厉批评，提高他们的自制力，又不能激怒他们，激化矛盾；黏液质的人沉着、坚毅、冷静，情绪反应较慢，对待他们要耐心说服开导，多用事实说话；抑郁质的人情感深刻、脆弱、孤僻、冷淡，对待这样的人，不可在公开场合批评、训斥他们，而应在关怀中激励，在照顾中促进，在情感中引导，使他们自觉接受别人的批评或建议。

最后，在工作和管理中，也需要意识到人的气质不是一成不变的，人的气质会因重大事件的发生和长时间的强化而发生一定的改变。尤其需要注意的是，人经常以自己的性格特点来掩盖自己的气质方面的短处，所以在实践中也不要完全静止、绝对地看待气质特点。

【思考题】假如你是企业的董事长，现在你需要选拔一位办公室主任，你会选择哪位？说出你的理由。

A. 贾母   B. 林黛玉   C. 薛宝钗   D. 王熙凤

【小测试】测测你属于哪种气质类型？

以下问题，在 2 分钟内打分，分数可以打在题目标题的前面：

完全是这样 5 分；基本是这样 4 分；有时是这样 3 分；不是这样 2 分；完全不是这样 1 分。

(1) 做事力求稳妥。

(2) 遇事不顺，怒不可遏，说出为快。

(3) 宁肯一个人干事，不愿多人合作。

(4) 到新环境，很快适应。

(5) 厌恶强烈的刺激，如尖叫、噪声、一些危境。

(6) 和别人争吵时，先发制人，喜欢挑衅。

(7) 喜欢安静的环境。

(8) 善于与人交往。

(9) 羡慕那种善于克制感情的人。

(10) 生活有规律，很少违反作息时间。

(11) 在多数情况下，情绪是乐观的。

(12) 遇到令人气愤的事，很快自我克制。

(13) 遇到高兴的事，一下喜形于色。

（14）做事总有旺盛的精力。

（15）遇问题常举棋不定，优柔寡断。

（16）在人群中，常感到过分的拘束。

（17）情绪高昂的时候，觉得什么都有趣；情绪低落的时候，觉得什么都没意思。

（18）当注意力集中时，别的很难分析。

（19）理解问题，总比别人快。

（20）遇到危境，常常有极度的恐惧感。

（21）对学习、工作、事业怀有很高的热情。

（22）能长时间做枯燥、单调的工作。

（23）符合兴趣的劲十足，否则不想干。

（24）一点小事就引起情绪没劲。

（25）讨厌做那种耐心、细致才能完成的工作。

（26）与人交往不卑不亢。

（27）喜欢参加热烈的活动。

（28）喜欢看感情细腻、描写人物内心活动的文学作品。

（29）工作时间长了，就感到厌倦。

（30）不喜欢长时间讨论一个问题，宁可动手干。

（31）宁愿侃侃而谈，不愿寥寥数语。

（32）别人说我总是闷闷不乐。

（33）理解问题比别人慢一些。

（34）疲倦时，只要短暂休息就能精神抖擞，重新工作。

（35）心里有话，宁愿不说。

（36）希望目标尽快实现，不达目标誓不罢休。

（37）学习工作同样长后，常比别人更容易疲倦。

（38）做事有些鲁莽，不计后果。

（39）老师讲新知识，不理解，一旦理解会记得较长。

（40）能很快忘记不愉快之事。

（41）做作业或做事比别人花时间多。

（42）喜欢运动量大的活动或各类文体活动。

（43）不能很快地将注意力从一事转到另一事。

（44）接受任务后就希望迅速解决。

（45）认为墨守成规比在冒风险要强一些。

（46）能同时注意几件事物。

（47）当我很烦时，别人很难使我高兴。

（48）爱看情节起伏跌宕、激动人心的小说。

（49）对工作保持认真严谨、始终一贯的态度。

（50）和周围人的关系总是相处不好。

（51）喜欢复习学过的知识，重复做已掌握的工作。

（52）喜欢做变化大、花样多的工作。

（53）小时候会背的诗歌，记得更清楚。

（54）别人说我，出语伤人，可我不感觉如此。

（55）在体育活动中，常应反应慢而落后。

（56）反应敏捷，头脑灵活。

（57）喜欢做有条理的、不是很麻烦的工作。

（58）兴奋的事情使我失眠。

（59）老师讲新概念常听不懂，但弄懂后很难忘。

（60）如工作枯燥无味，马上会情绪低落。

打分规则：

1、7、10、13、18、22、26、30、33、39、43、49、55、57、59 分值累加（黏液型）

2、6、9、14、17、21、27、31、36、38、42、48、50、54、58 分值累加（胆汁型）

4、8、11、16、19、23、25、29、34、40、44、46、52、56、60 分值累加（多血质）

3、5、12、15、20、24、28、32、35、37、41、45、47、51、53、50 分值累加（抑郁型）

评判标准：如某一项分值明显高于其他三项分值 4 分以上，为多血质；如两系列分值接近，且分差小于 3 分又明显高于其他两系列分值 4 分以上，为两种气质混合型；三种系列分值相近但明显高于第四系列的，属三种气质混合型。

第二节　能力与管理

一、能力的概念

能力是顺利完成某项活动所具备的心理特征，它是顺利完成某项活动的必要条件，并且直接影响活动的效率。能力总是和人完成一定的活动相联系在一起的。离开了具体活动既不能表现人的能力，也不能发展人的能力。

任何一种活动都要求参与者具备一定的能力。例如，从事管理工作，要具备一定的组织、交际能力；从事销售工作，就必须具备一定的语言表达能力。只有在能力上足以胜任工作，才能取得良好的工作绩效。

值得注意的是，不要把个体的能力和掌握的知识技能混为一谈。要掌握一定的知识及技能，必须具备起码的一些能力。而个体在知识技能的学习中发展相应能力。因此，个体的能力和掌握的知识技能之间有着辩证的联系。

通常人们总是以某种活动来考察或者评价一个人的能力，但是在活动中表现出来的心理特征并不都属于能力。如性格急躁、沉稳虽然与顺利完成活动有一定的关系，但不是直接影响活动效率的基本条件，它不属于能力，而是气质特征。

能力既包括已经在实际活动中表现出来的实际能力，也包括通过学习和培训可能达到的能力水平，即潜能。

二、能力的分类

根据不同标准可以把人的能力划分为不同类型。

1. 一般能力和特殊能力

一般能力通常是指那些在各种活动中都必须具备的能力。例如：注意力、观察力、记忆力、思维力、想象力等，一般能力也称为智力或知能。特殊能力是指在完成某种专业活动所必须具备的能力。如数学计算、音乐绘画、形象思维、空间想象等能力以及某种实际操作相联系的动作体系，如飞行员、特种兵等特殊能力。要顺利地完成某种活动，人必须具备一般能力和完成此活动所需的特殊能力。

2. 认知能力和元认知能力

认知能力是个人获取和保持知识的能力。如观察能力、记忆能力、思维能力等。瑟斯顿（Thurstone）认为，人的认知能力包括言语理解、算术、记忆、归纳推理、演绎推理、知觉速度、空间知觉能力七种。

一个人拥有了知识，但并不代表在需要的时候就能很好地利用知识。要在知识需要的时候能把知识应用得更好，这时就需要元认知能力。元认知能力是人对自己的记忆、理解和其他认知活动的评价和监控能力。人的元认知能力包括人怎样评价自己的认知活动，怎样从各种已知策略中选择出解决问题的正确方法，怎样集中注意有待解决的问题，怎样决定停止解决困难问题，怎样判断一个人是否理解他所看或所听到的事物，怎样把一种情景中学到的方法应用到另一种情景中去，怎样判断目标是否与自己的能力一致。

元认知能力在不同人身上差别很大。专家与新手的区别不仅在于前者拥有更多的知识，更重要的是专家善于应用和组织知识，因此专家的元认知能力要显著高于新手。

3. 情绪智力

国外学者通过长时间的研究发现，一个人在学校中的认知能力对其后来的管理工作成绩预测性非常微弱；但同时发现，一个人在情绪方面所体现的能力对其今后的管理工作、成绩有很强的预测性。因此，情绪智力受到了学术界和实践领域的重视。

《纽约时报》专栏作家丹尼尔·戈尔曼在《情绪智力》一书中系统地阐述了情绪能力，认为情绪能力包括五种能力：了解自己情绪的能力；控制自己情绪的能力；自我激励能力；了解他人情绪的能力；维系良好人际关系的能力。

EQ，即情绪商数，简称情商，是情绪智力的测量结果。一些研究表明，具有高情绪智力的人在工作的某些方面更加成功。在诸如管理、服务、销售等偏重与人交往的工作中，一个人的情绪智力直接影响到其工作的成果。

4. 创造力

随着知识经济的到来，有一种能力越来越受到重视，即创造力。创造力，是人类特有的一种综合性本领。它是知识、智力、能力及优良的个性品质等复杂多因素综合优化构成的。创造力是指产生新思想，发现和创造新事物的能力，它是成功地完成某种创造性活动所必需的心理品质。例如创造新概念、新理论，更新技术，发明新设备、新方法，创作新作品都是创造力的表现。创造力是一系列连续的复杂的高水平的心理活动。它要求人的全部体力和智力的高度紧张以及创造性思维在最高水平上进行。

三、能力的差异与管理

在工作组织中，每个人的能力都有差异，每个岗位对能力的要求也不同。要充分开发人力资源，管理者必须识人之明、用人之长，使得员工各尽其才。

1. 要实现能力与工作相匹配

现代管理者必须认识到每个员工的能力有大小，性格有差异，只有把员工安排在最适合自己的岗位上他才能最大限度地发挥其潜力。

2. 实际能力与潜在能力相结合

在人力资源招聘和选拔过程中，既要考虑人员的实际能力，又要考虑潜在能力。在管理组织时，首先要注意人力资源的利用，但一个组织和一个企业要想长期生存下去，还必须合理地开发其成员的潜在能力，必须建立一套人力资源开发机制，针对每个员工不同的特征进行针对性的培训和开发。

3. 实现能力互补

由于个人能力存在差异，所以在群体中，可以通过人与人的相互结合，取长补短，形成最佳结构，发挥整体优势，实现个体所不能达到的目标。既要有"运筹帷幄之中，决胜千里之外"、指挥有效、控制有方的"帅才"，又要有能率领部下冲锋陷阵的"将才"，并且只有当两者的才能形成合力时，才能真正地保证和提高组织的战斗力。

📖 阅读材料

刘邦赞"三杰"

汉高祖刘邦夺取天下之后，与群臣谈及汉兴楚亡的原因时，说道："夫运筹帷幄之中，决胜千里之外，吾不如子房。镇国家，抚百姓，给馈饷，不绝粮道，吾不如萧何。连百万之军，战必胜，攻必取，吾不如韩信。此三者，皆人杰也，吾能用之，此吾所以取天下。"

第三节　性格与管理

一、性格的概念

1. 性格

人的性格即指一个人对现实的态度和习惯化了的行为方式中表现出来的较稳定的有核心意义的个性心理特征。第一，性格是人对现实的稳定的态度；第二，性格表现人们习惯化了的行为方式；第三，性格体现着人的心理的社会历史制约性；第四，性格是独特的心理特征；第五，性格是个性心理特征的核心部分。

2. 性格与气质的区别与联系

（1）气质更多地反映了个性的自然属性，而性格反映了人的社会属性。气质的形成多与遗传有关，而性格则更多受到社会环境的影响，可塑性比前者大。

（2）气质无好坏之分，而性格则有好坏之分。

（3）气质可以影响性格的表现方式，使同一性格内容有不同的表现色彩。

（4）气质可以影响性格形成的难易和速度。

（5）性格可以在一定程度上调控、掩盖或改造气质，使气质的消极因素得以抑制，积极因素得以发展。

二、性格的结构

现实世界多姿多彩，因而人就会产生形形色色的态度以及相应的行为方式，形成各种各样的特征，构成性格的特征可以依据态度特征、情绪、意志、理智等来划分。

1. 对现实态度的特征

对现实态度的性格特征，是指个人对社会、集体、他人、自己以及对待学习、工作的态度中所表现出来的性格特征。对待集体和他人的态度中所体现出来的性格特征有善良、同情、虚伪；对待自己的态度中所体现出来的性格特征有自尊、自大、谦虚、骄傲；对待劳动的态度中所体现出来的性格特征有热爱、勤奋、懒惰、认真、马虎；对待物品的态度中所体现出来的性格特征有有条不紊、邋遢。

2. 性格的认识特征

性格的认识特征，是指人们在感知、记忆、想象、思维等认识过程中表现出来的个别差异，这些差异是一个人完整性格中的一部分。如快速性与精确性、保持持久型与迅速遗忘型、深刻型与肤浅型等。在感知方面表现出来的性格差异有被动感知、主动观察、详细罗列概括；在想象方面表现出来的性格差异有幻想家、现实主义者；在思维方面表现出来的性格差异有独立思考、盲目模仿。

3. 性格的情绪特征

性格的情绪特征，是指人们情绪活动的强度、稳定性、持续性以及稳定心境等方面的个别差异。在情绪活动的强度方面，有的人情绪体验特别强烈，难以控制，而有的人情绪体验比较弱，显得很冷静。在情绪的稳定性方面，有的人情绪的被动比较大，有时激动，有时平静，而有的人情绪则不易起伏。在情绪的持续性方面，有的人情绪的持续时间特别长，会留下深刻印象，而有的人情绪稍纵即逝，不会留下什么影响。

4. 性格的意志特征

性格的意志特征指一个人是否具有明确的目的性、能否自觉地支配行为向预定目标努力的性格特征。性格的意志特征表现在以下四个方面：一是行为目标的明确性，有的人目标明确，而有的人则是蛮干；二是自觉控制水平，例如有的人自制力强，有的人容易受暗示；三是在经常和长期工作中所表现出来的意志特征，如有的人有恒心，有的人则会半途而废；四是在紧急或困难情况下所表现出来的性格特征，如有的人果断、勇敢，而有的人则犹豫、怯懦。

三、性格的类型

所谓性格的类型是指一类人身上所共有的性格特征的独特结合。在这个方面不同的心理学家都以自己的标准进行划分。下面介绍几种在日常工作和生活中常被应用的分类。

1. 以心理机能划分性格类型

培因（Bain）和李波（Ribot）根据心理机能把人的性格分为理智型、情绪型、意志型三种类型。理智型性格的人以冷静思考来行事，以理智来支配自己的行动。情绪型性格的人不善于思考，凭感情用事。意志型性格的人目标明确，行为主动，追求将来的憧憬。当然也可以把两种类型进行组合，形成某些中间类型，如理智—意志型。

2. 以某些典型性格特征划分性格类型

弗里德曼（Friedman）根据人们在时间匆忙感、紧迫感及好强心等方面的特点把人的性格区分为 A 型性格和 B 型性格。A 型性格表现为时间感强、日程满、凡事亲自动手、争强好胜；而 B 型性格表现为悠闲、无时间紧迫感、做事有耐心、能容忍。A 型性格就是我们一般所说的"工作狂"。而且，弗里德曼等人经过长达 20 年的观察研究发现，A 型性格的人患冠心病的概率是 B 型性格的 1.7 ~ 4.5 倍。所以说，从长期作用效果来看，A 型性格不利于人的身心健康。

四、性格的差异与管理

在管理工作中，理解性格有非常重要的作用。

第一，从工作要求来看，一定要把性格与工作进行匹配。这是人力资源开发和管理的核心准则。对于工作来讲，要找到性格特点符合工作需要的人；对于个人来看，一定要找到与自己性格特点相一致的工作。否则，不是工作做不好，就是人们会因不适应工作而离职。

第二，由于人与岗要匹配，因此在进行人员招聘和选拔时，一定要重视对候选人性格特点的考察。比如，销售岗位需要注意候选人要适当外向一些，以便更好地与客户进行交往；研发人员需要一定的坚持性；会计人员需要一定的规矩和严谨性。这些都是人性格特点中的内容，一旦这些方面没有把握好，就有可能使人的性格与岗位要求不匹配，影响工作绩效。

【综合练习题】

一、选择题

1. 行为特征表现为安静、均衡、态度持重、交际适度、固定性有余、灵活性不足，这属于哪种气质类型的行为特点（　　）。

A. 活泼型　　　　　B. 安静型　　　　　C. 兴奋型　　　　　D. 抑郁型

2. 适合从事多变、多样化的工作的气质类型是（　　）。

A. 多血质　　　　　B. 黏液质　　　　　C. 胆汁质　　　　　D. 抑郁质

3. 精力充沛，胆量较大，好猛干，但往往粗枝大叶，兴奋性行为反应敏捷而迅速，但要把兴奋性行为转变为抑制性行为较不灵活；情绪的抑制较难，易表现暴发性情绪；行为的外倾性明显；对兴奋性行为的改造较不容易，属于（　　）。

A. 多血质　　　　　　B. 胆汁质　　　　　　C. 黏液质　　　　　　D. 抑郁质

4. 决定人的心理活动动力特征的是（　　　）。

A. 气质　　　　　　　B. 能力　　　　　　　C. 个性　　　　　　　D. 性格

5. 人对现实稳定的态度和习惯化了的行为方式是（　　　）。

A. 气质　　　　　　　B. 性格　　　　　　　C. 能力　　　　　　　D. 个性

6. 人对自己的记忆、理解和其他认知活动的评价和监控能力是（　　　）。

A. 实际能力　　　　　B. 元认知能力　　　　C. 模仿能力　　　　　D. 潜力

二、问答题

人不同的气质、能力和性格特点对管理的启发是什么？

三、案例分析题

用所学的个性理论分析下面的故事：

某天晚上一位美国客人到某酒店餐厅吃饭。坐下后，不断地和服务员交谈，让服务员给他介绍有什么好吃的。他对周围的一切非常好奇，不是看花瓶、餐具，就是研究筷子架，还让服务员教他如何使用筷子。最后，他点了一个中式牛柳、一个例汤和一碟青菜。很快，菜就上齐了。他首先把牛柳吐在骨碟上，接着又连试了几块，都是如此。这时，他无可奈何地擦了擦嘴，招手示意服务员过去。当服务员走到他面前时，他非常幽默地说："小伙子，你们这里的牛一定比我的爷爷还老，你看我的嘴对此非常不高兴，它对我说能否来一点它感兴趣的牛柳呢？"说完，他就笑眯眯地望着服务员，等候他的回答。服务员说了声对不起，请他稍微等一会儿，便马上去找主管。主管来了后对这位客人说："此菜是本酒店奉送的，免费。"说完就走开了。这位客人结账时对服务员说："看来今晚要麻烦送餐部了。"

【讨论】

1. 美国客人属于哪种气质类型？请从案例中找出根据。

2. 假设美国客人是其他三种气质类型的人，他们分别可能会怎样对待牛肉不好吃这件事？

第五章
价值观与态度

👉 **教学目标**

通过学习本章，了解价值观在管理中的应用、工作满意度和组织承诺的测量方法，掌握工作价值观的分类、工作满意度的影响因素、组织承诺的类型。

👉 **教学要求**

主要内容	知识要点	重点难点
价值观与管理	（1）价值观的概念 （2）价值观的类型 （3）价值观对人的行为的影响 （4）价值观在管理中的作用	（1）工作价值观的类型 （2）价值观在管理中的作用
态度与行为	（1）态度的概念 （2）工作态度的类型 （3）态度在管理中的应用	（1）态度在管理中的应用
工作满意度	（1）工作满意度的概念 （2）影响工作满意度的因素 （3）工作满意度与生产率 （4）工作满意度的测量	（1）影响工作满意度的因素
组织承诺	（1）组织承诺的概念 （2）组织承诺的类型 （3）组织承诺对管理者的启示	（1）组织承诺的类型 （2）组织承诺对管理者的启示

💿 **导入事例**

员工培训问题

深圳一家电子企业很重视员工的技能培训，几年下来便拥有一批得力的技工成为生产骨干，能解决许多技术难题。一时间订单不断，利润大增。老板欣喜若狂，对这批骨干宠爱有加，频频加薪宴请，嘘寒问暖，劳资双方如胶似漆，宛若蜜月情侣。老板颇为得意：一手抓金钱，一手抓酒瓶，还怕你们不卖命。

谁知好景不长，那个技工头目本是老实人，但几年下来满脑子只有钞票美酒，本分的他逐渐变得自私贪婪，眼珠子整天贼溜溜地转。和老板酒酣耳热之际竟萌生了歪念：我有一批骨干，老板没我不行，何不敲他一杠！开始时借意暗示，果然得手；继而便公开讲数目，得寸进尺，私欲一发不可收拾。稍不遂意便带头怠工，再以集体跳槽相威胁，最后竟然在外商验货之际做手脚，使企业损失惨重。老板怒不可遏，把这批技工全部炒了鱿鱼，企业元气大伤。遭此一创，老板心中阴影难消，再招技工时竟颇为踌躇。而那些被炒的员工今后要改邪归正，做个又有技术又有品德的好员工，恐怕也不易了。

资料来源：百度文库。

第一节　价值观与管理

价值观代表个体一系列的基本信念，而个体的行为往往就是在各种信念的支配下进行的。因此价值观对于研究个体以及组织行为相当重要。

在日常生活中，常常可以听到这样的说法："这个单位的前途和我个人没有多大关系""企业没搞好，总经理每年拿十几万，真是不合理"。这些茶余饭后的闲谈、讨论看似漫不经心，实际上反映了人作为组织成员的价值观念对人的行为有潜移默化的作用。当你在选择最重要的事情时，你的价值观会影响你的决定。因此，理解员工的价值观和态度是理解和管理组织行为的前提。

一、价值观

价值观（Values），是指个体在长期的社会环境中所形成的比较稳定的、持久的社会信念和价值系统。价值观代表了人们最基本的信念，反映出个体关于正确与错误、好与坏、可取与不可取的看法与观念。每一个个体对周围事物的价值观可能很不相同。

价值观对于研究组织行为是很重要的，因为它通常影响一个人的态度和行为。人的价值观一旦形成，就如同社会文化价值观一样，是相对稳定和持久的。这样的行为会形成相对一致的标准，不致陷入变化无常的盲从状态。当然，价值观并非一成不变的。当人们处在某种新的环境，其行为必须符合新的情境要求时，人们常常会对旧的价值观提出疑问，对可能不再适合的部分进行修正，经过反复、比较，导致价值观的变化。

对于工作，人们的价值观有很大的差异。有的人希望得到一份能全面展示自我长处的工作，有的人希望得到一个在气氛和谐、融洽的环境下的工作；有的人考虑更多的是经济利益，有的人则期望有更多的升迁机会。价值观不同的个体对组织的态度也会不同，从而导致不同的组织行为。因此，为了获得好的经济和社会效益，管理者在招聘员工时首先要考察应聘者的价值观是否符合组织的要求，还要了解应聘者是否认同组织的价值观。

许多著名的企业都有明确的核心价值观和共同的信念，并坚守这个信念，不会为了眼前的利益而放弃它。例如，海尔，"真诚到永远"；TCL，"为顾客创造价值"；CE，"简单、速度、自信"；福特汽车，"诚实与正直"；IBM，"力求让顾客满意"；索尼，"尊重、鼓励每个人的能力与创造力"；中国移动，"持续为社会、为企业创造更大价值"；麦当劳，"质量、服务、清洁、价值"。只有当员工的价值观与组织的价值观能够相符、相融的情况下，组织目标才能顺利达成。

二、价值观的类型

价值观是一个人关于应该在人生中追求什么以及应该如何行为的个人信念。德国心理学家爱德华·斯普朗格（Eduard Spranger）最早将人的价值观分为六种类型：理性价值观、经济价值观、唯美价值观、审美社会价值观、政治性价值观和宗教价值观。美国社会心理学家米尔顿·罗克奇（Milton Rokeach）将价值观分为两种类型：终极价值观（Terminal Values）和工具价值观（Instrumental Values）。终极价值观指个体愿意用整个生命去实现的目标，如舒适的生活、成就感、平等、自由、快乐等。工具价值观指的是个人喜欢的行为方式或实现终极价值观的手段，如勤奋工作、勇敢、负责、自律等。

在诸多价值观中，工作场所的两种价值观与组织行为有着密切的关系，即工作价值观（Work Values）和伦理价值观（Ethical Values）。

1. 工作价值观

工作价值观是员工关于期望从工作中得到什么以及应该在工作中如何行为的个人信念。人们期望从工作中得到的东西包括：自我成就和自尊、社会认可以及愉快的生活等。人们关于在工作中行为方式的信念包括：雄心壮志、服从命令、尊重他人等。价值观是一种一般的、持续时间比较久的思想和情感，它会影响人们的工作感受。

为什么工作价值观对于理解和管理组织行为很重要？因为它反映了员工在工作中以及通过工作究竟想要得到什么。

例如，一名员工如果认为应该从工作中学习到新的知识，那么他对于在超市做收银工作就会不满意，因为一旦他掌握了如何使用收银机，那么他几乎很难再学到什么新技能了。这种不满意可能会导致他对待顾客产生恶劣的态度。相反，如果另一名员工觉得工作就是养家糊口的途径，而超市收银工作既轻松又可以赚到还过得去的工资，那么他对这份工作就会非常满意。因此，员工的工作价值观对于理解和管理员工在组织中的行为非常重要。

工作价值观可以分为两类：内在工作价值观和外在工作价值观。

内在工作价值观（Intrinsic Work Values）指的是关注工作本身特点的价值观。一个希望工作富有挑战性、能够从工作中学习新东西、能够做出自己的贡献并且在工作中最大限度地发挥自身潜能的员工，往往拥有内在工作价值观。拥有内在工作价值观的员工往往希望得到具有挑战性的工作，能够在工作中发挥自己的技能和能力，并且能从中体会到责任感和自主性。对于具有内在工作价值观的员工来说，他们所从事的工作本身对他们来说是最为重要的。

与内在工作价值观不同，员工的外在工作价值观（Extrinsic Work Values）与工作结果有关。这些员工之所以看重工作不是因为工作所带来的结果。工作的结果除了经济收入之外，还有为个人带来的社会地位、社会关系以及带薪假期等。

由于工作的确是大多数人得以生存的途径，因此，员工的工作价值观中大多包含有外在工作价值观的成分，但是，很多员工同时具有外在的和内在的工作价值观，只是两者的重要性程度因人而异。一位小学老师很喜欢教学，但是他为了得到更高的薪水而辞去了教职，到一个计算机公司做销售员，这说明他的外在工作价值观比内在工作价值观强烈。一位社会工作者能够忍受长期微薄的收入，因为她觉得帮助贫穷的家庭和孩子这件事本身非常重要。与外在工作价值观相比，内在工作价值观对她来说更为重要。

因为工作价值观反映了员工通过工作究竟想要得到什么，它有助于我们理解和预测员工对工作场所中不同事件的反应，也有助于我们理解和管理组织行为。在调整工作内容、工作时间以及工作情境中的其他方面时，管理者应该对自己下属的工作价值观保持特别的敏感性。富有挑战性的工作以及个人成长的机会对于那些具有内在工作价值观的员工而言是极大的激励，而对于具有外在工作价值观的员工来说却可能导致他们的不满。

表 5 - 1 内在和外在工作价值观的比较

内在工作价值观	外在工作价值观
有趣的工作	高工资
挑战性的工作	工作安全感
学习新事物	工作福利
做出重要的贡献	在社会中的地位
在工作中实现自身潜能	社会交往
责任和自主性	与家人共度的时光
富有创造性	业余爱好的时间

2. 伦理价值观

伦理价值观（Ethical Values）是关于什么是对、什么是错的个人信念。伦理价值观帮助员工选择行动的正确途径并且引导他们的行为和决策。尤其是当行动的正确途径并不清晰的时候，伦理价值观帮助员工进行伦理决策。

伦理价值观可以分为实用主义价值观（Utilitarian Values）、道德权利价值观（Moral Rights Values）以及公正价值观（Justice Values）三种类型。

实用主义价值观认为，决策应该以能否为最大范围内的人带来最大限度的好处为判断依据。道德权利价值观认为，决策应该以能否保护相关人的基本权利，如自由、安全以及隐私权等，为判断的依据。公正价值观认为，对相关人的权责、利害的分配以一种公正、平等、不偏不倚的方式进行是最为重要的。

个人的伦理价值观是经过很长时间逐渐形成的，并受到来自家庭、同伴、学校、宗教机构以及其他群体的影响。作为员工，这些伦理价值观指导着他们在工作场所的行为。有时候，拥有特定种类的工作或职业的员工群体会形成所谓的职业伦理（Professional Ethics）。医生、律师、大学教授都拥有相应的职业伦理，对恰当的和不恰当的行为进行界定。而蕴含在法律、风俗中的社会伦理（Societal Ethics）会对整个社会发挥潜移默化的作用。

个人伦理、职业伦理和社会伦理都会影响到组织的伦理规范。伦理规范（Code of Ethics）是组织制定的一套正式的规则和标准，可以为员工在组织中的行为选择提供决策的依据。

三、价值观对人的行为的影响

从组织行为学的观点来考察，价值观影响当前及将来员工的行为，所以对价值观的了解极其重要。今日的价值观及其变化有助于塑造组织的未来，价值观对人的行为的影响主要表现在：①影响对他人及群体的看法，从而影响到人与人的关系；②影响个人所选择的决策和解决问题的方法；③影响个人对所面临的形势和问题的看法；④影响确定有关行为的道德标准；⑤影响个人接受和抵制组织目标与组织压力的程度；⑥影响个人及组织的成功和成就的看法；⑦影响对个人目标和组织目标的选择；⑧影响对管理和控制组织中人力资源手段的选择。

四、价值观在管理中的应用

价值观与人的世界观、人生观紧密相连，对个体心理和行为、对群体凝聚力和组织效能有广泛的影响。价值观是相对稳定和持久的，这些影响也是深远的。所以，管理者必须重视价值观的作用。

首先，在人员招聘时，要重视对新员工价值观的考察，看其是否和企业价值观一致：你希望从工作中得到什么，应该在工作中有什么行为。

其次，在组织管理中，要致力于组织文化建设，根据组织的使命和任务，树立明确的组织价值观，努力使组织的所有员工接受并赞赏，提高组织的凝聚力。

只有在平衡各方面价值观的基础上才能选择合理的组织目标，保证组织活动的有效性。组织领导人都有自己的愿景，个人愿景要转化为员工共同的愿景才会形成组织的愿景。领导人自己的愿景要转化为共同愿景，必须与员工价值观兼容，才能得到大家的认同。

规章制度的制定也要考虑到员工价值观的影响。在同一个客观条件下，对于同一个事物，组织成员的价值观是不会完全相同的，这就会导致员工行为的不一致。例如，对同一个规章制度，如果两个人的价值观相反，那么他们将会采取完全相反的行为。认为这个规章制度是合理的人就会认真贯彻执行，认为这个规章制度是错误的人就会拒不执行。而这种截然相反的行为，将对组织目标的实现起着完全不同的作用。因此，为了保证组织的效率和效能，组织领导人在选择组织目标时，就必须考虑到有关各种人员和群体的价值观。只有在平衡各方面价值观的基础上才能选择合理的组织目标。

再次，必须认识到价值观多元化的存在，尤其是在全球经济一体化的情况下，包容价值观多样性，珍惜价值观多元化，对不同价值观的人采取不同管理方式。

在全球化的时代，组织活动的范围扩大，不同国籍、宗教信仰、背景、习惯的人们一起工作，必然出现员工、顾客价值观多元化的问题，这样对不同价值观的顾客提高服务水平、对不同价值观的员工进行有效激励，成为决定组织核心竞争力的重要因素。

最后，在我国社会主义制度下，组织领导者必须十分重视人的价值观的变化及其对组织行为的影响。为此，一方面要使组织工作适应人们普遍存在的价值观；另一方面要树立和培植新的价值观。

第二节　态度与行为

人们在知觉基础上与人交往、与客观事物接触，就会逐渐形成态度。由于每个人的社会生活环境、知识经验不同，待人处事的态度也不相同。态度差异是个体差异的一个重要方面，对人的行为有很大的影响，这是组织行为研究必须注意的问题。

一、态度的内涵

态度是指个体对外界事物的一种较为持久而又一致的内在心理和行为倾向[①]。人们在认识客观事物或在工作交往中，总是对人或事产生不同的反应，做出各种各样的评价，如赞成或反对、亲近或疏远、喜欢或厌恶、接纳或排斥等。这种对客观对象所表现出来的积极、肯定的或消极、否定的心理倾向，是一种内在的心理准备状态，它一旦变得比较持久稳定，就会成为态度。

态度有指向性，态度必须有态度主体（态度持有者）和态度客体（态度对象）。态度具有相对稳定的连续性。例如，某党员对党组织的忠诚态度，廉洁奉公者不为金钱与美色所动的态度等。

态度的心理结构由三种成分构成：认知、情感和意向。

---

① 孙成志．组织行为学［M］．大连：东北财经大学出版社，2007：39.

1. 态度的认知成分

态度的认知成分是指人对事物的看法、评价以及带评价意义的叙述。它包括个人对某一对象的理解、认识以及肯定与否定的评价。认知成分直接或间接地涉及态度表达。

2. 态度的情感成分

态度的情感成分即人对事物的好恶，带有感情色彩和情绪特征。人的喜爱或讨厌、热爱或憎恨、尊敬或蔑视、耐心或厌烦、热情或冷淡、谦逊或骄横等，都反映出人的态度。态度与情感不能画等号，但态度含有情感倾向，情感情绪可以直接反映出态度。

3. 态度的意向成分

态度的意向成分即人对事物的行为准备状态和行为反应倾向。态度不同于行为，但态度含有行为倾向，人的行为反映其态度。

态度的三种成分之间的关系是复杂的。一般情况下，三者是协调一致的。

态度的情感成分是关键部分。一个人不能看到另一个人的情感（情绪成分）或者认知（信念、信息成分）成分，它们只能靠推断。

二、工作态度的类型

在组织情境中，工作态度（Work Attitudes）是员工对自己的工作和组织的看法和情感以及自己在工作和组织中应该如何行为的信念。态度比价值观具体，但没有价值观持久。因为随着时间的推移，员工对自己工作的感受会发生变化。

对于组织行为具有重要意义的两种工作态度是工作满意度和组织承诺[①]。

工作满意度（Job Satisfaction）是员工对于自己所从事工作的各种情感和信念的集合。人们对自己工作满意的程度可以从极为满意到极为不满意。除了对工作有一个整体的态度之外，人们对自己工作的不同方面也可以有不同的态度。例如，对自己从事工作的类型是否满意，对自己的上级、下级和同事是否满意，对自己的收入是否满意等。

组织承诺（Organizational Commitment）是员工对自己所在组织的情感和信念。组织承诺的水平可以从极高到极低，而且，员工对于组织的不同方面也可以有不同的态度。

在组织中，态度很重要，因为它会影响到工作行为。因此，理解员工的工作态度是如何形成的、它与实际工作行为的关系如何以及如何改变员工的消极态度，对于管理者来说就显得十分重要。

---

① 李永瑞. 组织行为学 ［M］. 北京：高等教育出版社，2008：106.

三、态度在管理中的应用

态度是组织行为研究中一个重要议题。态度有复杂的结构，不能直接观察，只能通过人表现出来的语言、文字、表情、行为推测人对事物的认知、情感和意向。这就要求管理者充分重视态度在管理中的作用，深入研究与态度有关的问题，正确分析，采取切实有效的措施改进管理工作。

1. 要充分认识员工态度在管理中的作用和这种作用的复杂性

由于组织层级制的存在，管理幅度的限制，加之态度本身的内在性质，管理者很容易忽略员工的态度和内心感受，被一些表象迷惑，就事论事采取一些治标不治本的管理措施。比如，有一些管理者听到人们抱怨沟通不畅，就匆忙采取措施，规定每月或每周召开几次会议加强沟通，这样的措施可能没有改善沟通，反而加剧文山会海现象。因此，观察管理现象，必须充分认识员工态度对认知、行为的影响作用。

2. 要运用多种方法定期进行员工态度调查

运用多种方法定期进行员工态度调查，能够提醒管理层潜在的问题，及时了解员工的意图，为管理层提供有价值的信息。一方面，通过相关因素的测量来综合反映员工总体的态度；另一方面，通过各种具体调查把握具体人员在具体问题上的态度。在态度测量时，应将各种测量方法与人的一贯表现结合起来，综合评定，才能得出比较可靠的结论。

3. 改善对员工的态度，同时要加强对职工的教育

由于态度对人的行为影响是多方面的，所以，管理者面临的另一项重要任务是要通过改善对员工的态度来增强其动力作用，还要通过对职工的教育来达到自我态度的改善，以激发他们最大限度的热情与工作积极性。为此，要注意以下几个方面：

（1）排除障碍，改变员工的态度。

研究改变员工的态度的方法，排除改变态度的障碍，这符合组织中员工的共同利益。排除障碍，改变态度的常用方法有：提供新的信息；朋友和同伴的影响或劝说；解决态度和行为间的分歧等。

（2）整理资料，深入分析，采取相应的管理措施。

通过各种调查方法取得了资料后，就要对所取得的资料进行系统整理，比较分析。在此基础上，制定相适应的管理措施，这对提高组织士气具有重要作用。

综上所述，组织的领导人应当仔细地观察了解下属人员的态度，并通过教育和各种影响去改变他们的不正确态度，进一步发扬巩固正确态度，提高士气，以增进员工对组织的忠诚度与向心力，使员工对工作更热忱，对同事更和谐，对管理措施更支持，使每个人工作得更为满意，表现得更好。这样，整个组织就会达到更好的效益。

第三节　工作满意度

一、工作满意度的概念

工作满意度是员工对自己的工作所持有的态度，是个体对工作的认知、情感和行为倾向。当你问起人们对自己工作的态度时，他们的回答往往包括认知（我觉得自己做的事情很有意义）、情感（我很喜欢我的工作）以及行为倾向（我将一直做这份工作）。

工作满意度一般可以从两个方面来加以考察：一是侧面满意度，这是一种对工作的某一方面感到满意的倾向。这类与工作有关的因素主要表现为：工作本身的性质、工作的报酬、晋升的机会、工作被认可的程度、工作的物理环境、组织的管理方式、同事之间的关心和组织内部的各种政策，一般来说，报酬和工作本身是工作满意的最重要的原因，而工作中的提升机会是工作满意的一般重要原因，工作中的提升机会则是相对不太重要的原因。

二是总体满意度，表明某一个体对其工作的全面的或综合的态度。在某种意义上讲，总体满意度是对工作的不同侧面的平均或总的态度，表现出整体的水平。

需要注意的是，个体的工作满意度是动态的，随着环境和个体本身的情况的变化，个体的满意度也会发生相应的变化。因此，对于管理者来说，保持员工的工作满意度应持一种发展的观点，"在发展中解决问题"。

二、影响工作满意度的因素

研究表明，影响工作满意度的重要因素有：工作本身、公平的待遇、良好的工作环境以及人的个体特征。

1. 工作本身

包括工作内容的奖励价值、多样性、学习机会、困难性以及对工作的控制。员工偏爱的工作应当能给他们充分展示自己的技术和能力的机会，能够提供不同的任务和自由度，并且能对他（她）所做的事情给予反馈。具备这种特点的工作往往有一定的挑战性。工作太容易会让人感到厌倦，太困难又会产生挫折感和失败感。在中等挑战性的环境下工作，通常会使员工对工作感到愉快和满意。

2. 公平的待遇

组织的报偿、晋升制度、政策是对员工工作最直接、最明确的物质肯定方式。这些制度政策是否公平，极大影响着员工的工作满意度。员工希望他们的薪酬制度和提升政策能够公平、透明并且符合他们的期望，同样条件下，员工感到薪酬制度公平时，就可能对工作感到满意。

3. 良好的工作环境

组织特性和环境影响是预测工作满意度的重要指标。组织特性分为督导方式（领导风格）、组织承诺、激励（包括提升机会、工作安全和工作认可）、工作投入。工作环境的舒适（适宜的温度、照明、低噪声、洁净）、从事工作的便利性（易操作的现代化工具、不太遥远的工作地点），也是工作满意的助长因素。

4. 人的个体特征

个人的价值观、工作技巧、工作经验和能力等也是影响工作满意度的因素。个人的工作态度取决于该工作对个人的意义的大小。由于不同的人具有不同的价值观，因此，人们对于某种工作的意义的理解也是各不相同的。

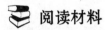 阅读材料

不同的活动方式对美国家庭主妇改变态度的影响

第一次世界大战期间，由于食品短缺，美国政府当局希望能说服家庭主妇购买动物内脏做菜，但问题是美国人一直以来都不喜欢食用动物内脏。为了有效地改变家庭主妇的这种态度，美国社会心理学家库尔特·勒温（Kurt Lewin）做了以下实验。

勒温把参加实验的主妇们分成两组：一组为控制组，他对这一组被试者采用演讲的方式，亲自讲解动物内脏的营养价值、烹调方法、口味以及食用这些食品对国家的贡献等，说服她们改变对内脏的厌恶态度，把其列为日常食品；另一组为实验组，勒温组织这一组的主妇们展开讨论，共同探讨动物内脏的营养价值、烹调法等，他还为这组被试者列出使用内脏做菜时可能遇到的困难（如家人不喜欢吃的问题、清洁问题等）并逐个加以解释和解决，最后再由营养专家指导每个人亲自实验烹煮。实验结果是：实验组的主妇们有32%改变了她们对动物内脏的态度，而控制组中仅仅有3%的人开始接受食用内脏的饮食习惯。

资料来源：许芳. 组织行为学原理与实务［M］. 北京：清华大学出版社，2007：111.

三、工作满意度与生产率

早期关于工作满意度与生产率之间关系的论点基本上可以归结为"快乐的员工必定生产率高"。从20世纪30年代到50年代，管理人员所表现出来的是家庭式管理风格，例

如，组建保龄球队、举办公司野餐以及对管理者进行培训，就是经理通过取悦员工来提高生产率。然而，快乐员工理论更多的是主观臆测，没有可靠的依据。

经过进一步研究，即使工作满意度对提高生产率有积极作用，这种作用也是相当微弱的，而适度地引入其他的变量可以影响这种作用关系。例如，当员工的行为较少受到外界因素的约束和控制时，这种作用关系就较强。譬如对于机械化程度高的工种，生产率更多地决定于机器的运行速度而不是工人的满意程度。

目前可以得出的结论是：生产率的提高将导致工作满意度的增加，但反之未必尽然。如果你在干一件不错的工作，你自然会对它感到满意。另外，如果假设组织会对生产率提高给予相应的回报，你的高效率必然会增加别人对你的赞誉，工资水平和提升机会也会随之提高；反过来，这些回报将会增加你的工作满意度。

研究者还发现，满意度与缺勤率以及流动率之间存在着负相关关系。也就是说满意度越高，员工缺勤率越低，流动率也越低。

四、工作满意度的测量

员工对于工作的不同方面有不同的态度，可以通过量表或问卷（Rating Scales or Questionnaires）、关键事件法（Critical Incidents）和访谈法（Interview）等方法对员工的态度进行评估。

1. 量表或问卷

工作满意度测量的主要方法是满意度调查，通过适当的满意度调查，能够了解到员工的满意状况，从而使得管理层意识到哪个员工群体或者哪个组织层面在工作的哪一方面存在着问题。按照调查过程中的提问方式来区分，工作满意调查大体可以分为目标型调查法和描述型调查法两种。目标型调查法是指不仅提出问题，而且提供问题的各种答案，被调查者只需要做一个标记表明他们的选择即可的一种调查方法。这种方法使得人们只能选定与他们的看法比较接近的答案，而不能准确地表达他们的真实感受，但是这种方法比较便于实施和进行统计分析。描述型调查法是只提出问题，答案则由员工自由表述自己的意愿和想法，准确地诉说了自己的感觉。用这种方法反映出来的问题往往能给管理者强烈的印象。但采用这种方法，调查结果较难进行数理统计分析。

下面来看看几种常用的工作满意度的测量量表。

（1）工作描述指数量表。[①] JDI（Job Descriptive Index）最初是由帕特里卡·卡恩·史密斯（Patricia Cain Smith）教授等人于 1969 年开发出来的。它通过 72 道题目评估了工作满意度的五个方面：对工作自身的满意度、报酬、晋升、上级和同事。把对这些方面的满意度评价合并起来，即可以得到对工作满意度的综合测量。为了适应工作情境、工作内容

---

① 李永瑞. 组织行为学［M］. 北京：高等教育出版社，2008：124.

和工作技术上的变化，罗兹诺斯基① （Roznowski）教授对 JDI 进行了修订。表 5－2 是 JDI 的修订版。在该量表中，如果题目描述的特征符合工作中的实际情况则选"是"，如果不符合则选"否"，如果无法确定则选"无法确定"。

表 5－2　工作描述指数量表

现在的工作	是	否	无法确定
1. 令人着迷的			
2. 常规的			
3. 令人满意的			
4. 枯燥的			
5. 有创造性的			
6. 受尊重的			
7. 愉快的			
8. 有用的			
9. 感到疲倦的			
10. 有挑战性的			
11. 受挫折的			
12. 简单的			
13. 有成就感的			
14. 快乐的来源			
15. 沉闷的			
16. 有趣的			
17. 糟糕的			
18. 重要的			
现在的报酬	是	否	无法确定
1. 收入刚好够日常的消费			
2. 靠收入勉强为生			
3. 很低的			
4. 没有安全感			
5. 少于我应得的			
6. 收入太低了			
7. 丰厚的			
8. 不公正的			
9. 足够得到我想要的东西			

① 李永瑞. 组织行为学 ［M］. 北京：高等教育出版社，2008：124.

续表

晋升的机会	是	否	无法确定
1. 晋升的好机会			
2. 机会比较有限			
3. 根据能力晋升			
4. 没有发展前途的工作			
5. 晋升的好机遇			
6. 很少有提升			
7. 定期的晋升			
8. 非常好的晋升机会			
9. 很容易得到晋升			
现在的上级	是	否	无法确定
1. 很难取悦的			
2. 不礼貌的			
3. 会对出色的表现加以表扬			
4. 老练的			
5. 思想跟得上潮流的			
6. 急躁的			
7. 能够理解我的工作定位			
8. 烦人的			
9. 固执的			
10. 非常清楚工作情况			
11. 坏的			
12. 聪明的			
13. 需要时常在身边的			
14. 懒惰的			
15. 干扰我的工作的			
16. 发出使人混淆的指令			
17. 善于指导下属工作			
18. 不能被信任的			
现在的同事	是	否	无法确定
1. 令人鼓舞的			
2. 沉闷的			
3. 动作慢的			
4. 志向远大的			
5. 笨的			
6. 负责任的			
7. 聪明的			

现在的同事	是	否	无法确定
8. 容易树敌			
9. 话太多			
10. 聪明的			
11. 懒惰的			
12. 令人不悦的			
13. 主动的			
14. 兴趣狭隘的			
15. 忠诚的			
16. 工作中很好相处的			
17. 打扰我的			
18. 浪费时间的			

（2）明尼苏达满意度问卷。MSQ（Minnesota Satisfaction Questionnaire）是由维斯（Wiess）、戴维斯（Dawis）和英格兰（England）教授等编制而成的。MSQ 的长式量表有 100 道问题，由 20 个分量表组成，分别测量对能力发挥、成就感、行动、发展、授权、公司政策和实践、薪酬、同事、创造性、社会服务、社会地位、管理员工关系、管理技巧、多样化以及工作条件的满意度。其中有 20 道题目又可以组成一个独立地反映整体工作满意度的量表，即 MSQ 的压缩版（如表 5 - 3 所示）。这 20 道题中包括 12 道测量内在工作满意度的题目以及 8 道测量外在工作满意度的题目。

表 5 - 3　明尼苏达满意度问卷（压缩版）

对你现在的工作感觉如何？	非常满意	满意	不确定	不满意	非常不满意
1. 独自工作的机会					
2. 时常有做不同事情的机会					
3. 成为团体中重要人物的机会					
4. 上级对待下级的方式					
5. 我的上级做决策的能力					
6. 能够做不违背自己良心的事					
7. 工作的稳定性					
8. 为别人做事的机会					
9. 叫别人做事的机会					
10. 发挥自己能力的工作的机会					
11. 公司政策的实施方式					
12. 我的报酬与我的工作量					
13. 晋升的机会					

续表

对你现在的工作感觉如何？	非常满意	满意	不确定	不满意	非常不满意
14. 我自己做决策的机会					
15. 按自己的方式完成任务的机会					
16. 工作条件					
17. 同事间相处的方式					
18. 工作完成得好而得到的奖励					
19. 我从工作中获得的成就感					
20. 总能保持一种忙碌的状态					

2. 关键事件法

评估工作满意度的第二种方法是关键事件法，这种方法要求员工描述在工作中令自己特别满意的事情以及特别不满意的事情。通过对员工的回答进行分析，从而揭示一些潜在的问题。例如，可能有的员工会抱怨自己的上司在工作中态度粗鲁，而有的员工则称赞自己的上司在困境中表现出来的灵活性，这表明管理风格在工作满意度中扮演着重要的角色。

3. 访谈法

访谈法要求研究者与员工进行面对面的交谈。与通过高度结构化的问卷得到的信息相比，面对面地询问员工的工作态度往往可以揭示出更深层次的内容。通过谨慎地向员工提问，系统地记录他们的回答，有助于厘清工作态度形成的真正原因。例如，研究者通过与员工面对面地交谈可以了解他们对公司最近的人事变动有哪些情绪反应。当组织面临复杂而且困难的情境时，通过访谈这种高度个性化的方式收集员工的态度往往特别有效。

第四节　组织承诺

在美国，每年大约有 1/10 的员工变动工作，其中 1/3 的员工变更工作还不止一次。我国近些年来的员工离职率也比较高。过高的员工离职率增加了企业的招聘、选拔、培训等大量资源管理成本，同时也造成了技术流失和商业秘密泄露等问题。组织承诺不仅是一种预测离职率的良好指标，甚至会影响到组织整体的绩效水平、核心能力建设以及组织文化的形成。

一、组织承诺的概念

组织承诺是指员工对组织的态度，是员工投入组织及认同组织，并希望维持组织成员身份的一种程度。高的组织承诺意味着对所在组织的认同。高的组织承诺表现为：信任和接受组织的目标和价值观；愿意为组织利益付出相当的努力；希望留在组织中。

组织承诺也可以扩展为组织目标的一种使命感和忠诚度。研究表明组织承诺与缺勤率和离职率呈负相关。相对于工作满意度来说，组织承诺是预测离职率的更好的指标。原因在于它对组织整体的更全面的反映。

二、组织承诺的类型

1. 情感承诺

情感承诺是指员工由于认同组织的目标和价值而愿意继续为组织工作的强烈愿望。它是个体对一个实体的情感，是一种肯定性的心理倾向。情感承诺水平高的员工留在组织中是因为对组织目标和价值观的认同，并愿意协助组织达到目标。

影响情感承诺形成的因素包括组织管理的特点、组织内的人际关系、组织可靠性和公平性、工作本身的特性以及个人在组织中的重要性等。对于那种具有较强责任感，并且为社会做出较大贡献的组织，其员工更容易表现出情感承诺。此外，那些关心员工、尊重员工的组织也容易得到员工的情感承诺。如果组织没有对员工和整个社会表现出承诺，那么管理者往往很难看到员工会对组织抱有承诺。

2. 继续承诺

继续承诺是指员工由于离开当前组织付出的代价太大，而继续留在组织中工作的意愿。员工在组织中工作的时间越长，他们的继续承诺强度越高，离开组织的成本越大。

影响继续承诺的因素主要有受教育程度，所掌握技术的应用范围、个人对组织的投入情况、福利因素、居住时间长短、个人特性等。相对于情感承诺来说，继续承诺具有稳定性的特点。

3. 规范承诺

规范承诺是指员工由于受长期社会影响形成的社会责任而留在组织内的承诺。员工从组织那里接受利益或者好处会使得员工内心产生一种要回报的义务感。

影响规范承诺的主要因素有：对组织承诺的规范要求、成员的个性特征、所接受的教育类型等。

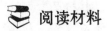 阅读材料

日本废除终身雇佣制后所产生的心理效应

近年来在日本，不仅经济处于一片低迷状态，而且员工似乎也变得越来越疲惫，同时

感受到不断增强的压力。据日本政府声称，现在日本处于工龄期的人口中有1/3的人长期感到疲惫和压力。在一家医院里，医生诊断在内科和心理病房内有32%的病人有这种症状。该诊断是根据病人持续6个月感到疲惫而且情绪低落，却查不出任何器官上的病因而得出的。根据医生的说法，这种长期的疲劳和疲惫是一种战后现象，而不仅仅是简单的过度劳作。他们把这种现象归因于过去10年来因国内经济低迷而产生的社会压力，归因于20世纪80年代国家经济繁荣期许多家庭积累下的大量债务，归因于近年来为了履行各项义务和维持生活标准，人们需要不断努力地工作。

日本越来越多的员工面临失业的事实也使上述问题变得更加突出。几十年来，日本公司以它们的雇佣保障制度为荣，其员工也相信自己终身有了依靠。然而，从20世纪90年代起，日本公司开始解雇员工，同时越来越多的员工开始意识到他们对于雇主的忠诚度降低了，他们更愿意到其他地方寻找工作。1987年，日本劳动省报告，53%的日本员工认为，即使面临受挫的情况，最好还是尽可能长期地留在一个工作岗位上；只有42%的人认为为了更加全面地发挥自己的才干和能力而变换工作很正常。

然而，劳动省最近的民意调查显示，仅有31%的员工认为人们应该留在原来的工作岗位上，而有63%的人认为到另一个公司或者组织中去工作也很好。

越来越多的人愿意变动工作的一个原因可能是，员工们意识到他们的雇主不再认为他们有义务提供终身工作。例如，在一个中等规模的机器零件制造商Shosiba制造公司里，老板解雇他的生产经理时，这位经理惊呆了。长期以来这个公司的政策是雇佣员工直至60岁然后给他们一大笔养老金。然而，Shosiba没有做到，于是那位生产经理就加入了日本将近3000万人的失业队伍中。对于这样的命运，他说："我很愤怒，但是我不知道到哪里去发泄愤怒。"

另外一个例子是，有一个63岁的人，毕业于京都大学，在日本钢铁公司工作，他的老板告诉他，他已经从经理工程师的位置调到了人力资源部门。这是一个大幅度的降级，最后，这位经理离开了这家公司。回顾他所遭受的待遇，他评价说："日本钢铁公司的目的就是要把我们这类人安置到无法忍受的工作岗位上，于是我们只能辞职。"

今天，相似的命运出现在日本许多雇员的身上，尤其是那些45岁及以上的人。这种冲击对于那些接受过良好教育，高薪酬、20多年前进入公司而现在不得不离开的技术专家来说尤其艰难。因为其他雇主认为他们太老而不值得雇用。也许更糟的不是丢掉了工作和薪水，而是丢了面子。许多这类不被雇用的专业人员感到羞愧和可耻。另外，那些还能找到工作的人只能找到较低水平的工作或者体力工作，那样不仅他们的薪水不到以前的一半，他们的地位也直线下降。他们过去的经验对于获得一份新工作完全没有任何价值，因此他们随便做任何他们可以找到的工作，比如开送货的卡车或者在办公楼里打扫卫生。另外有些人努力想回到劳动者大军，求助于再教育计划，但是他们发现工作还不够多，尤其适合老年人的工作更是少。结果，失了面子似乎导致了越来越多的长期疲惫和压力问题，这些问题又导致了日本现在和今后严重的社会心理健康问题。

资料来源：黛布拉·L.纳尔逊，詹姆斯·坎贝尔·奎克.组织行为学：基础、现实与挑战（第3版）[M].北京：中信出版社，2004.

三、组织承诺对管理者的启示

对于管理者而言，了解员工的组织承诺对于制定政策和改进管理至关重要。沃森·怀亚特公司的一份对美国 7500 员工的调查显示，拥有高承诺员工的公司三年内对股东的总体回报（112%）要远大于员工承诺水平低的公司（76%）（Whitener，2001）。可见员工对组织的承诺对于公司是何等重要。因此，作为管理者应该对组织承诺引起高度的重视。

第一，中国文化重视经验中的情感体验成分，为了赢得员工的感情承诺，需要员工在工作实践中体会到组织的关心和厚待。因此，管理者要从员工的需要出发，悉心设计对员工的各项政策，营造适宜的工作环境，为员工能高度卷入并努力达成组织目标创造条件。对员工的每一分付出，公司都要给予积极的肯定，并通过公平的分配和晋升系统给予回报。

第二，做好员工职业生涯管理，建立组织内部职业生涯发展体系。为员工的发展提供更多的培训和晋升空间，满足员工的理想承诺要求，建立员工的工作愿景，帮助员工进行自我实现。

第三，要赢得员工的感情和忠诚必须给予员工信任。管理者要通过诚实与公开的沟通，与员工建立相互信赖的关系，给予员工归属感，不是通过严厉的规则而是通过教育培训来降低组织不期望行为的发生。从而消除雇佣不稳定因素对组织承诺的消极影响。

第四，通过应用"中国员工组织承诺问卷"对员工的组织承诺进行调查，了解员工的承诺状态和水平。当组织内员工总体承诺水平较低时，意味着高度的人才有流失的危险，管理者要高度警觉和反省，并调整管理措施。

【综合练习题】

一、问答题

1. 价值观和态度之间的关系是什么？试举例说明。
2. 员工对工作不满意会导致哪些结果？

二、案例分析

海尔"赛马不相马"

1995 年某月，海尔人力资源开发中心丁主任的办公桌上放着职工汪华为的辞职申请书。

汪华为是在集团工作不久的大学生，在集团下属的冰箱厂工作时，他表现突出，提出了一些创造性的工作意见，被评为"揭榜明星"。领导看到了他的发展潜力，将其提升为电冰箱总厂的财务干部，这既对其已有成绩作了肯定，也为其以后进一步发展提供了一个更广的舞台。

汪华为作为年轻的大学生，在海尔集团又有着很好的发展前途，缘何要中途辞职呢？丁主任大惑不解。据了解，汪华为接受了另一家用人单位的聘请，该用人单位承诺他月工资将达上万元，为此，汪华为正准备跳槽。仅仅因为有更好的物质待遇吗？事情恐怕并非如此简单：虽然汪华为在海尔的努力工作得到了及时的肯定，上级赋予了他更大的权力和责任，但他仍认为一流大学的文凭应是一张王牌和获得垂青的资本，理所当然地，他可以进厂就担任要职、驾驭别人而非别人驾驭他；但海尔提出的"赛马不相马"的用人机制更重实际能力和工作后的市场效果，不是非常注重文凭和学历。海尔主张人人都有平等竞争的机会，"能者上，庸者下"。另一方面，岗位轮换制更是让人觉得企业中"仕途漫漫"，作为刚步入社会的大学生，汪华为颇有些心理不平衡；另外，海尔有严格的内部管理，员工不准在厂内或上班时间吸烟，违反者将受到相应处罚；员工不准在上班时间看报，包括《海尔报》；匆忙之中去接电话，忘了将椅子归回原位，也要受到批评，因为公司有一条"离开时座椅归回原位"的规定；《海尔报》开辟了"工作研究"专栏，工作稍疏忽就可能在上面"亮相"；每月一次的干部例会要当众批评或表扬一些职工，没有业绩也没犯错误的平庸之辈也被归入批评之列；能上能下的用人机制更让人感到无所不在的压力。所有这些加上其他用人单位口头承诺将重用他，使汪华为萌生去意，向海尔人事部递上了辞职申请书。刚上任的丁主任认为这件事非常重大，因为任何事情都能以小见大，不能"一叶障目"而忽略了海尔人力开发中比较重大的隐患，或许这也是一个更好地、完善现有人力开发工作的契机。

海尔的用人理念具有独特性：不赞同"用人不疑，疑人不用"的观点，强调"人人是人才，赛马不相马"，即为海尔人提供公平竞争的机会和环境，尽量避免"伯乐相马"过程中的主观局限性和片面性。海尔总裁张瑞敏认为，企业领导的主要作用不是去发现人才，而是去建立一个可以出人才的机制，并维持这个机制健康持久地运行：这种人才机制应该给每个人才以相同的竞争机会，把静态变为动态，把"相马"变为"赛马"，充分挖掘每个人的潜质：每个层次的人都接受监督，压力与动力并存，方能适应市场的需要。

丁主任望着办公大楼下面今年新招进的一批大学生正在参加上岗前的军训，他们身上那与草地浑然一色的"橄榄绿"让人感受到了年轻人的活力和朝气。企业究竟应如何为刚走出校门的大学生提供一个施展才华的空间？企业如何才能得到人才并留得住人才以及保持合理的人员流动性？丁主任很想找汪华为谈谈，或者找这群刚加入集团的大学生谈谈，充分了解他们的想法。

资料来源：http://www. doc88. com/p-69198284678. html。

【问题】

1. 汪华为为什么要辞职？汪华为的工作态度、工作满意度如何？

2. 企业应如何为刚走出校门的大学生提供一个施展才华的空间？

3. 企业如何才能得到人才并留得住人才，以及保持合理的人员流动性？

第六章
激励理论与应用

👉 教学目标

通过学习本章，了解激励概念的代表观点、需要的类型、激励的成本效益，理解需要与动机的关系、马斯洛需求层次论与 ERG 理论的区别、激励中的误区，掌握激励的含义、四种内容型激励理论、三种过程型激励理论的内容及其实践应用价值。

👉 教学要求

主要内容	知识要点	重点难点
激励理论概述	（1）激励的概念 （2）需要与动机 （3）需要的分类 （4）激励的一般过程	（1）需要和动机 （2）激励的一般过程
内容型激励理论	（1）马斯洛的需要层次论 （2）阿尔德弗的 ERG 理论 （3）赫茨伯格的双因素理论 （4）麦克利兰的成就需要理论	（1）马斯洛的需要层次论内容及实践意义 （2）阿尔德弗的 ERG 理论内容及实践意义、ERG 理论与马斯洛需求层次论的区别 （3）赫茨伯格的双因素理论内容及实践意义 （4）麦克利兰的成就需要理论内容及实践意义
过程型激励理论	（1）期望理论 （2）亚当斯的公平理论 （3）洛克的目标设置理论	（1）期望理论内容及实践意义 （2）亚当斯的公平理论内容及实践意义 （3）洛克的目标设置理论内容及实践意义
强化型激励理论	（1）斯金纳强化理论	（1）强化理论的内容 （2）强化理论的方式及实践意义
综合激励理论	（1）波特和劳勒的综合激励理论	（1）波特和劳勒的综合激励模式 （2）波特和劳勒的综合激励理论的实践意义
员工激励实践	（1）员工激励效果的影响因素 （2）激励中的误区 （3）激励的成本效益分析	（1）企业员工激励外部、内部及个体因素 （2）激励中的七个误区 （3）激励的直接成本、间接成本及效率分析

导入事例

富翁与厨子的故事

古时候，有一位富翁，家里请了一位手艺高超的厨子，尤其擅长"烤鸭"这一道菜。可是，这位富翁从来没有赞扬过厨子的手艺。后来，厨子送到富翁面前的烤鸭，虽然美味可口，却只有一只腿，另一只腿到哪里去了呢？富翁心里觉得很纳闷，感到非常奇怪。一天，厨子把烤鸭端上桌，富翁看到仍是一只腿的鸭子，忍不住问厨子："为什么每次你烤的鸭子都只有一只腿呢？"厨子回答说："鸭子本来就只有一只腿嘛！""胡说！鸭子明明是两只腿啊！"厨子不再辩解，而是推开窗子，请富翁向外望去。不远处水塘边有一群鸭子，正在打盹儿，缩起了一只腿，只用一只脚伫立。于是，厨子说："你看！鸭子真的只有一只腿嘛！"富翁不服气，于是两手用力鼓掌鼓了数下，鸭子被掌声惊醒，动了起来。富翁得意地说："你看，每一只鸭子都有两只腿啊！"厨子听了，不慌不忙地说："对嘛！如果您在吃美味的烤鸭时，也能鼓掌称赞一下，烤鸭就会有两只腿了。"此后，富翁吃烤鸭时，都不忘真诚地赞美厨子，当然，从此富翁就能吃到两只腿的烤鸭啦！

富翁为什么先前吃不到两条腿的烤鸭呢？因为缺乏激励！

富翁为什么后来吃到了两条腿的烤鸭呢？因为实施激励！

资料来源：中国金蓝盟管理网，http：//www. jinlanmeng. cn/contents/177/74358. html，2012－06－26。

上述故事说明，激励对组织的每一位员工都是非常重要的，适当的激励机制，能很好地提高每一位员工的工作积极性。

第一节　激励理论概述

一切管理活动的首要任务，是促进发挥员工的积极性、主动性和创造性，以完成组织、部门的任务和目标。一个组织要实现预期的绩效目标，关键在于如何激励员工的行为使其符合组织的要求。领导者必须掌握并运用正确的激励手段，充分发挥激励的作用。因此，激励成为组织行为学的核心问题。

一、激励的概念

激励，有激发和鼓励的意思，在管理学的一般教科书中，通常是和动机连在一起的，主要指人类活动的一种内在心态。一般而言，动机指的是为满足某种需要而产生并维持行动，以达到目的的内部驱动力。美国管理学家罗宾斯把激励定义为个体通过高水平的努力而实现组织目标的愿望，而这种努力能满足个体的某些需要。这一概念包含了激励的三个关键要素：

1. 需要是激励的起点和基础

需要是指个体因生理或者心理上缺少某种东西时产生的主观体验，即不安、紧张或者焦虑等。只有需要得到满足，个体的不良主观体验才能缓解或者消失。个体没有需要，就不会产生有意识的、有目的的行为。

2. 动机是激励的核心

动机是推动个体从事一定活动的心理驱动力，是个体行为的直接原因。动机以需要为基础，当人的某种需要未得到满足时，会产生一种紧张感，从而成为做某件事的内驱力。动机产生以后，人们会想方设法寻找满足需要的目标，一旦目标确定，就会产生一定的行为。

3. 目标是激励的核心

目标给予个体一种期望，即实现目标能够满足个体的某种需要，因此，目标对个体的行为具有推动作用。实际上，个体行为是组织目标和个体需要满足相一致的过程。

以上三个要素相互影响，相互作用，缺一不可。

拓展阅读

一天四位开饭店的小老板在一起聚餐。饭后，大家都借着酒力开始吹嘘自己的绝活。

甲老板说："我烧得一手好菜。"

乙老板说："我最善于理财。"

丙老板说："我擅长招呼客人"。

丁老板说："我没有什么特长，我只是会激励员工而已。"

10年后，只有丁老板成了大饭店的老板；而甲老板成了大饭店的厨师长，乙老板成了大饭店的财务经理，丙老板成了大饭店的营销经理。

二、需要与动机

从组织行为学的角度来看，需要的本质是一种心理状态，是人类或者有机体缺乏某种东西时的状态，管理中的需要特指人对某事物的渴求与欲望。它是一切行为的原动力和出发点。

动机是激发和维持个体进行活动，并导致该活动朝向某一目标的心理倾向或动力。动机在激励行为的过程中具有如下功能：①推动功能，动机唤起和驱动人们采取某种行动；

②导向和选择功能，动机总能指向一定目标，具有选择行动方向和行为方式的作用；③维持与强化功能，长久稳定的动机可以维持某种行为，并使之持续进行。

需要与动机两者密不可分。需要是动机的源泉、基础和始发点，动机才是驱动人们去行动的直接动力。对食物的需要会转化为觅食动机，对求知的需要则会变为学习的动机。当人产生某种需要而未得到满足时，会产生一种不安和紧张的心理状态。在遇到能够满足需要的目标时，这种紧张的心理状态就转化为动机，推动人们去从事某种活动。需要只有跟某种具体目标相结合，才能转化为动机，并在适当的外部条件下显现为外在的可见行为。需要一经满足，便失去作为动机源泉的功能，动机活力既失，行为也就终止了。新行为的产生便需等待新的需要出现。因此我们认为，需要的不满足才是激励的根源。

三、需要的分类

和其他概念一样，需要可以沿不同的维度进行分类。这里我们重点介绍我国著名学者余凯成教授首先提出的与组织行为学密切相关的一种分类方法，即按需要获得满足的来源进行分类。

按需要获得满足的来源分类，可将需要分为外在性需要和内在性需要两大类。

1. 外在性需要

这种需要所瞄准和指向的目标（或诱激物），是当事者自身无法控制而由外界环境来支配的。换句话说，外在性需要是靠组织所掌握和分配的资源（或奖酬）来满足的。能满足外在性需要的资源（或奖酬），就是外在性的资源（或奖酬），由这类资源（或奖酬）所诱发的动机则是外在性动机，这样所调动起来的积极性，便是外在性激励。

值得强调的是，在外在性激励条件下，被激励者的注意力只在那些诱激他的外在性奖酬，这些奖酬操纵在组织的管理者手中，将根据对他工作绩效的考评发给他。对他来说，工作只是一种获取这些外在性奖酬的手段，只具有工具性，至于这些工作活动本身，他是不关心的、不在乎的、无兴趣的，即使他卖力地工作，目的也是为了那些奖酬。

这里提到的资源或奖酬是广义的，不能狭义地仅理解为工资、奖金等物质性的资源。从这一点出发，按资源的性质来区分，外在性需要（或资源，或激励）又可进一步分为：物质性的需要和社会感情性的需要。

（1）物质性的需要。它在我国通常是指由工资、奖金、其他各种福利待遇等物质性的资源来满足的需要。

物质性的需要要用物质性的资源来满足。这类资源的性质，首先在于它们是客观的，可以感知和测量的。此外，它们是消耗性的，分掉一些便少一些，因此成本较高。同时，由于组织掌握的这类资源通常都是总量有限的，它们的分配便常具竞争性，你分多了，他就会分得少。物质性资源还有一个特点，便是它们都是通用性的、泛指性的，如钱谁都能用，房子谁都能住，不是只能供特定的人享用的。

物质性资源通常都在经济性交往中转移。在某个单位中出了力，做出了贡献，该单位便给他工资、奖金待遇，这就是经济性交往中转移的一个典型例子。

（2）社会感情性的需要。它通常要用友谊、温暖、特殊的亲密关系、信任、认可、表扬、尊重、荣誉等社会感情性的资源来满足，这类需要与物质需要相比是较高层次的。

社会感情性的资源和物质性资源性质大不一样。它们的特点为：第一，是其抽象性，不易测量，只能靠人的主观感受与体验去领会和获得；第二，它们基本上无需成本，而且简直是无限的；第三，它们具有互利、互增性，你对我信任和尊重，我便也会对你信任和尊重；第四，这类资源还具有特指性、专有性和排他性，即给予某特定对象的信任和尊重，只能他本人独自享用，别人拿不去，也无法转让他人，即使拿去了也不能用。

社会感情性资源通常在社交性、感情性交往，即非经济性交往中转移。由于这类资源具有丰富、互利、专有等特点，人们对它们的态度较为忍让，对待其分配的态度容易接受差别较小或等量的分配原则。当然在某些环境中或某些人身上，对这类资源可能更为敏感、更为计较。

2. 内在性需要

这种需要是不能靠外界组织所掌握和分配的资源直接满足的，它的激励源泉来自所从事的工作本身，依靠工作活动本身或工作任务完成时所提供的某些因素来满足。它们都是抽象的、不可见的，要通过当事者自身的主观体验来汲取或获得。这说明，和外在性需要相反，内在性需要与工作密切相关，其满足或激励存在于工作之中，此时工作本身便具有激励性而不再是工具性的了。可见，所谓"内在性"，是指内在于工作之中，并非指内在于受激者自身之内，"内在"与"外在"都是相对于工作而言的。内在性需要的满足取决于受激者自身的体验、爱好与判断，内在性激励由受激者自己控制和支配。从这种意义上说，内在性激励才是真正的工作激励，它不像外在性激励那样由组织控制的诱激物所牵引，而是由工作中的内在力量所推动。外在性激励在外在诱激物消失时便会随之消退；内在性激励则不管环境如何变化，都能持续地、坚韧地发挥作用。加之它基本上不需另外增加成本，所以是值得管理者重视、发掘和利用的有效激励手段。

内在性激励按其激励因素的性质，又可分为过程导向性激励和结果导向性激励两种。

（1）过程导向性激励。过程导向性激励是指通过工作活动本身引发的激励来满足当事者的内在需要。人有猎奇、好动、探索的需要。工作活动本身所含的激励因素很多，首先是它的趣味性：工作活动丰富多彩、变化多端、新颖引人、饶有趣味。其次是工作活动的挑战性，即任务较为艰巨但又是花一番努力可以完成的；工作对你的智力和技巧提出了较高的要求，使你感受到信任和责任，觉得英雄有用武之地。最后是工作活动所具有的培养性，它使你感到进步和成长、丰富与充实，体验到成熟感，增强自信与自尊。此外，工作活动中提供的交往机会，也会增加工作的吸引力。

这种激励具有以下两个特点：一是这种激励不但与是否存在外在性诱激物无关，而且与工作任务的成败与否也无关。吸引人的只是工作活动本身，使人乐在其中，怡然自得，忘乎所以。常见有人虽棋艺不如人，屡战屡败，但仍乐此不疲，毫不气馁。这是因为他意不在胜负，欣赏的是逢险局时动脑筋摆脱被动的趣味，或观棋者助兴起哄、与对于口角逗趣时的那种气氛。二是活动本身是否有趣和吸引人，全在当事者本人的爱好、判断与价值观。某人对某一活动觉得兴致盎然，另一人可能觉得味如嚼蜡。这里不存在什么客观的、绝对的评价标准。

（2）结果导向性激励。结果导向性激励是指通过完成工作任务而引发的激励来满足当事者的内在需要，即工作任务完成时当事者所感到的自豪感与成就感，对社会、专业、人民、祖国的贡献感，自己的抱负与价值得到实现时的轻松感与自尊感，自己的潜在能力得到充分发挥与利用时的舒畅感和得意感。

这种激励具有以下两个特点：一是所依据的成就主要由当事者按自己的标准做出判断，不像外在性激励，所做绩效必须由组织按它的标准做出评测，才论功行赏，给予它所掌握的外在性奖酬。他们不仅不在乎外在奖酬的丰歉，也不屑别人（包括组织）对其成就的褒贬，只要自己满意，便能体验到满足与激励。二是这种内在性激励，不仅在任务完成、取得成就时能够起作用，而且更可贵的是，即使在任务尚未完成或屡遭挫折时，高成就反而为向往与追求的目标，也能发挥强大吸引力。

四、激励的一般模式

人的行为是由动机支配的，动机是由需要引起的，而人的行为方面就是寻求目标满足需要。激励的过程如图 6 - 1 所示。

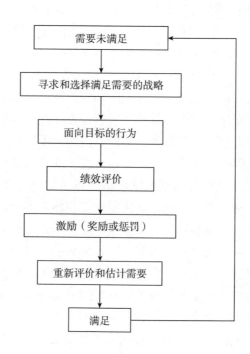

图 6 - 1　激励的一般模式

资料来源：李爱梅，凌文轻. 组织行为学 [M]. 北京：机械工业出版社，2011：29.

阅读材料

顽皮的小孩

一位老人在一个小乡村里休养，但是附近却住着一些十分顽皮的孩子，他们天天互相追逐打闹，喧哗的吵闹声使得老人无法好好休息，在屡禁不止的情况下，老人想出了一个办法。他把孩子们都叫到一起，告诉他们谁叫的声音越大，谁得到的报酬就越多，他每次都根据孩子们吵闹的情况给予不同的奖励。到孩子们已经习惯于获取奖励的时候，老人开始逐渐减少所给的奖励，最后无论孩子们怎么吵，老人一分钱也不给。结果，孩子们认为受到的待遇越来越不公正，认为"不给钱了谁还给你叫"，再也不到老人居住的房子附近大声吵闹了。

第二节　内容型激励理论

内容型激励理论也称为需要理论，该类理论试图从人的需要出发，探索人的行为是由什么因素引发、激励的，即哪些需要可以激励员工。

一、马斯洛的需要层次论

1. 马斯洛需要的五个层次

马斯洛把人类的多种需要划分为五个层次，分别是生理需要、安全需要、社交需要、尊重需要和自我实现需要。这些需要属于不同层次，构成一个需要的"金字塔"，如图6-2所示。

需要层次理论的主要观点可以简要地归纳如下：

（1）五种需要像阶梯一样从低到高，按层次逐级递升。最基本的生理需要和安全需要得到满足后，高层次的需要才能依次出现和满足。但这种次序不是完全固定的，也有种种例外情况。

（2）五种需要可以分为高低两级，其中生理上的需要、安全上的需要和社交上的需要都属于低一级的需要，这些需要通过外部条件就可以满足；而尊重的需要和自我实现的需要是高级需要，它们是通过内部因素才能满足的，而且一个人对尊重和自我实现的需要是无止境的。

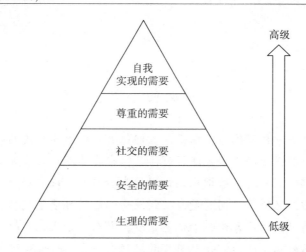

图 6 - 2　马斯洛需要理论金字塔

（3）需要的发展遵循"满足/激活律"。一般来说，某一层次的需要相对满足了，就会向高一层次发展，追求更高一层次的需要就成为驱使行为的动力。相应地，获得基本满足的需要就不再是一股激励力量。

（4）需要的强弱受"剥夺/主宰律"的影响。即某一需要被剥夺得越多，就越缺乏、越不足，这个需要就越突出、越强烈。也就是说，"物以稀为贵"，越缺少的东西就越想要，越匮乏就越重要。

（5）同一时期，一个人可能同时存在几种需要，但每一时期总有一种需要占支配地位，对行为起主导决定作用。这种占支配地位的需要叫作优势需要或主导需要。人在不同的年龄阶段和不同的条件下，总有某种优势需要占主导地位。马斯洛认为，若优势需要长期得不到满足，则会引起人的一系列无理行为或个性缺陷。只有满足人的优势需要，才能形成最大的激励。

（6）任何一种需要都不会因为更高层次需要的发展而消失。各层次的需要相互依赖和重叠，高层次的需要发展后，低层次的需要仍然存在，只是对行为的影响程度大大减小。

马斯洛和其他的行为科学家都认为，一个国家多数人的需要层次结构，是同这个国家的经济发展水平、科学技术水平、文化和民众受教育的程度直接相关的。在不发达国家，生理需要和安全需要占主导的人数比例较大，而高级需要占主导的人数比例较小；在发达国家，则刚好相反。在同一国家的不同时期，人们的需要层次会随着生产水平的变化而变化。

2. 马斯洛需要层次论的实践意义

马斯洛的需要层次论对于管理实践具有重要的启发意义，在管理中的应用主要有以下几个方面：

（1）掌握员工的需要层次，满足员工不同层次的需要。管理者在实践中应该根据不同层次的需要，采取相应的组织措施，以引导和控制人的行为，使之与组织的或社会的需要相一致。

（2）了解员工的需要差异，满足不同员工的需要。员工不但有着不同层次的需要，而且其职业、年龄、个性、物质条件、社会地位等不同，需要层次的排列及需要特点也各有差异。一项关于我国企业员工的需要的调查结果表明：管理干部、科技人员和文化程度较高者，自我实现需要占首位，其次是金钱需要和尊重需要；工人、文化程度较低者，金钱需要占首位，其次是爱的需要和自我实现的需要。因此，管理者要注意掌握不同员工的不同需要，针对不同人的不同需要采取不同的激励方法和管理措施。

（3）把握员工的优势需要，实施最大限度的激励。在同一时期内，员工可能存在着多种需要，但必定有一个占主导地位的优势需要支配、推动人的行为。而且，随着时间、条件的改变，人的优势需要的内容也在变化。

如上述那项调查的结果表明：未成家的青年人，爱的需要占第一位；成家后，金钱的需要上升为首位；45岁以后，爱和自我实现的需要成为最重要的。当员工的收入很高时，其第一位的需要也由金钱转变为自我实现和安全需要。因此，管理者不但要注意分析不同人的需要差异，还要掌握一定时间内、一定条件下人的优势需要及其变化。只有满足员工的优势需要，才能产生较大的激发力量。

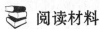 阅读材料

"投其所好"的需要层次理论

小猴想进城，可没人拉车。他想呀想，终于想出了一个好主意。他在车上系了三个绳套：一个长，一个短，一个不长也不短。他叫来了小老鼠，让他闭上眼，拉长套。又叫来小狗，让他闭上眼，拉短套。他再叫来小猫，在小猫背上系了一块肉骨头，让小猫闭上眼，拉不长不短的绳套。小猴爬上车，让大家一齐睁开眼。小老鼠看见身后有猫，吓得拉着长套拼命跑；小猫看见前面有只老鼠，拉着套使劲地追；小狗看见猫背上的肉骨头，馋得直往前撵。小猴快快活活地坐在车里，不一会儿就进了城。

资料来源：成功创业网，http://cg.shahaizi.com/success/57/success51493.htm。

看过这个寓言故事，不能不为小猴的聪明拍手称绝。调动员工的积极性，最重要的是要分析员工的不同需要，为员工设置看得见的目标，让他们感到有奔头、有动力。在这个寓言故事中，小猴分别为小猫、小狗准备了小老鼠、肉骨头，使它们不仅看得见，而且几乎伸手可及。无疑，小老鼠对小猫、肉骨头对小狗都是具有相当诱惑力的，这使小猫、小狗无法不使劲地拉车。

不仅如此，聪明的小猴还想到了小猫、小狗需要的差别，分别为它们准备了不同的食物。试想，如果没有小老鼠、肉骨头做诱饵，小猫、小狗会听小猴的高谈阔论和大道理吗？如果小猴为大家准备的都是肉骨头，那小猫是否还会使劲拉车呢？

人的需求是有层次的，一般要用员工正在追求的那个层级或高于他追求的那个层级来激励他们。如果你不了解你的员工的需求层级，用低于他追求的层级来激励他，那么你无异于在做无用功。

二、阿尔德弗的 ERG 理论

ERG 理论是美国耶鲁大学组织行为学教授阿尔德弗（C. P. Alderfer）于 1969 年提出的一种与马斯洛需要层次理论密切相关但又不完全相同的理论。他在大量实验研究的基础上，把马斯洛理论中的五个层次的需要简化为三个层次，即生存需要（Existence）、关系需要（Relatedness）和成长需要（Growth），所谓 ERG，即是这三个英语单词的第一个字母的组合。

1. ERG 理论三个需要层次的构成规律

ERG 理论的特点表现在它的三个需要层次之间的内在联系上，这些内在联系构成了下面的三个规律：

（1）愿望加强律。各个层次需要得到的满足越少，则满足这种需要的渴望就越大。例如，地位低、境遇差、常受歧视的人，得到他人尊重的需要最强烈，因而对他人的态度较敏感。脸上没有微笑的人最需要微笑，讲的也是这个道理。这与马斯洛的剥夺/主宰律相同。

（2）满足前进律。较低层次的需要越是能够得到较多的满足，则该需要的重要性便会越衰减，对较高层次的需要就越渴望。例如，人们生存需要的满足程度越高，渴望满足关系需要和成长需要的强度就越大，这与马斯洛的满足/激活律相似。

（3）受挫回归律。当较高层次的需要一再遭到挫折，得不到满足时，人们就会退而求其次，追求较低层次需要的进一步满足。例如，某人想通过承担挑战性的工作来满足自身成长的需要，但由于领导不信任、不安排等外部原因不能如愿，那么他就会转而寻求更多的关系需要或生理需要的满足，以达到心理平衡。阿尔德弗的受挫回归律是对激励理论的发展和贡献。

2. ERG 理论的特点

综上所述，ERG 理论的特点可以归纳如下：

（1）ERG 理论并不强调需要层次的顺序，认为某种需要在一定时间内对行为起作用，而当这种需要得到满足后，可能去追求更高层次的需要，也可能没有这种上升趋势。

（2）ERG 理论认为，当较高级需要受到挫折时，可能会降而求其次。例如，可能会出现"关系需要的满足越少，对生存需要的要求就越多"和"成长需要的满足越少，对关系需要的要求就越多"这样两种情况。

（3）ERG 理论还认为，某种需要（特别是成长需要）在得到基本满足以后，其强烈程度不仅不会减弱，还可能会增强，这就与马斯洛的观点不一样。

3. ERG 理论与马斯洛需求层次论的不同之处

（1）马斯洛需要层次论是以"满足—前进"的途径为基础，依照五个层次由低到高、循序渐进的，不存在越级，也不存在由高到低的下降；而 ERG 论在"满足—前进"的方式之中加入了"挫折—倒退"的因素，并认为，人的需要并不一定严格按由低到高的顺序发展，而是可以越级的，例如，某人关系需要受到挫折后，就会看重生存的需要；有的人在生存需要得到满足后，可直接上升到成长发展的需要。

（2）马斯洛需要层次论认为，在同一时间内，个体主要追求一种需要的满足；而 ERG 理论认为在任何时间内，个体可能同时追求一种以上的需要。这是因为受到挫折而退缩并不意味着需要消失，而更多的是在寻找满足较高层次需要的机会。

（3）马斯洛需要层次论认为人类的五种需要是生来就有的，是内在的、下意识的。而 ERG 论则认为，人类的三种需要不完全是生来就有的，有的需要是通过后天学习产生的。

【思考】ERG 理论对马斯洛需求层次论做了何种补充？

三、赫茨伯格的双因素理论

1. 保健因素与激励因素

20 世纪 50 年代后期，赫茨伯格在美国匹兹堡地区的 11 个工商业机构中，采用"关键事件法"对 200 多名工程师和会计师做过一次大规模的调查和访谈。

赫茨伯格从调查中发现，造成员工不满意的因素往往是由外界的工作环境产生的，主要是公司政策、行政管理、工资报酬、工作条件以及与上下级的关系、地位、安全等方面的因素。这些因素即使改善了，也不能使员工变得非常满意，不能充分激发其积极性，只能消除员工的不满。赫茨伯格将这类因素称为"保健因素"（Hygiene Factors）。之所以称为保健因素，是因为这些因素的满足对员工产生的效果，类似于卫生保健对身体健康所起的作用。卫生保健不能直接提高健康水平，但有预防疾病的效果。保健因素虽然不能直接起到激励员工的作用，但改善保健因素可以防止或消除员工的不满情绪。

赫茨伯格又在调查中发现，使员工感到非常满意的因素主要是工作富有成就感、工作成绩能得到社会认可、工作本身具有挑战性、能发挥自己的聪明才智、工作所赋予的发展机会和责任等。这类因素的改善或者说这类需要的满足，往往能激发员工的责任感、荣誉感和自信心，增进员工的满意感，有助于充分、有效、持久地调动他们努力工作、积极上进的积极性。所以赫茨伯格把这类因素称为"激励因素"（Motivation Factors），激励因素是与工作内容紧密联系在一起的因素。

2. 双因素理论的实践意义

双因素理论实际上说明了对员工的激励，可分为内在激励和外在激励。内在激励是从工作本身得到的某种满足，如对工作的爱好、兴趣、责任感、成就感等。这种满足能促使员工努力工作，积极进取。外在激励是指外部的奖酬或在工作以外获得的间接满足，如劳保、工资等。这种满足有一定的局限性，它只能产生微弱的激励作用。因为，人除了物质需要以外，还有精神需要，而外在激励或保健因素只能满足人的生理需要，而不能满足人的精神需要，因而只能防止反激励，并不能持久有效地激励人的积极性。

赫茨伯格的双因素理论，由于调查对象类型单一，缺乏代表性；调查手段只是简单的问答，缺乏信度和可靠性，因而在西方管理界招致不少非议。但其在现代激励理论中仍占有重要的地位。特别是双因素理论所提示的内在激励的规律，为许多管理者更好地激发员工的工作动机提供了新的思路，具有重要的指导和应用价值。

需要指出的是，双因素理论对我们分析高层管理人员和生产力水平较发达国家或地区企业雇员的需要，具有十分重要的参考价值。然而，在一些发展中国家，由于生产力水平还不够发达，社会产品还不够富足，因此，对保健因素和激励因素的划分，就与西方发达国家有所不同。即使是同一具体因素，在不同时期也有可能划归为不同的类别。在西方国家被认为是保健因素的，在中国很可能是很重要的激励因素，如工资等。因此，对中国现阶段企业员工需要的分析，要从实际出发。

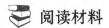 阅读材料

为何高薪不高效

C公司在创业初期，依靠一批志同道合的朋友，大家不怕苦不怕累，从早到晚拼命干。公司发展迅速，几年之后，员工由原来的十几人发展到几百人，业务收入由原来的每月十来万发展到每月上千万。企业大了，人也多了，但公司领导明显感觉到，大家的工作积极性越来越低，也越来越计较。

C公司的老总黄明裁一贯注重思考和学习，为此特别到书店买了一些有关成功企业经营管理方面的书籍来研究，他在介绍松下幸之助的用人之道一文中看到这样一段话："经营的原则自然是希望能做到'高效率、高薪资'。效率提高了，公司才可能支付高薪资。但松下先生提倡'高薪资、高效率'时，却不把高效率摆在第一个努力的目标，而是借着提高薪资，来提高员工的工作意愿，然后再达到高效率。"他想，公司发展了，确实应该考虑提高员工的待遇，一方面是对老员工为公司辛勤工作的回报，另一方面是吸引高素质人才加盟公司的需要。为此，C公司重新制定了报酬制度，大幅度提高了员工的工资，并且对办公环境进行了重新装修。

高薪的效果立竿见影，C公司很快就聚集了一大批有才华有能力的人。所有的员工都很满意，大家的热情高，工作十分卖力，公司的精神面貌也焕然一新。但这种好势头不到两个月，大家又慢慢回复到懒洋洋、慢吞吞的状态。这是怎么啦？

我们很多企业把金钱作为唯一的激励手段，在一些老板的意识里，花高价钱就能打动人才的心。因此，报上的招聘就会出现这样的文字："位子加权力，高薪加福利。你还要

什么？你还等什么？"言外之意是给你高薪水、高福利，你就该满意了，该知足了。这代表了不少企业的想法。

可事实上，C公司的高工资却没有换来员工工作的高效率，公司领导陷入两难的困惑境地，既苦恼又彷徨，不知所措。那么症结到底出在哪儿呢？

四、麦克利兰的成就需要理论

1. 成就需要理论的含义

成就需要理论是哈佛大学的心理学家麦克利兰（D. C. McClelland）于20世纪50年代在一系列文章中提出的。麦克利兰把人的高层次需要归纳为权力、情谊和成就需要。他对这三种需要，特别是成就需要作了深入的研究。

麦克利兰认为，一个企业如果有很多高成就需要者，那么，企业就会发展很快；一个国家如果有很多这样的企业，整个国家的经济发展速度就会高于世界平均水平。他还通过系统分析，发现古希腊、中世纪的西班牙和1400~1800年时期的英国以及当代的一些国家，不论是资本主义国家还是社会主义国家，发达国家还是发展中国家，都是如此。

麦克利兰指出，一般情况下只有约10%的人口有高成就需要。他认为，高成就需要可以通过教育培训获得。为此他开发出培训成就需要的一些方法，组织了很多训练班，每期训练7~10人。据报道，这种训练在美国、墨西哥和印度都试过，并取得了较好的效果。

在成就需要理论的研究中，存在着一个重要的因果关系问题，即究竟是由于一个组织配备了具有高成就需要的人员才使该组织成为一个有高成就的组织，还是由于把人员安置在具有高度竞争性的岗位，组织中才产生了高成就的行为。麦克利兰认为前者比后者更重要，但许多研究者认为后者更重要。我们也认为，高成就的需要不是生而俱有的，而是在人们的实践活动中培养起来的。因此，组织应为培养具有高成就需要的人创造有利的发展条件。

2. 成就需要理论的实践意义

成就需要理论对于我们把握管理人员的高层次需要具有积极的参考意义。但是，在不同国家、不同文化背景下，成就需要的特征和表现不尽相同，对此，麦克利兰未作充分论述。

由于历史和环境的原因，麦克利兰的研究有一定的局限性。例如，他对人的需要与动机的研究，就是完全从个人角度出发的：企业家们的成就动机是为了追求自己对成就感的享受与体验。这样，就不能看到崇高道德、价值观等对人的激励作用。同时，麦克利兰把一个国家经济发展的驱动力，归结为一批高成就者追求个人成就的需要与动机，完全抹煞了生产资料占有制等社会生产关系的决定作用。

不过，在麦克利兰的成就需要理论中也有许多可取之处。他强调了精神的作用、人才的作用、榜样的作用、价值观灌输的作用与教育培训的作用等，是值得我们借鉴的。他所研究出的具体的分析、诊断、测试、培训等诸方面的技术和方法，也是可以学习应用的。总之，麦克利兰的成就需要理论是一种颇具特色的理论。

【讨论】现有三个经理，他们分别具有高成就感、人际关系导向明显和权力欲望极强，你愿意为哪个类型的上司工作？为什么？他们三个的优点和缺点是什么？

第三节　过程型激励理论

一、期望理论

1. 期望理论的含义

期望理论最早是由托尔曼（E. Tolman）和勒温提出的。但是期望理论用于说明工作激励问题是从弗鲁姆（V. H. Vroom）开始的。1964 年弗鲁姆在其《工作与激励》一书中提出了他的工作激励的期望理论。

期望理论是一种通过考察人们的努力行为与其所获得的最终奖酬之间的因果关系，来说明激励过程并以选择合适的行为达到最终的奖酬目标的理论。这种理论认为，当人们有需要，又有达到目标的可能，其积极性才能高。

这种理论假设，人人都是决策者，他们要在各种可供选择的行动方案中选择最有利的行为。但从另一方面来看，人的智力和认识备选方案的能力又是有限的，因此人只能在备选方案和自己认识能力的范围之内进行选择。工作激励的期望理论正是在这种假设的基础上提出的。

弗鲁姆的期望理论模型是围绕着效价（Valence）、工具性（Instrumentality）和期望（Expectancy）这三个概念建立起来的，因此也被称为 VIE 理论。

把上述的三个因素加以简化就会得到一个公式：

激发力量（F）＝效价（V）·期望（E）

这就是说，如果一个人认为某种目标或某种结果对他有重要的价值，而且他估计通过自己的努力有很大把握达到这个目标，他的积极性就会受到激发，使他努力去实现这个目标。如果尽管效价很高，但个人估计达到目标的可能性很低；或者尽管个人估计有很高的达标概率，但个人认为该目标对自己并无意义，这两种情况均不能激起他的工作积极性。

2. 期望理论的实践意义

弗鲁姆认为，根据期望模型，要有效地激发员工的工作动机，调动员工的积极性，需要正确处理好以下三种关系：

（1）努力与绩效的关系。人总希望通过努力达到预想的结果。如果他认为通过努力自己有能力达到目标，即个人主观上认为达到目标的期望概率很高，就会有信心、有决心，就会激发出强大的力量。如果他认为目标高不可攀、可望而不可即，或者是目标太低、唾手可得，就会鼓不起干劲，失去内部的动力。因此，管理者应该与下级一起设置切实可行的目标，激发下级的工作积极性。同时，管理者可以通过指导、培训等方法提高下级的工作能力。

（2）绩效与奖励的关系。人总是期望在达到预期的绩效后能得到适当的、合理的奖励。这里所说的奖励是一个广义的概念，它包括奖金、提升、表扬，也包括提高个人威信、得到同事信任、看到自己的工作成效等。如果只要求人们对组织做出贡献，而组织却没有行之有效的物质或精神奖励制度进行强化，时间一长，人们被激发的内部力量会逐渐消退。因此，管理者应该根据员工的工作绩效来制订相应的奖励制度，并且将奖励与组织所重视的行为明确地联系起来。

（3）奖励与满足个人需要的关系。人总希望奖励能满足个人的需要，如生理需要、尊重需要、成长和发展的需要等。由于人与人之间在年龄、性别、资历、社会地位、经济条件等方面存在着差别，反映在需要上也有明显的个别差异，因此对同一种奖励，不同的人体验到的效价不同，它所具有的吸引力也不同。管理者在实践中要根据人的不同需要，采取内容丰富的奖励方式，才能最大限度地挖掘人的潜力，调动人的工作积极性，提高工作效率。

对于期望理论，有不同的评论。一般来说，对这一理论是肯定的，但在研究中对它的支持并不具有充分的说服力。对这一理论提出的一些否定主要是认为人在工作中不可能这样精打细算。因为，这种理论主张，只有在个人清楚地意识到"个人努力→个人绩效→组织奖励→个人需要"这一系列关系的前提下，才能激发一个人的内部潜力。但在实际工作中，人们做每件事之前，往往无法清楚意识到这一系列关系，更何况组织给予个人的奖励，并非确切地按照个人的工作绩效和程度，而是按资历、学历、技能水平、工作难度等许多因素进行综合评价。因此期望理论在实际应用上受到一定的限制。但另一方面也应看到，期望理论在理论上仍有重要价值，尤其是这一理论为在它之后发展起来的一些综合型激励理论奠定了基础。

 案例分析

揭榜的积极性有多高

厂里正式张榜招贤，宣布谁能解决三车间工艺上那个老大难的技术问题，就发给奖金8000元，绝不食言云云。小吴看了，在心里琢磨开了：这问题正巧是他在大学写毕业论文时选的题目，来厂后自己对它又很感兴趣，私下搜集了一些数据，查过一些参考文献，对解决它有了一些朦胧的设想。当然把握并不太大，别人已干了好几年没解决，难道人家就是"废物"？所以只能说有一半把握吧！可是，就算我解决了又怎么样呢？不错，既然出了告示，这8000元奖金大概跑不了，可是自己并不缺钱用，不稀罕这奖金。当然解决这个问题是对国家建设的一个贡献，但跟他的抱负比，只能算小事一件罢了。去钻研这问题，要费一番脑筋，倒是有点吸引力的，还能接受锻炼、长知识。不过，估计这方面的收获也不会太大……对了，最要紧的是这事的成功与否，对他跟组里同事的关系会有什么影响，对这一点小吴是十分关心的。啊呀，真要搞成了，那人家会不会说我"好出风头""财迷心窍"？坏了，多半会有人妒忌我、讥讽我，那就得不偿失了。不过，我真攻下了这一关，全厂闻名，广播站也会报道。但这又有啥了不起呢？切不可图虚名而招实祸呵！何况，若失败了，多么丢脸，人家会笑话我"不自量力"的……他反复推敲斟酌，拿不定主意：去揭榜，还是不揭？

现在根据他这一番考虑，用期望论模型的术语和概念来加以表达，归纳在下表中：

奖酬 R	取值范围	给国家建设做贡献	工作本身兴趣与挑战	荣誉	与同事关系	奖金
绩效期望 E1	0～1		0.5			
奖酬期望 E2i	-1～+1	0.2	0.3	0.5	-0.8	1
奖酬效价 Vi	0～1	0.8	0.5	0.2	1	0.2

问题：小吴到底会不会揭榜？积极性有多高？请用期望理论加以分析。

二、亚当斯的公平理论

1. 公平理论的含义

公平理论是美国心理学家亚当斯（J. S. Adams）在20世纪60年代提出来的。当人们通过比较来确定自己是否被公平对待时，并不是单纯对比自己的及参照者的收获或投入，而是以双方的收获与投入之比来比较的。也就是说，人的公平感不仅受其所得的绝对报酬的影响，更受到相对报酬的影响。亚当斯指出，在经过比较当事者及参照者的收获与投入之比之后，若当事者感受到公平时，才会认为是公平合理的；在经过比较之后，若当事者产生不公平感时，则会对分配有意见，不满意。

我们且将结果与投入的比值（O/I）称为"公平指数"，则亚当斯方程表明：只有在当事者与参照者双方的公平指数完全相等时（O 当事者/I 当事者 = O 参照者/I 参照者），才会具备公平感受。这样，当事者与参照者所获收益（O）在绝对量上存在的差异即使颇为悬殊，也不一定会造成不公平感。而只要双方的公平指数不相等，哪怕差异并不太大，当事者也可能产生不公平感。例如，一位工程师发现他比一位老同学工资少，虽只少20元，他也可能不快。

这里先对亚当斯理论中各变量的意义作进一步的解释：

（1）变量 O 代表"结果"（收益）。无论是当事者自己的还是参照者的比较的结果，无非是两类，即物质性的和社会感情性的结果。这些结果都是各种外在性的奖酬，如工资、奖金、住房、福利、表扬、荣誉、提升、进修等，全是由环境（组织、上级、他人等）控制和提供的。一种结果是不是可供比较或值得计较，往往并无客观的通用标准，完全由当事者主观决定。这结果可以是当事者视为值得计较的任何事物。人们在判断分配公平性时，理应把所有各类结果分别乘以不同权重，然后逐项相加求和，作为总的结果以供比较。但事实上人们很少这样，而是只找出他认为最关键、最显眼、最需关注的个别或少数几项结果，而这往往正是他认为吃了亏的那些项目。

（2）变量 I 代表"投入"（贡献）。不论是当事者还是参照者用作比较的投入，大体也可分为两类：一类是与他的工作或职位的特性有关的环境性因素，如责任大小、风险高低、劳动条件甘苦等；另一类则是个人性因素，如知识、能力、经验、学历、资历、当前的绩效、过去的功劳等。实际上，当事者认为是他的优势与本钱、在比较中于他有利的任何因素，都有可能被列为一项投入。与结果一样，理应考虑到所有的投入项目，并分别乘以相应权重，再相加求和，分别得到双方的总投入，最后再按亚斯方程作比较。但实际上当事者往往只着眼于个别或少数他认为超过对方（参照者）的项目。

亚当斯公平论的一个重要前提，是把所有的社会交往都视为一种广义的交换过程。在企业里，员工们以自己贡献的劳力和技能，交换到企业付给的奖酬。他们当然会把这些奖酬和自己的贡献作比较，以直接判断此交换的公平性。但他们还常会找一个与自己的交换对象也发生交换关系的第三者，如同一企业的另一员工，去进行间接的比较。有时，他们也可以选择一个参照群体作比较。这些都属横向的人际性比较。人们在进行人际性比较时，往往会同时选择不止一名参照者。

人们有时也会选择自己作为参照者，但这里指的是过去条件下的自己，如"我以前在那个公司时待遇如何"，也可指在未来某一假想条件下的自己，如"我要是调到那个公司，待遇将会怎样怎样"等。这些属于纵向的历史性比较。

2. 公平理论的实践意义

按照亚当斯的公平理论，人们的心里存在着一台"公平天平"或曰"公平秤"。当发现自己的公平指数小于参照者的公平指数时，心中的"公平天平"便向参照者方向倾斜，使心态失衡，出现一种紧张感。他会急于消除紧张感，恢复心态平衡。亚当斯方程可以帮助分析人们在心态失衡后试图恢复心态平衡时的大致行动方向，因此它具有动态观察的特点。这正是公平理论列入过程型激励理论的主要原因。

心态失衡有两种：一种是觉得自己吃了亏而产生的委屈感；另一种是感到自己占了便宜而产生的负疚感。前者更为敏感、普遍，因而更为重要。

既然分配公平感只是一种主观上的认识，人们便不一定要实际改变这些变量，在心里调整一下自己的认识，同样能恢复心理平衡。采用的策略可以是通过自我解释达到自我安慰（例如通过曲解自己的收支或别人的收入，主观上造成一种公平的假象，消除不公平感）；也可以选择另一个参照者、另一种参照标准进行比较。

研究表明，不公平感的产生绝大多数都是由于经过比较认为自己的报酬过低而产生的。但在少数情况下，一个人如果经过比较认为自己的报酬过高，也会产生不公平感。

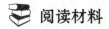 **阅读材料**

不患寡而患不均

"不患寡而患不均"出自《论语·季氏》第十六篇，意为不担心分得少，而是担心分配得不均匀。原文："丘也闻有国有家者，不患寡而患不均，不患贫而患不安。盖均无贫，和无寡，安无倾。夫如是，故远人不服，则修文德以来之。既来之，则安之。"

三、洛克的目标设置理论

1. 目标设置理论的含义

目标设置理论（Goal-setting Theory）是一个由美国马里兰大学管理学兼心理学教授爱德温·洛克（Edwin A. Locke）于1967年提出的动机理论。他认为，人的任何行为都是受某种目标的驱使，外来的刺激，例如奖励、工作反馈、监督压力等，都是通过目标来影响动机的。工作目标的设定会直接影响到工作表现，目标本身就具有激励作用，能把个人的需要转变为动机，使人的行为向特定方向努力，并将自己的行为结果与既定的目标相对照，及时进行调整和修正，从而能实现目标。一个明确、具有挑战性的目标，配合合适的反馈，可以令个人的工作表现获得更大的提升。

目标设置理论的相关研究指出，设定的目标具有以下特性时，会有较好的激励效果：

（1）目标定义明确。目标的定义包括衡量目标是否达成的标准、完成的时间等。

（2）目标挑战性适当。设定的目标具有一定挑战性，但其难度又不超过个人的承受范围，这样的目标可以产生激发潜力的效果；反之，太简单的任务容易让人觉得无聊，太难的工作则让人有挫折感。

（3）回馈：人们不仅应有目标，更应定期地得到有关这些目标的达成状况。

2. 目标设置理论的实践意义

（1）管理者一定要善于设定目标。目标要明确、具体、且可操作；目标要有一定难度且能够实现。

（2）管理者在给员工设定目标时，尽量要有具体数字指标且能够分解，并能够层层落实到员工个人。

（3）给员工及时的工作绩效考核和反馈。

（4）管理者在设置目标时，要保证组织目标与员工个人目标的高度统一。即员工在努力实现组织目标过程中，能够不断看到实现自身目标的希望，因此就会更加有积极性。

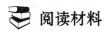 阅读材料

猎骆驼

有一位父亲带着三个孩子，到沙漠去猎杀骆驼。他们到达了目的地。父亲问老大："你看到了什么呢？"老大回答："我看到了猎枪、骆驼，还有一望无际的沙漠。"父亲摇摇头说："不对。"父亲以相同的问题问老二。老二回答："我看到了爸爸、大哥、弟弟，猎枪、骆驼，还有一望无际的沙漠。"父亲又摇摇头说："不对。"父亲又以相同问题问老三。老三回答："我只看到了骆驼。"父亲高兴地点点头说："答对了。"

这个故事告诉我们：一个人若想走上成功之路，首先必须有明确的目标。目标一经确立之后，就要心无旁骛，集中全部精力，破釜沉舟。这也正是所谓的"有的放矢"——只有有了明确的目标，才会有前进的动力，才可能取得事业的成功！

资料来源：新浪网，http://finance.sina.com.cn，2006 – 02 – 22。

第四节　强化型激励理论

一、强化理论的内容

强化理论是由美国心理学家斯金纳（B. F. Skinner）提出的。这个理论是从训练动物的实验中得出来的。后来，斯金纳又进一步发展强化理论，着重研究人的行为结果对其行为的反作用。他发现，当行为的结果有利于个体时，这种行为就可能重复出现，行为频率就会增加。这种行为在心理学上称为"强化"。凡能影响行为频率的刺激物，就称为强化物。因此，人们可以通过控制强化物来控制行为，求得员工行为的改造。这一理论被称为强化理论。

斯金纳的强化理论和弗鲁姆的期望理论都强调行为同其后果之间关系的重要性，但弗鲁姆的期望理论较多地涉及主观判断等内部心理过程，而强化理论只讨论刺激和行为的关系。

二、强化的基本方式

1. 正强化

正强化指用某种有吸引力的结果，使员工好的行为重复出现。强化物包括组织中的各

种奖酬，如认可、赞赏、加薪、提升等。

2. 负强化

负强化指预先告诉某种不符合要求的行为或不良绩效可能引起的不良后果，从而让员工通过按组织所要求的方式行事或避免不符合要求的行为来回避这些令人不愉快的后果。

3. 自然消退

自然消退指对员工的某种行为不予理财，以表示对该行为的轻视或某种程度的否定，从而减少员工的某种行为。

4. 惩罚

惩罚指以某种带有强制性和威胁性的结果（如批评、降薪、降职、罚款、开除等）来表示对某种不符合要求的行为的否定，从而消除这种行为重复发生的可能性。

三、强化的时间安排

根据强化的时间安排将强化分为连续强化和间断强化两种方法。连续强化是对组织需要的行为每出现一次就给予强化；间断强化则是经过一段时间才强化一次。间断强化还可按强化时间间隔的稳定性分为固定时间间隔强化和变动时间间隔强化，前者如职工每月定期发放工资或学生定期考试，后者如职工不定期升级和学生不定期的抽查考试。间断强化按反应比例又可分为固定比例强化和变动比例强化，前者如计件工资，后者如按销售货物的难易对销售人员进行奖励。

四、强化理论的实践意义

强化理论较多地强调外部因素或环境刺激对行为的影响，忽略人的内在因素和主观能动性对环境的反作用，具有机械论的色彩。但是强化理论的一些具体做法对我们是有用的。强化理论的实践意义可以归纳为以下几点：

其一，要依照强化对象的不同需要采用不同的强化措施。人们的年龄、性别、职业和文化水平不同，需要就不同，强化方式也应不一样。对一部分人有效的，对另一部分人不一定有效。

其二，及时反馈。所谓及时反馈就是通过某种形式和途径，及时将工作结果告诉行动者。无论结果好与坏，对行为都具有强化的作用，好的结果能鼓舞人心，继续努力，坏的结果能促使其分析原因，及时纠正。例如，让工人知道每天干了多少活，特别是在劳动竞赛中公布相互之间的进度和成绩，能起到很好的激励作用。因此抓好信息反馈是激励和改变行为的重要环节。

其三，强化理论告诉我们，奖励（正强化）和惩罚（负强化）都有激励作用，但应以正激励为主，负激励为辅，才会收到更好的效果。

第五节 综合激励理论

激励是一个复杂的问题，涉及人类行为的诸多方面。前面所介绍的几种激励理论只是从某个方面论述激励的原理和方法。而对于现实复杂的激励问题，应从各个方面综合加以考虑。下面介绍一种代表性的综合激励理论，即波特和劳勒的综合激励模式。

一、波特和劳勒的综合激励理论的内容

美国管理学家波特（Porter）和劳勒（Louler）在综合内容型和过程型激励理论的基础上，提出了一个综合模式。

在该模式中，突出了四个变量，即努力程度、工作绩效、内外奖酬和满意感之间的有机联系。把整个激励过程联结为一个有机的整体。如图6－3所示。

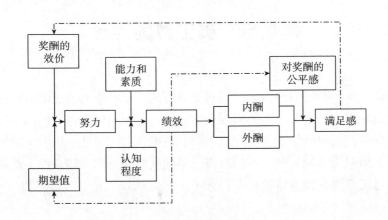

图6－3 波特和劳勒的综合激励模式

努力来自报酬、奖励的价值、个人认为需要付出的努力和受到奖励的概率。而觉察出来的努力和获得奖励的概率也受到过去经验和实际绩效的影响，如果人们确切知道，他有把握完成任务或者过去曾经完成的话，他将乐意作出努力并对获得奖励的概率更加清楚。

工作的实际绩效取决于能力的大小、努力程度以及对所需完成任务理解的深度，如对完成目标所需从事的活动以及影响任务完成的其他因素的理解和掌握（认知程度）。

奖励要以绩效为前提，不是先有奖励后有绩效，而是必须先完成组织任务才能导致精神的、物质的奖励。当职工看到他们的奖励与成绩很少有关系时，这样的奖励将不能成为提高绩效的刺激物。

激励措施是否会产生满意，取决于受激励者认为获得的报偿是否公平。满意将导致进

一步的努力。

二、波特和劳勒的综合激励理论的实践意义

综合激励模式使我们认识到，对员工的激励是一个十分复杂的问题。对于员工积极性方面出现的问题，要从不同的视角来综合考虑激励的方式，从不同的角度来解决问题。

波特和劳勒的激励模式是激励系统一个比较恰当的描述，它告诉我们激励并不是简单的因果关系。不要以为设置了激励目标就一定能获得所需的行动和努力，并使员工满意。要形成"奖励目标→努力→绩效→奖励→满意"以及从满意反馈回努力这样的良性循环，取决于奖励的内容、奖励制度、组织分工、目标导向行动的设置、管理水平、公平的考核和领导作风等综合性的因素。

现实问题往往越来越复杂。作为管理人员，一方面要善于应用目前的几种理论来分析现实问题；另一方面还要善于在解决复杂管理问题的过程中，不断创新发展新的激励理论。

第六节　员工激励实践

人的积极性产生于其自身的需要，只有把具体的工作要求与员工的需要结合起来，才能产生有效的激励作用。同时，人的需要是多方面的，不同的人有不同的需要特点，即使是同一个人，在不同的时间里也会呈现出不同的需要特点。因此，组织的激励工作没有唯一的最佳答案，而只有不同时间、不同阶段、不同企业和不同战略条件下的最适合的解决方案。因此，员工激励实践可以说是一门艺术。

一、员工激励效果的影响因素

影响员工激励效果的因素有很多。从提高企业激励工作的效果出发，管理者需要掌握其中一些主要因素及其随时间、空间不同而带来的差异，从而根据这些差异和自身的具体情况选择合适的激励方法。

1. 企业外部环境

企业外部环境主要包括一国的经济发展水平、传统文化以及社会环境等。一个国家或地区的经济发展水平在很大程度上决定当地人的需要强度结构，从而决定企业所采取的激励模式。任何国家或地区的员工激励模式无不受到本地区传统文化的巨大影响。因为传统文化直接决定一个地区人们的价值观，从而也就决定着人们的精神需要。所以，同样激励

员工的方法，对美国员工很有效，但在中国，可能不但不会使员工产生动力，反而使之产生了不满或消极情绪。最后，社会环境也是影响员工激励模式的一个重要宏观因素。因为每一个企业都要随环境的变化而采取相应的措施，对企业的某些或全部环节施加影响，使整个企业适应这种变化。这样企业就有可能用与以往不同的激励方法，来改变部分或全部员工的努力方向。

2. 企业内部环境

企业内部环境主要指管理方式和领导方法。不同的经济发展过程和不同的传统文化造成了各国不同的管理方式，不同的管理方式下采用的激励模式也往往是有区别的。美国企业的管理往往比较强调制度明确，岗位职责明确，强调每一个人的具体责任与相应的权限，更偏重于"法治管理"。因此，美国企业对员工的激励比较偏重于为员工创造一个能发挥个人才能的空间，使其自我实现需要，并尽可能地得到满足，同时获得相应的物质报酬、赞誉或提升等。再如，日本企业则偏重于民主型领导，激励方法主要体现在让员工尽可能参与决策、参与管理。

3. 个体因素

个体因素是指一个企业内部员工之间的个体差异，而这种差异决定了不同员工需要强度结构的不同，进而使得企业采取多种激励模式。个体因素主要包括收入水平、受教育程度、年龄、性格和价值观。

二、员工激励的方法

1. 物质利益激励法

物质利益激励法就是以物质利益（如工资、奖金、福利、晋级和各种实物等）为诱因对员工进行激励的方法。最常见的物质利益激励有奖励激励和惩罚激励两种方法。

奖励激励是指组织以奖励作为诱因，驱使员工采取最有效、最合理的行为。物质奖励激励通常是从正面对员工引导。组织首先根据组织工作的需要，规定员工的行为，如果符合一定的行为规范，员工可以获得一定的奖励。员工对奖励追求的欲望，促使他的行为必须符合行为规范，同时给企业带来有益的活动成果。

物质惩罚激励，是指组织利用惩罚手段，诱导员工采取符合组织需要的行动的一种激励。在惩罚激励中，组织要制定一系列的员工行为规范，并规定逾越了行为规范的不同的惩罚标准。物质惩罚手段包括扣发工资、扣发奖金、罚款、赔偿等。人们避免惩罚的需求和愿望促使其行为符合特定的规范。

实施物质激励要注意保持组织成员的公平感，充分体现"多劳多得，少劳少得"的分配原则。虽然这种激励是直接满足组织成员的低级需要的，但也能间接地满足组织成员的高级需要，因为物质利益可以看作是自己受到尊重或自己的成就为组织所赏识的标志。

2. 工作激励

工作激励就是通过工作本身满足工作者的需要，从而使工作者受到激励。这种激励方法也称为"内激励"。行为科学家们普遍强调工作激励。

工作激励主要有以下一些方法：

（1）要让员工认识本职工作的意义，树立工作的责任感。

（2）工作安排要尽可能考虑员工的兴趣和爱好，发挥员工的专长，做到人尽其才。

（3）工作要有挑战性，能力略低于工作的要求。人的能力是有等次差别的。若员工所负责的工作过于容易，不能发挥其潜力，是一种资源的浪费，不利于调动人的积极性。若负责的工作难度过大，远远超出工作者的能力范围，也不利于发挥工作者的积极性。最好的状态是工作者处于某一岗位时总感到能力不足，必须努力和提高工作能力才能适应工作的要求。

（4）参与管理。让职工和下属参加组织决策和各级管理工作的研究和讨论，或者通过各种形式或途径听取职工和下属的意见，这既有利于决策和管理的有效进行，也对职工和下属有激励作用。参与研究和讨论组织中的重大问题，职工和下属有一种备受上级主管重视和主人翁的感觉，从而满足归属和尊重的需要，也使人具有成就感。

（5）工作丰富化。这是指工作设计要尽可能做到内容丰富多样，使工作者具有责任感、成就感和充满乐趣。具体的方法：让工作者有较大的自主性和自由发挥的空间；任务具有完整性并能看到自己的成果；鼓励员工参与管理；鼓励员工相互交往和沟通；随时反馈职工完成任务的情况；让职工也参与分析和改变工作物质环境条件的工作等。

3. 精神激励

精神激励，就是通过满足员工精神方面的需要，如情感、尊重、成就感、自我实现的需要，在较高的层次上调动员工的积极性。这方面的激励方法很多，主要有：

（1）目标激励。管理中常说的目标管理，不仅是一种管理活动，也是一种有效的目标激励方法。所谓目标激励方法就是给员工确定一定的目标，以目标为诱因驱使员工去努力工作，以实现自己的目标。任何组织的发展都需要有自己的目标，任何个人在自己需要的驱使下也会具有个人目标。目标激励必须以组织的目标为基础，要求把组织的目标与员工的个人目标结合起来，使组织目标和员工目标相一致。在目标管理中目标是最重要的，组织目标是组织前进的目的地，个人目标则是个人奋斗所实现的愿望。目标管理的特点之一是把组织的目标分解为各个行动者的目标，而分解过程又充分吸收了行动者参与。按照这一特点，只要使个人的目标及奖酬与个人的需要一致起来，就提高了目标的效价。而实现目标信心的增加也就是实现目标期望值的提高。目标管理充分发挥每个人的最大能力，实行自我控制，更容易发挥每个人的潜能和创造力，增加激励力量。

（2）支持激励。对下属的工作采取支持的态度，会大大调动下属的积极性。领导对下属说"我指示你这样做"跟"我支持你这样做"这两句话的效果很不同。下属的工作，得到上司的支持，遇到困难，得到上司的帮助，排忧解难，万一失败，得到领导的理解，这比什么都重要。对一个独当一面的下属在工作失败时，说一句"失败是成功之母，不要紧，继续好好干"，下属将很感激。若领导在下属失败时，落井下石，冷嘲热讽，下属的积极性就会受到很大的打击。

（3）关怀和尊重激励。人是有思想、有感情的动物，希望得到别人的关心和尊重。在工作环境中，领导者若能关心职工，解决职工的实际困难，平时经常与职工平等沟通，让职工感受到领导的关怀和组织的温暖，就会激发出强烈的工作热情和爱集体如家的精神。

尊重激励是一种基本的激励方式。员工的作用和价值得到领导的充分肯定和承认，有助于促使员工树立自信和调动员工的积极性。上下级之间、员工之间的相互尊重，有利于形成和谐的人际关系，加强集体的凝聚力。尊重员工不能停留在口头上，而是要在实际行动上处处体现。假若下属做出了成绩，得不到领导的肯定，工作中出现了一点点过失，便遭到领导的责怪或全盘否定，合理的个人利益和意见得不到领导的重视，尊重员工就是一句空话。显然，如果领导者不重视员工，不尊重员工，就会大大打击员工的积极性。

4. 培训教育和发展机会激励

通过培训教育，培养员工的成就欲望、进取精神，充实知识，提高业务能力，提高自我激励能力，是重要的激励方法。

随着知识经济的到来，当今世界日益信息化、数字化、网络化，知识更新速度的不断加快，使员工知识结构不合理和知识老化现象日益突出。他们除了在工作中学习，不断丰富和积累知识，还需要对他们进行各种培训和继续教育，如进高校深造、出国学习或参加国内的业余函授、远程教育以及各种形式的培训。通过这些培训教育，充实他们的知识，提高他们的能力，提高他们的学历或等级证书，或获得专业技术职称的晋升等。这就为员工提供了进一步发展的机会，满足他们自我实现的需要。

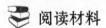 阅读材料

微软的股权分配

微软诞生于 1975 年，初期形式是合伙人制，公司中所有的股份由比尔·盖茨和保罗·艾伦以 60∶40 的比例持有。1978 年，比尔·盖茨的年薪是 1.6 万美元，是公司中最低的工资，这种把自己塑造成"劳模"的伎俩后来为许多软件公司的老板所采用。

1981 年 7 月 1 日，微软才正式注册成为一家正式公司。起初，公司股票只有少数人拥有，这些都是盖茨最亲密的伙伴。许多在公司干了多年的人，对这种股票分配方式怀有不满。

为平息不满，1982 年，公司开始发放年度奖金，并给员工配股。但并非人人都能得到股票。按计划规定，要得到股票需等 1 年，然后在 4 年之间分 8 等份支付。当时原始股

份只有95美分，一般新雇用的软件工程师可得2500股，来得早的则得的多些。有了股票，公司取消了加班费，因此反而引起许多员工抱怨。一名员工说，当时他分得的股票，一直是家里人的笑料。不过，到1992年初，这些原始股每股已上涨千倍以上，达到1500美元。那些保留全部2500股的程序员，已拥有了近400万美元。

公司奖赏员工的方式基本成形，它分为三部分：第一部分是工资，第二部分是公司股票认购权，第三部分是奖金。公司通常不付给员工高薪，也拒绝支付加班费。但是到了20世纪90年代，各类补偿金数目可观，因为股价总在不停地往上蹿。其补偿金具体为：高达15%的1年两度的奖金、股票认购权以及工资购买股票时享受的折扣。一名雇员工作18个月后，就可获得认购权中25%的股票，此后每6个月可获得其中的12.5%，10年内的任何时间兑换全部的认购权。每两年还配发新的认购权，雇员还可用不超过10%的工资以八五折优惠价格购买公司股票。

微软还建立了晋级制度，在技术部门和一般管理部门建立了正规的升迁途径。首先，每个专业里设立"技术级别"，级别用数字表示，起点是本科毕业的新员工为9级或10级，高至13~15级。对于程序员，13级已是非常之高。级别反映员工表现和基本技能，也反映经验阅历。同时级别与报酬直接挂钩，开发人员属于报酬最高的一类，从其他公司跳槽或挖墙脚来的资深开发员可以不时协商工资额，可使工资超过本级别的平均水平，因为开发人员是软件公司的"主角"。

三、激励中的误区

毫无疑问，在人员流动率日益提高的今天，管理者都切实认识到了激励员工的必要性，然而，能够让员工在工作岗位上留下来的动机对于那些管理者来说并不一定十分清楚，在这个复杂的过程中充斥着许多误解。为了提高员工激励的效率，管理者有必要仔细审视并辨别有关激励的误区：

1. 误区一：激励就是目标

作为一个管理者，如果认为能实现对员工的充分激励，就已经达到了人力资源管理活动的终极目标，那么就已经走入了员工激励活动的第一个误区。因为拥有令人满意的员工还远远不够，一个员工可能受到强烈的激励，不过如果他并没有全身心地致力于实现公司的具体目标，那么这样的激励意义何在呢？所以员工激励的最根本的目标应该是促进公司目标的实现。这意味着作为管理者，应该关心对员工的激励，但是激励本身并不是目的，真正的目的是要完成企业的目标，而激励员工仅仅是使企业达到目标的方法之一。

2. 误区二：金钱具有万能激励作用

金钱是一种有效的激励因素，这可能是许多人的共识。但正如赫茨伯格所指出的，金钱是一种保健因素，而不是激励因素。当然薪酬是重要的，但是一旦达到适当的薪酬水准，更多的钱就不能发挥更好的激励作用了。事实上，金钱在任何一项工作中，可能使职位显得更具有诱惑力，不过在工作的其他非货币激励因素，比如晋升机会、认同、参与以及良好的沟通都缺失的情况下，金钱并不足以使员工保持一个较高水平的工作表现。

3. 误区三：以自身衡量员工

作为管理者，容易将激励自身的因素等同于激励员工的因素。事实上管理者不同于普通员工，普通员工有着不同的需要和驱动力。比如，作为管理者，可能会为有机会承担一个新项目或者委派给他的新挑战而受到激励，但是员工在面临同样的机会时可能会感到自己在被利用，相对而言，员工更容易因为感受到认同或对良好工作的反馈而受到激励。所以管理者应该努力找出员工的需要和愿望并予以满足。

4. 误区四：激励因素放之四海而皆准

激励因素并非放之四海而皆准。一名员工可能很高兴你对他关怀备至，如记得他的生日，结果生产率提高了 2 倍；另一名员工可能在被授予“年度最佳员工奖”时，对此嗤之以鼻，也并未实现生产率的提高。所以作为管理者必须要认识到每个员工都是不一样的。在员工需求日益多元化的环境中，面对激励的挑战没有简便易行的解决方案。每位员工对不同的激励因素和奖励措施都会有独特的反应，管理层面临的挑战是，确定适合于每个员工的激励手段。

5. 误区五：只要完成工作就行，激励无关紧要

经典的 X 理论管理方式可能奏效，员工可能被鞭策、被威逼或被恐吓着工作。不过这能持续多久呢？通常情况下，仅仅能持续到员工找到一份更好的工作时，而那些没有找到更好工作的员工可能根本不是你所需要的那种。

6. 误区六：我能激励我的员工

主管和经理人无疑都会对每个员工的激励和最终的生产率起着重要的影响。不过这需要一个团队，甚至是整个组织提供激励发生的环境、机会和制度。作为一个管理者需要和组织里的其他主管以及经理人合作，以此来认识激励的重要性，执行适宜的活动、惯例和文化，从而增强对公司员工的激励作用。

7. 误区七：一朝激励，永久受用

激励不是目的，它是一种精神状态，是能够流逝的。有些员工在某段时间里会受到激励，但是这种激励具有时效性，员工也可能会发牢骚，会不满意，甚至会离开组织。作为管理者，应该明确了解自身在激励员工过程中的决定性影响力，通过各种方式延长员工激励的时效。

四、激励的成本效益分析

组织在进行员工激励时，与进行其他生产经营活动一样，都需要考虑效益和成本问题。

1. 员工激励的直接成本

直接成本是指直接发生于薪酬制度设计、运行过程中以及事后制度修改的费用。类似于产品生产的材料成本和人工成本一样，用于人力资源管理的低值易耗品支出、人力资源部门人员的工资，这种成本是易变的。

（1）工作分析相关费用。工作说明书是一个有关工作任务、职责与责任的记录，它描绘出某特定工作的任务、责任、工作情况与活动，为工作分析后的书面摘要。工作说明书随着时代的发展，其内容与形式是不断变化的，因此它的成本也会发生变动。

（2）绩效考评相关费用。绩效考评就是针对企业中的每个员工所承担的工作，应用各种科学的定性和定量方法，对员工行为的实际效果及其对企业的贡献、价值进行考核和评价。由此而带来的费用就是绩效考评费用，通常它会随着员工类型的不同而不同。

（3）管理费用。这主要是指人力资源部门在制度设计、运行以及与之相关管理的费用。包括人力资源部门员工的工资、津贴、福利、出差费用、培训费用以及相关管理、协调、沟通等费用。

（4）其他费用。这包括制度设计费用、各种办公费用、制度的实验运行费用、相关的后勤费用等。

2. 员工激励的间接成本

它是指与企业激励制度有关但又不直接产生的一系列费用，通常以机会成本的形式出现。比如人力资源部门员工的机会成本，在激励制度相关活动中，有关人员的利己行为而导致企业的损失费用，下级部门为获得更多额度的有限组织资源而向上级部门的游说等讨价还价的成本，制度的实验运行而引起的机会成本等。

3. 激励制度的运作效率分析

激励制度的运作效率是判断企业激励制度运行是否合理有效的重要指标，它的公式是：

激励制度运作的效率 = 激励制度运作的直接成本/激励制度运作的间接成本 × 100%

如果激励制度运作的效率大于 1，则表明人力资源部门的运作是比较成功的；反之，则必须加强控制间接成本，提高运作效率。

【综合练习题】

一、选择题

1. 下面哪种理论不属于激励理论？（　　　）

A. 双因素理论　　　　B. 权变理论　　　　　C. 需求层次理论　　　D. 期望值理论

2. 根据马斯洛的需求层次理论，可得如下结论：（　　　）。

A. 对于具体的个人来说，其行为主要受主导需求的影响

B. 越是低层次的需求，其对于人们行为所能产生的影响也越大

C. 任何人都具有五种不同层次的需求，而且各层次的需求强度相等

D. 层次越高的需求，其对于人们行为所能产生的影响也越大

3. 对于一个以自我实现需要占主导地位的职工来说，最有效的激励措施是（　　　）。

A. 提高工资　　　　　B. 改善工作环境　　　C. 颁发奖状　　　　　D. 委以重任

4. 双因素理论研究的重点是（　　　）。

A. 人的需要是如何满足的　　　　　　　B. 组织中个人与工作的关系问题

C. 影响人的需要的主要因素　　　　　　D. 人的需要层次

5. 激励的对象主要是（　　　）。

A. 组织目标　　　　　　　　　　　　　B. 组织范围内的员工或领导对象

C. 员工的需要　　　　　　　　　　　　D. 组织范围内的员工的利益

6. 不仅提出需要层次的"满足—上升"趋势，而且也指出"挫折—倒退"趋势的理论是哪一种？（　　　）

A. 需要层次论　　　　B. 成就需要论　　　　C. ERG 理论　　　　　D. 双因素理论

7. 如果职工 A 认为和职工 B 相比，自己报酬偏低，根据公平理论，A 会采取以下哪种行为？（　　　）

A. 增加自己的投入　　　　　　　　　　B. 减少自己的投入

C. 努力增加 B 的报酬　　　　　　　　　D. 使 B 减少投入

二、简答题

1. 简述激励理论的四种类型？试简要说明其不同的侧重点。

2. 内容型激励理论包括哪些理论？试说明其理论内容及实践意义。

3. 过程型激励理论包括哪些理论？试说明其理论内容及实践意义。

4. 强化有几种基本方式？如何应用该理论激励员工使其行为朝着企业希望的方向

发展？

5. 试阐述波特和劳勒的综合激励理论的主要观点以及对管理工作的意义。

三、名词解释

1. 激励　2. 需要　3. 保健因素　4. 激励因素　5. 自我实现需要　6. 效价

四、案例分析

（一）小苗的成长过程

北京雪莲羊绒有限公司的科技人员苗晓光，是公司先进人物中的典型代表。他从学校校门出来，就进了工厂，在企业里他有一种追求，就是要用他在学校里面的所学，解决生产的需要。因为中国，不仅仅是一个羊绒资源大国，也是一个生产大国。如何把自己所学，结合实际发明创造出最好的分梳技术，这样一种抱负、这样一种追求一直激励着他。在将近6年的时间里，他发挥了自己的特长，终于在1995年取得了突破性的进展——BSLD-95的工艺技术，获得20世纪90年代国际先进水平的这样一个评价。

一个人要想干成一件事，没有企业领导的支持，没有周围人创造的环境条件，是很难的，这个项目就是这样的，所以历时六年。在刚开始研制时，因为厂里处于低谷的特殊情况，人们也不理解，因为消耗资金比较大；另外人力、物力的条件都不特别具备，新领导来了（因为他是技术出身），当他了解到这个情况，又了解了分梳的重要性以后，决定把这个项目干下去。苗晓光说："回想这个项目的完成，对我自己来讲觉得这本身也是做了一件有意义的事情。虽然不是什么大事，但也算是为企业做了一点贡献，今后的路还很长，我想这还只是走完了第一步，今后还有推广和有一个更好地应用和发展的过程，事物是没有止境的，我想在领导的支持下一定会做得更好。"

苗晓光指着公司奖给他的房子，激动地对人们说："这就是公司奖励给我的一套住房，是公司最好的住房了，对我来说是非常知足的。因为在这个项目搞好之前，公司曾两次给我调整住房，我住房子从原来的八平方米到十六平方米，后来又给了一套两居室。后来公司认为贡献与报酬应该是相对应的，所以就奖给了我这套住房，建筑面积有九十多平方米。对我自己来说，心里感到一种踏实，一种满足。在北京有套住房是比较难的，给套住房也是对我工作的一种承认。你看这里面房子的格局都是好的，不仅在住房上领导给了奖励，而且在工作的其他方面，如晋级、职称，还有工资待遇上也给了相应的奖励，我想我不能辜负领导对我的奖励，在工作上更应该努力工作，主要是为企业做出新的贡献。"

资料来源：根据豆丁网整理。

【问题】请分别用内容型和过程型激励理论来分析小苗的成长过程。

（二）老总的烦恼

M公司是一家从事研制开发高精密仪器的高科技公司，拥有350名员工，最近雇用了一名刚刚获得 MBA 的万先生，他能力强，基础扎实，性格果断，有开拓精神，人际关系也很好。他进入公司后工作表现令人满意，很快就被提升为部门主管，这时他才干了 3 个月，而其他同样的员工往往要干 1 年才能升到这个位置。

在万先生任职的第二年初，他由于出色的工作表现，被任命为一项尖端项 VI 的开发负责人，这项工作非常重要，而且正面临另一家公司的竞争。新的任命刚过了两个月，M 公司老总意外地接到这个项目组中 5 位专家的辞呈，他们都有可能跳槽到另外一家公司，为竞争对手服务。老总找他们谈话，他们对万先生的工作没有什么不满意，甚至认为他是最勤奋的人，但是他们不满意他居然比他们这些在公司干了七八年的人升迁快得多，因此，他们要到其他公司去显示才干，与他一比高低。

【讨论】

（1）如果你是老总，你怎么处理这个事件？

（2）如果你是万先生，你该怎么办？

（3）M 公司的激励制度有没有问题？如何设计新的激励制度？

第七章
群体行为基础

教学目标

通过学习本章，掌握群体的类型、群体凝聚力的影响因素、群体决策的方法，了解群体的概念、功能，群体凝聚力产生的结果及群体决策的优缺点。

教学要求

主要内容	知识要点	重点难点
群体	（1）群体的概念 （2）群体的类型 （3）群体的功能	（1）对待非正式群体的正确方法 （2）个人加入群体动机研究
群体凝聚力	（1）群体凝聚力的含义 （2）影响群体凝聚力的因素 （3）群体凝聚力产生的结果	（1）群体行为趋向 （2）凝聚力与生产率关系
群体决策	（1）群体决策的含义 （2）群体决策的优缺点 （3）群体决策的主要方法	（1）名义群体法 （2）德尔菲法 （3）头脑风暴法

导入事例

兔子和狮子的故事

"你做什么呢？"

"我在写论文。"

"写什么论文呀？"

"小兔子是如何把凶狠的大灰狼吃掉的。"

"嘿，好大口气，小小兔子竟大言不惭要吃掉我大灰狼？我不相信，你究竟凭什么呀？"

"你如果不信，请跟我来。"

于是小兔子把大灰狼领进了山洞。过了一会儿，小兔子独自从山洞里走了出来，又坐在山洞前的石凳子上开始涂画什么。

过了一会儿，一只狐狸走了过来，它本也想一口就把小兔子咬死后慢慢享用美食的，但小兔子的打扮太具有童话色彩了，于是它也决定先调戏一番后再享受。于是就问："小兔子，你在干啥呀？"

"我在写论文。"

"写什么论文呢？"

"小兔子是如何把狡猾的狐狸吃掉的。"

"呵，口气真不小，知不知道我是谁呀？我可是万兽之灵，智商高得很，我不相信你有什么本事能把我吃掉。"

"那请跟我来。"

于是小兔子把狐狸带进了洞。过了一会儿，小兔子又独自从山洞里走了出来，又坐在山洞前的石凳子上开始悠闲地乱涂乱画。

过了一会儿，一只狮子从山洞里走了出来，边走边摸着自己的肚子，走近小兔子，拍了拍它的肩膀后说："今天你的工作完成得很好。现在我来为你站岗，你尽可到周围去觅取你的午餐了！"

资料来源：李永瑞. 领导科学与艺术［M］. 甘肃：敦煌文艺出版社，2004.

这则寓言故事中就蕴藏着团队管理的大道理。群体是一种社会现象，它是介于个体与组织之间的一种特殊的"关系体"，是众多个体为了某种需要而结合在一起的一种组合体。作为社会结构中的一个组成部分，群体与组织、个体共同构成社会的不同层次。群体是由个体构成的，同时它又是组织的基本组成单位。群体中个体的行为大于单个人行为的总和，组织是由许多正式群体和非正式群体组成的，群体在组织中发挥着特殊的作用，认识群体对解释组织行为具有重要意义。因而，在组织行为学的研究和运用过程中，群体及群体行为越来越受到社会的广泛关注，并成为组织行为学研究和围绕以人为中心的管理运用的一个重要课题。

第一节　群体及其发展阶段

一、群体的概念及特征

1. 群体的定义

群体是两人或者两人以上的集合体，他们遵守共同的行为规范，在情感上互相依赖，在思想上互相影响，而且有着共同的奋斗目标。

组织、群体和个体是不可分割的整体。作为群体的一个显著标志是群体内成员在心理上是否有一定的联系，是否有共同的需要和共同的目标。

2. 群体的特征

卡特尔认为既然人们的许多行为是由他们的群体隶属关系所决定的，那么，尽可能详尽了解人们所属的群体就显得至关重要了。一般来说，群体具有以下几方面的特征：①群体由两个或者两个以上的人构成；②群体成员一致认同某种特定的目标；③群体成员相互联系、相互影响、直接接触、相互作用；④群体成员具有群体意识和归属感，意识到自己是群体中的一员；⑤群体拥有一定的行为规范，群体成员要遵守这些行为规范，他们在行为上相互制约。

二、群体的心理效应及行为趋向

由单个的个体组成的群体具有不同于个体的心理和行为特征，多个个体在一起工作、生活一段时间之后，便会形成群体的心理效应和行为趋向。

1. 群体的心理效应

从心理效应看，群体成员间的相互影响会产生以下三个方面的心理效应：

（1）群体价值观。群体成员在长期的活动中会逐步形成共同的价值取向，即以共有的价值评价为基础看待组织中的人和事。这种群体价值观一经形成，将对群体成员产生无形的巨大影响，群体成员的行为将受群体价值观的制约和指导。

（2）群体凝聚力。群体凝聚力是群体成员被群体所吸引并愿意留在群体中的一种黏合力，它是群体价值观和行为准则一致的反映。这种凝聚力来自群体成员的归属感、群体认同感、群体角色感和群体力量感。

（3）群体责任感。群体成员在实现群体目标中逐步形成的对群体生存和发展的责任观念和对所担任角色的明确认识，在行动上表现为认真履行职责，关心群体，为群体发展贡献力量。

2. 群体的行为趋向

从行为趋向看，群体对群体成员行为方式产生四个方面的作用：

（1）社会助长作用。社会助长作用是指个体在与其他成员交往过程中有助于消除单调、沉闷的心理状态，有利于激发积极的工作及活动动机，个体行为效率有提高的倾向。也就是说，在做某一项工作时，个体和别人一起做往往做得又快又好，比一个人单独做时效率高。

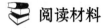 阅读材料

蚂蚁勤奋的秘密

不知道你是否注意到，教室里只有一个人自习时，你的学习效率可能并不会很高。尽管此时教室很明亮、很宽敞，也很安静，但你却常常会分心，想想这个，做做那个。如果此时，有两三个同学（可能还是陌生人）进来，并随便找了个座位和你一起自习时，你立刻就会聚精会神起来，开始积极地演算数学题或认真背诵英文单词。

关于这种现象，中国心理学家于 1937 年在清华大学曾用 36 只蚂蚁进行了有趣的实验研究。心理学家观察了 36 只蚂蚁在以下三种情况下挖土、筑巢的工作效率：第一种情况是 36 只蚂蚁分别在 36 个瓶子中单独工作；第二种情况是 36 只蚂蚁 2 只一组，分别在 18 个瓶子里工作；第三种情况是 36 只蚂蚁 3 只一组分别在 12 个瓶子里工作。对蚂蚁的工作效率的评估用以下两个变量为指标：第一个指标是每只蚂蚁在进入瓶子到开始挖土、筑巢所需要的时间，这用于对蚂蚁工作积极性的评估；第二个指标是蚂蚁开始挖土、筑巢后的 6 个小时内所挖出的沙土量，这用于对蚂蚁工作成绩的评估。心理学家对蚂蚁每三天进行一次实验，由于对工作环境的第一次适应会影响蚂蚁在瓶子中的第一次工作，为此，在实验的最后又评估了一次蚂蚁单独工作的情况。实验表明，2 只蚂蚁或 3 只蚂蚁在一起工作时，不但开始工作所需要花的时间短，每只蚂蚁的工作量即挖土量也远比 1 只蚂蚁单独工作时的工作量要高。由此我们可以得到这样的结论：几只蚂蚁在一起从事同样性质的工作时，确实能提高蚂蚁的工作效率。有人还发现，在笼子里，单独一对老鼠的交配频率比三对待在一起的老鼠的交配频率要低一些。

以上这些现象在心理学上叫作社会促进，就是指有其他个体在场时，即使个体相互之间不认识，也不发生竞争作用，但这种环境可对个体的行为产生助长作用。社会促进是群体对个体产生影响的重要方式之一。只要有其他个体在场，个体的思想行为和他单独一人时就有所不同。但也有人发现，有他人在场，并不都对个体的行为起促进作用。这一点，我们在生活中也常能体会到，比如，当教室里有人和我们一起自习时，我们的学习效率往往可以提高。但如果教室里乱哄哄的，我们的心里会很烦，这时便很难保持高效率的学习。还有，我们在背课文或记忆英文单词时，也喜欢一个人找个安静的地方。关于这一点，心理学家皮森在 1933 年的实验中加以证明。他发现，有一个旁观者在场，会降低被测者有关记忆工作的效率。心理学家达施尔也提出，有观众在场时，被测者即使是做简单的乘法，通常也会出现差错。

那么，有他人在场到底是对我们的行为起促进作用，还是起阻碍作用呢？看来，两者都有。专门研究动机的心理学家罗伯特·查荣克在 20 世纪 60 年代对这一看似矛盾的现象提出了一种解释，称为动机驱动论。根据这种观点，有别人在场，可造成个体的内驱力或动机的增加，这种内驱力的增加有时会促进行为，有时又会干扰行为。对于那些做简单工作的人来说，高内驱动力可以促进其工作效率，因为当人们熟练某项工作时，从事这种工

作对他来说并不难，甚至不需要动脑筋，处于自动化状态，在这种情况下，有他人在场会激发个体竞争的动机，而增强的动机有利于个体加快自己熟悉的、已经自动化了的、自己想做的事情。但是，如果这项工作对个体来说是新接触的，还很不熟悉，或个体还很难做好，还需要动很多脑筋，在这种情况下，高度增强的动机就会引发个体的紧张和焦虑，个体更容易表现得手忙脚乱，反而做不好。大多数的实验结果或生活常识，似乎都比较符合这种说法。对蚂蚁和老鼠来说，掘沙和交配是比较简单的工作，同时也是极为重要的行为。所以，当有同类在场时，它们感受到了竞争的压力，行为也因此被大大地促进。而对于我们来说，背课文和记忆英文单词等是较为枯燥和需要花费脑力的，所以当有人在场时，增强了自己没有把握的感觉，引发了紧张、焦虑，结果使我们不易记住内容。

资料来源：许芳．组织行为学原理与实务［M］．北京：清华大学出版社，2007：159.

（2）社会抑制作用。个人和别人一起做一项工作时，个体在大众面前感到不自在，感到拘谨，有所顾虑，做得又慢又差，比一个人单独做时效率低。这种由于他人在场或与他人一起活动，而造成行为效率下降的现象被称为社会阻抑作用。

（3）从众行为。从众行为是指个体在群体的压力下改变个人意见而与多数人取得一致认识的行为倾向，是社会生活中普遍存在的一种社会心理和行为现象。管理心理学认为，从众行为的产生受个体对事物的了解程度、情境因素、个体特征多方面因素影响。人们的从众行为有表面与内心两个层面，表现为表面从众、内心也接受；表面从众、内心却拒绝；表面不从众、内心却接受；表面不从众、内心也拒绝四种情况。

（4）社会惰化。社会惰化（Social Loafing）也称为社会惰化作用或社会逍遥，是指个人与群体其他成员一起完成某种事情或个人活动时有他人在场，个人所付出的努力往往比单独时偏少，不如单干时出力多，个人的活动积极性与效率下降的现象，也称之为社会惰化作用，也叫社会干扰、社会致弱、社会逍遥、社会懈怠。

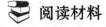 阅读材料

社会惰化实验

法国人瑞琼曼（Ringelman，1913）做了一个拔河比赛的实验，他要求被测者分别在单独的与群体的情境下拔河，同时用仪器来测量他们的拉力。结果发现随着被试人数的增加，每个被测者平均使出的力减少了。一个人拉时平均出力63公斤；三个人的群体拉时。平均出力是53.5公斤；八个人时是31公斤。这种共同完成一项任务时，群体人数越多个人出力越少的现象，后来在其他人的实验中也得到证实。这些现象不仅在实验室里可以看到，在日常生活中也很普遍。根据有关研究和统计，在苏联，私有土地占总农用地的1%，但产量却是农业总产量的27%；在匈牙利，农民曾在13%的自有耕地上生产出了全国1/3的农产品；在中国，自1978年土地承包责任制后，农作物的总产量每年递增

8%，这一速度是过去年均增幅的两倍半。在东西方的很多国家里社会惰化现象十分普遍。

社会心理学家通过研究已经证实，出现社会惰化的原因，是个人的评价焦虑减弱，使个人在群体中的行为责任意识下降，行为动力也相应降低。拉特纳1979年以及后来威廉等人在1981年的研究都发现，如果让被测者相信自己的行为效率可以被鉴别出，或是对个人行为贡献单独进行测量，即使与群体一起完成一项工作，也不再有社会惰化作用存在。单独测量使人们保持了足够的被评价焦虑，因而行为的动机也得到激发。20世纪80年代中后期的进一步研究表明，群体共同完成一项工作并不必定导致"浑水摸鱼"式的社会惰化作用。总结这些研究的结论，可以发现，社会惰化的主要原因是：个体在群体活动中责任意识降低，被评价的焦虑减弱，因而行为的动力也相应下降。

资料来源：许芳. 组织行为学原理与实务［M］. 北京：清华大学出版社，2007：161.

三、群体的类型

1. 正式群体和非正式群体

正式群体是指由组织结构确定的，职务分配很明确的群体，如政府行政部门、企业以及内部各部门等。在正式群体中，一个人的行为是由组织目标规定的，并且是指向组织目标的。

常见的正式群体有命令型群体和任务型群体两种。

命令型群体是由组织结构决定的，由直接向某个主管人员报告工作的下属组成。比如政府首脑与各个部委之间、各部门负责人与其下属之间所构成的群体都属于命令型群体；任务型群体也由组织结构决定，由完成某项工作任务而在一起工作的人构成。

任务型群体是由组织结构决定的正式群体，它是指为完成一项工作任务而在一起工作的人组成的群体。任务型群体的界限并不仅仅局限于直接的上下级关系，还可能跨越直接的层级关系。如筹备一个大型的会议而成立的一个会务组，对一个破产企业进行清算而成立的清算小组。

所有的命令型群体都是任务型群体，任务型群体则不一定是命令型群体，因为任务型群体可以由来自组织各个部门、各个层次的人组成。

非正式群体是一种没有正式的明文规定，个体之间因为具有共同的兴趣和利益，能够满足需要结合而成的群体。这种群体没有正式的结构，成员之间带有强烈的感情色彩。例如农村新型合作社组织，城市里的行业协会、学术类、文体娱乐类及服务类社团组织等。

常见的非正式群体类型也有两种：利益型群体是为了某个共同关心的特定目标而形成的群体。友谊型群体是指基于成员某些共同特点而形成的群体。友谊型群体多半是在工作情境之外形成的，它们所赖以形成的共同特点可能是年龄相近、趣味相投、毕业于同一所大学、来自同一个地方、拥有相同的主张等。如某些文体娱乐爱好者协会、车友会等。

【思考】非正式群体在组织发挥着什么作用？管理者应该如何对待非正式群体？

正式群体和非正式群体虽然存在着多方面的差异，但是两者并不是完全排斥的，正式群体中包含许多个非正式群体。正式群体中的非正式群体可能有积极作用，也可能有消极作用。管理者应善于利用和引导非正式群体，使其对正式群体起到拾遗补阙的作用。为此，必须做好以下几个方面的工作：

（1）支持和保护积极型的非正式群体。这类非正式群体的行为目标和组织目标一致或者基本一致，其成员服从组织领导，在工作上有进取精神，员工们在完成本职工作后，利用休息时间钻研与工作有关的问题，学习新知识，丰富生活，陶冶情操，不仅有利于组织目标的实现，还可以提高员工的文化素养，有利于员工的身心健康。对这类非正式群体组织应采取大力支持和保护的态度。

（2）发挥非正式群体的积极作用，为实现组织目标服务。首先，利用非正式群体成员之间相互信任、说话投机、有共同语言的特点，引导他们开展批评与自我批评，克服缺点，发扬优点，不断提高思想水平和工作能力。其次，利用非正式群体成员之间信息沟通迅速的特点，可以及时地收集员工的意见和合理化建议。这样既可以为正式群体目标服务，又可以加强正式群体与非正式群体之间的联系，使得管理者做到心中有数。最后，利用非正式群体凝聚力强，能较好地满足成员社交、归宿和合群的心理需求特点，引导成员在工作上和生活上相互帮助，从而促进企业的安定团结，努力实现组织目标。

（3）积极改造消极型非正式群体。消极型非正式群体的活动，对组织目标的实现总的来说起消极干扰作用。对这类非正式群体要积极稳妥地进行改造。要主动接触了解其成员，一旦发现问题及时采取必要措施，改造其消极行为。

2. 开放群体和封闭群体

开放群体是一个群体成员变动频繁、流动性强的动态性的群体结构，成员间的权利和地位不稳定，与外界联系紧密，内部关系较为松散。正是由于这些特性，使得群体有很强的新陈代谢能力、对外界环境的适应和改革创新的能力，但同时也造成了成员相互之间默契程度不高，不适合承担长期的工作任务。

封闭群体是一个成员相对稳定，变动较少，等级关系严明，与外界联系较少或者根本没有联系，内部组织严密的群体结构。它有利于完成长期规划的任务，保证任务完成的时效性和准确度，但这种群体也会造成体制的僵化、思想的固化，从而不适应形势发展的需要。

3. 假设群体与实际群体

假设群体又称为统计群体，是为了研究和分析的需要，将人们按照一定的规范和特征划分出来的各类群体，它实际上是不存在的。

实际群体是在现实生活中客观存在的群体。群体中成员之间能够彼此意识到对方的存在，并意识到都属于同一个群体，彼此之间存在着相互作用、相互影响的关系。

四、群体的发展阶段

群体不是静止的，而是不断发展变化的。自20世纪40年代末以来，出现了不少有关群体发展方面的理论研究。本节将介绍群体发展的五阶段模型。

第一阶段：形成阶段。它以群体在目的、结构、领导方面存在着大量的不确定性为特点。当群体成员把自己视为群体的一分子思考问题时，这一阶段就结束了。

第二阶段：震荡阶段。群体成员虽然接受了群体的存在，但却抵制着群体对个体所施加的控制，进一步在由谁控制群体的问题上发生冲突。这一阶段结束时，群体内部出现了比较明朗的领导层级，群体成员在发展方向上也达成了共识。

第三阶段：规范化阶段。群体进一步发展了密切的群内关系，同时也表现出了内聚力。当群体结构比较稳定，群体成员也对那些正确的成员行为达成共识时，这阶段就结束了。

第四阶段：执行任务阶段，此时群体的结构发挥着最大作用，并得到广泛认同，群体的主要精力从互相了解认识进入到了完成当前的工作任务上。

第五阶段：终止阶段。存在于临时群体，解散阶段，人们不再关心工作业绩而是善后事宜。

五、群体的功能

群体是联系组织与个人之间的桥梁和纽带，分析群体的功能要从群体对组织功能和个人功能两方面入手。

1. 群体对组织的功能

群体是承担和完成复杂任务的基本单位。为有效完成目标，组织必须通过分工协作，把整个群体分成若干个小群体，分别让他们去完成。在群体中，成员之间的相互交流和学习会促进新思想、新知识的产生。此外，群体能推动复杂决策的完成，并有助于解决关键性的问题。

2. 群体对个人的功能

根据罗宾斯（Stephen P. Robbins）对个人加入群体动机的研究，可以得出个体加入群体是为了满足不同的需要，这些需要的满足使得群体对个人的功能得以发挥（如表7-1所示）。

群体作用的大小，可以从群体的生产能力（群体创造成就的多少）和满足群体成员需要两方面加以衡量。这两者相互依赖、相互促进，不可偏废。如果一个群体既能够达到完成组织任务的目的又能够满足成员的需要，那它就是一个有效的群体。

表 7-1　个人加入群体的动机

功能	分析
安全需要	加入群体，个体可以免于孤单、寂寞、恐惧感，感觉更有力量，自我怀疑会减少，在威胁面前更有韧性
地位需要	加入一个被别人认为自己是很重要的群体，个人能够体会到被别人承认的满足感
自尊需要	群体使其成员感觉活得更有价值，群体成员的身份除了能够使群体外面的人认识到群体成员的地位之外，还能够使群体成员感到自身的存在是有价值的
归属需要	群体满足其成员的社交需要。对许多人来说，这种工作中的人与人之间的相互作用、相互支持、相互帮助是他们满足归属需要的最基本的途径
权力需要	权力需要是单个人无法实现的，只有在群体活动中才能实现
实现目标需要	有时为完成个人目标，需要多个人的共同努力，集中众人的智慧、力量。这个时候，管理者就要依赖正式群体来完成目标

资料来源：李永瑞. 组织行为学［M］. 北京：高等教育出版社，2008：179.

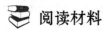 阅读材料

合作的力量

一位贤明的父亲和他 7 岁大的儿子整理后花园，他们发现一块埋在土中的大石头。父亲觉得这是一个教育孩子的好机会，于是他要孩子自己将大石头移开。孩子推了半天，石头仍然不动，就聪明地在旁边挖了个洞，找来一根木头插进洞中，把另一块小石头垫在底下，使劲地往上撬，但大石头仍纹丝不动。显而易见，以他的力气是不足以撬动大石头的。孩子告诉父亲他撬不动，父亲在一旁看得很清楚，但仍冷冷地说你要尽全力。这一次，孩子用尽了全身的力气，小脸都憋得通红了，到后来将整个身体的重量都压在木头上了，石头仍纹丝不动。

孩子大口喘着气，颓然坐下。父亲和蔼地走到他身边，问道："你确定你真的用尽全力了。"孩子说："当然用尽了。"这时父亲温柔地拉起孩子的小手说："不，儿子，你还没有用尽全力。我就在你旁边，可你没有向我求援。"

感悟：时代发展到今天，要想成功，最快速的办法就是寻求成功者的帮助，并与对方齐心合力共同完成。完美的互援与合作永远不能被忽视。

资料来源：许芳. 组织行为学原理与实务［M］. 北京：清华大学出版社，2007：157.

第二节 群体凝聚力

一、群体凝聚力的含义

群体凝聚力可以理解为群体成员愿意留在群体内的程度。在群体的形成和发展的不同阶段，群体凝聚力的特点是不同的。根据这些不同的特征可以把群体凝聚力归纳为：

1. 自然凝聚力

自然凝聚力是群体最基本的凝聚力形式。相对于整体社会而言，每个人是微不足道的、力量微弱的，要依赖一定的群体，才能更好地生活，并满足最基本的生理需要和安全需要。人所具有的社会性决定群体的自然凝聚力。

2. 工作凝聚力

群体所承担的任务和通过工作所要达到的目标，对群体成员都会产生强烈的吸引力。相比于自然凝聚力，任务凝聚力有着显著的进步。

3. 领导凝聚力

在完成特定任务的过程中，必须会产生领导者去组织、指挥、协调和控制。成功而有威望的领导者本身就是一种吸引力，是任务完成的需要，也是提升群体凝聚力的关键。因此，领导者的行为直接影响群体的凝聚力。

4. 情感凝聚力

群体成员在长期的工作和生活中朝夕相处、通过了解和沟通建立起融洽、和谐的人际关系，产生了情感上的吸引力，进而产生情感凝聚力。这种以情感凝聚力维系而成的群体关系更为牢固，更有利于任务的完成。

二、影响群体凝聚力的因素

群体凝聚力体现出群体成员之间互相吸引并愿意留在群体中的程度。群体凝聚力主要受下列因素的影响：

1. 态度和目标的一致性

当群体成员拥有相似的态度时，他们愿意在一起。个体往往被一个与自己具有相似目的的群体所吸引。

2. 群体规模

小群体比大群体有更高的凝聚力，因为小群体为成员们提供了更多的相互交往的机会。群体越大，异质越多，态度和价值观差异也增大，所以大群体凝聚力低。另外，在大群体中，需要更多硬性的工作标准，这也影响了群体成员之间形成自然的、非正式的关系和交往。

3. 群体的绩效

如果群体历史上一贯有成功的表现，它就容易建立起群体合作精神来吸引和凝聚群体成员。成功使得成员产生优越感，彼此增进好感。而失败则往往使成员们互相埋怨，把别人当"替罪羊"，这种冲突将减弱凝聚力，甚至导致群体瓦解。

4. 奖励方式

以群体为单位的奖酬，比起以个人为单位的奖酬会导致更高的凝聚力。以群体为单位的奖励制度可以使成员们意识到他们的命运连在一起，因此增加合作精神。相反，鼓励群体成员之间竞争的奖励制度（如把所有奖金都奖给最佳工作者）将削弱群体凝聚力。

5. 群体成员在一起的时间

人们在一起的时间长短，会影响相互之间的凝聚力。如果人们在一起的时间比较多，他们就会更加友好，自然而然地会相互交谈、做出反应、打招呼，并进行其他交往活动，从而发现共同的兴趣，增强相互之间的吸引力。在一个经典研究中，凡·扎尔斯特根据无记名选择工作伙伴的结果，把木工和砖瓦工重新编组，发现这种以人际吸引为基础的班组比随机组成的班组有更高的工作满意度。

6. 与外界的关系

一般来说，与外界隔离的群体有更高的凝聚力。这些群体往往认为自己与众不同、独一无二。隔离也使得群体成员产生同命运感以及共同抵御外界威胁的需要。

7. 外部的威胁

外部威胁的存在可以增加群体凝聚力，因为这时群体成员不得不同舟共济、相依为命。当然，外部威胁对群体凝聚力的增强并不是无条件的。如果群体成员认为他们的群体无力应付外部威胁，群体作为安全之源的重要性就会下降，群体凝聚力就很难提高。

8. 领导作风

领导者的民主作风可以充分地激发起群体成员的主动精神与创造性，在民主的气氛下，领导者有意识地创造优秀的群体规范，这样可以大大地增强群体凝聚力。此外，不同的信息交流方式，群体成员的不同个性特征、兴趣和思想水平等，都会影响群体的凝聚力。

三、群体凝聚力产生的结果

通常，人们认为有效的工作群体凝聚力高，那么，群体凝聚力高就一定会有助于提高群体绩效吗？研究表明，一般情况下高凝聚力的群体确实比低凝聚力的群体更有效，但群体凝聚力与群体效率的关系比较复杂，还有其他种种因素在起作用。

群体凝聚力的提升所带来的未必都是好结果。一个高凝聚力的群体是每一个组织的领导者们都乐意看到的事情，但是由此而带来的弊端也常常令领导者们头疼。下面我们将辩证地分析群体凝聚力产生的两方面结果，扬长避短，使群体凝聚力发挥更积极的作用。

1. 在群体内人际关系方面

提高群体凝聚力会使群体内人际关系更加融洽、紧密，会形成更强的吸引力和向心力，从而使群体更容易获得群体成员的认同。同时，群体内和谐及良好的人际关系能够为群体成员提供良好的工作、生活状态，激发群体成员的潜能，从而使工作更有效率。由于群体成员把保持群体统一、创造和谐气氛的目的放在首位，因此他们在决策过程中，群体凝聚力过强会产生"小团体意识"，群体内部的从众倾向会非常严重，使决策质量受到影响。因此，对于组织的领导者而言，应该对"小团体意识"进行正确的引导。

2. 在生产率方面

高凝聚力有助于更有效率地实现群体所追求的目标，但这并不意味着高凝聚力群体一定会为组织带来高绩效。如果群体目标与组织目标一致，则对组织绩效有利；反之则对组织绩效不利，导致低绩效。

美国社会心理学家沙赫特（Schachter Stanley）等人的实验清楚地表明了凝聚力与生产率之间的关系（如图7-1所示）。实验以"凝聚力"和"诱导方式"为自变量，以"生产率"为因变量，形成了四个实验组：高凝聚力，积极的诱导；低凝聚力，积极的诱导；高凝聚力，消极的诱导；低凝聚力，消极的诱导。

结果表明，高凝聚力群体和低凝聚力群体在积极诱导条件下，生产率有很大提高，但高凝聚力群体生产率提高的幅度更大；而在消极诱导的条件下，高凝聚力群体和低凝聚力群体的生产率都降低，但高凝聚力群体的生产率降得更低。

由此可得，群体凝聚力高可以使工作效率高，也可以使工作效率低。对于组织的管理者而言，这意味着提高群体的凝聚力并不是最终目的，而应在提高群体凝聚力的同时，引导群体形成积极的群体规范，并把群体目标引到与组织目标相一致的方向上来。只有这样，才能使群体凝聚力成为提高生产率的动力，而不是障碍。

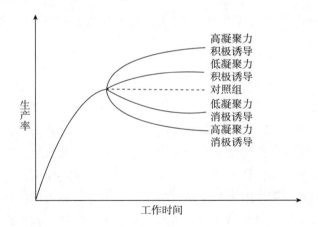

图7-1　凝聚力与生产率之间关系

资料来源：李永瑞. 组织行为学 ［M］. 北京：高等教育出版社，2008：184.

第三节　群体决策

一、群体决策的含义

"三个臭皮匠，顶一个诸葛亮。"这句流传于我们身边的谚语形象地反映了群体在决策过程中所产生的力量。

群体决策就是群体成员共同参与决策的过程，是实现群体目标的重要手段。群体决策包括以下三个维度：

第一维度，群体成员参与决策的程度；

第二维度，群体决策的内容；

第三维度，群体决策的范围。

群体决策的过程大致可以分为以下三个阶段：

第一阶段，诊断问题；

第二阶段，提出多个可供选择的解决方案；

第三阶段，分析可选择的办法，做出决策。

二、群体决策的优缺点

群体决策与个体决策各有优势，但是都不是可以适用于所有环境的。与个体决策相比，群体决策有下面一些优缺点。

1. 群体决策的优点

（1）决策质量高。群体决策可以通过综合多个个体的资源，汇集更多的信息和更为广泛的知识、经验与创造性，增加观点的多样性，可以对问题进行更精确的诊断并提出更丰富的备选方案，从而给决策带来更多的异质性。这样可以使得决策时考虑得更全面，减少了产生漏洞的可能性，因此决策质量较高。

（2）决策一贯性强。个体决策可能变化无常，甚至前后矛盾。群体中虽然每个个体的目标取向也是动态的，但是多元目标综合起来就会稳定得多，而且，群体决策一般采用比较合理的决策程序，相对理性，所以决策的一贯性也较强。

（3）决策可接受性高。许多决策在做出之后，因为不为人们接受而夭折。但是，如果那些会受到决策影响的个体和将来要执行决策的人能够参与到决策过程当中，他们就会获得较多的信息与信任，增强对决策的认同感和责任感，也就更愿意接受决策，并会自觉鼓励他人也接受决策，这样，决策就能获得更多的支持。

（4）增加决策合法性。群体决策过程与人们的民主理想是一致的，因此，被认为比个体决策更合乎法律要求。如果个体决策者在进行决策之前没有征求其他人的意见，决策者可能会被认为是独断专行的，这自然也会影响决策的实施。

2. 群体决策的缺点

（1）责任不清。群体决策常常会造成责任分散，在决策过程中个体喜欢分析情况、提出方案，但倾向于规避决策责任。有时会滥用表决权，将责任推给大家，造成决策结果无人承担的局面，特别是当决策失误或者决策失败时。

（2）决策成本高。群体决策所用的时间与个体决策所用的时间相比，往往要多得多，从而限制了管理者在必要时做出快速反应的能力。而且，群体决策所需的费用一般比个体决策要多。

（3）从众压力大。群体成员希望被群体接受和重视的愿望可能会导致不同意见被压制，在决策时使得群体成员都追求观点的统一。特别是在由不同层级的人员组成的群体中，下级往往不能真正参与决策，甚至会表现出为迎合上级意图而不提出自己真正意见的倾向。

（4）少数人控制。群体讨论可能会被一两个人所控制，如果这种控制是由低水平的成员所致，群体的运行效率就会受到不利影响。

三、群体决策的主要方法

群体决策最常见的形式发生在面对面的互动群体中，各国学者提出了各种方法。主要有以下几种：

1. 名义群体法（Nominal Group Decision Method）

名义群体法最早由德尔贝克（Dellbecq）和范·德·维恩（Van de Ven）提出。名义群体法像召开传统会议一样，群体成员都出席会议，但群体成员首先进行个体决策。其具体步骤如下：

（1）主持者向与会者通知开会地点与时间，但不告知议题，而是在与会者到场后，再当场宣布议题。一般每次只讨论和解决一个问题，时间通常限制在 2 小时以内。

（2）在进行讨论之前，主持者宣布全体成员进行"沉默准备"，发给每人纸和笔，并规定时限（0 ~ 20 分钟），让每个成员写下自己对这个问题的看法或观点。在此时限内成员不允许互相交谈，每人埋头就议题准备意见。据统计，在同样人数条件下，就同一议题，传统常规决策法一般可得到 7 ~ 8 项意见或方案，该法则可得到 17 ~ 21 项。

（3）在这个安静阶段之后，每个成员都要向群体中的其他人报告自己的观点，一个人接一个人地进行，每个人每次只容许表达一种观点，并由记录员将发言要点记在大家可见的记录纸或记录板上。每轮发言的起点及顺序可由主持者随机指定（包括他本人在内），直到所有要表达的观点都被记录下来为止。这种做法可使每个人获得均等发言机会，不致或不易产生个别人控制会议的弊端。

（4）群体开始讨论每个人的观点，对不明白之处提出疑问，并由原提议者解释澄清。

（5）接下来每个群体成员根据自己的判断，独立对所有观点进行排序，如果被选意见过多，主持者可限定选取方案的数量。最终决策结果是排序最靠前、成员选择最集中的那个观点。如果是拟定解决某问题的措施，则主持者可酌情决定入选标准，如超过半数（或 2/3、1/3 等）的备选方案即入选。

名义群体法的优点在于更强调各种不同意见的提出，提高了对每一种意见的注意力，使群体成员具有均等参与决策的机会，并表达自己的意见。缺点是投票需要浪费大量的时间成本，并可能导致参与者的厌烦情绪，尤其是在意见很难达成一致的时候，这种缺陷更为明显。

2. 德尔菲法（Delphi Decision Method）

这是最早由兰德公司的诺曼·达尔克（Norman Dalkey）提出，这种方法的目的是集中各方面专家的意见，预测未来事物的发展。德尔菲法最初是通过邮件来完成的，后来也可以通过传真或其他类似的工具进行。德尔菲法的实施过程比较复杂，具体步骤如下：

（1）在问题明确之后，要求群体成员通过填写精心设计的问卷，来提出可能解决问题的方案。

（2）每个群体成员匿名并独立地完成第一份问卷。

（3）把第一次问卷调查的结果在另一个中心地点整理出来。对每一个问题进行统计处理，找出方案中的分布规律。

（4）把整理和调整的结果分发给每个人。

（5）在群体成员看完整理结果之后，要求他们根据整理结果，结合其他成员的意见，对自己的方案进行修改后，再次提出解决问题的方案。结果通常是启发出新的解决办法，或使原有方案得到改善。

（6）如果有必要，重复步骤（4）和步骤（5），直到找到意见一致的解决办法为止。

德尔菲法决策过程的成功依赖于充足的时间，参与者的专业技能、沟通者的技巧以及成员投身于任务的热情。此过程的主要优点在于：避免了专业小组成员间的人际关系问题，它可以使地理位置分散的群体成员参与到一个决策中；高效利用了专家的时间；被调查者所产生的创意多种多样，质量较高、有足够时间分析和思考；预测准确。例如，索尼公司可以用这种方法让东京、布鲁塞尔、巴黎、伦敦、纽约、多伦多、里约热内卢、墨尔本等地分公司的经理出谋划策，以决定公司的产品在世界范围内的销售价格。这样可以节省把这些经理人员召集到一起的巨额费用。另外，采用德尔菲法要求待解决的问题具体明确，问题不宜过多，也不能带有问题拟定者的主观倾向。当然，德尔菲法也有不足。因为这种方法要占用大量时间，如果需要快速做出决策，它就不适用了。

随着信息技术的飞速发展，计算机的广泛应用及信息的电子化传输进一步改进了德尔菲法决策过程，大大缩短了集中输入和反馈组织数据的交互作用过程，克服了德尔菲法决策过程原有的局限。

3. 头脑风暴法（Brainstorming Method）

头脑风暴法又叫脑力激荡法，由奥斯本（A. P. Osbom）于20世纪50年代提出，原意是指精神病人的胡言乱语。它用于群体决策则是指克服互动群体中产生的妨碍创造性方案形成的从众压力，使个人敞开思想、畅所欲言的一种决策方法。实施头脑风暴法的原则如下：鼓励每个人独立思考、广开言路，不受常规思维的约束，观点越新颖、越奇特越好；追求数量，意见越多越好；对别人的建议不做任何评价，将相互讨论限定在最低限度内；探索取长补短和改进的方法，除了鼓励成员提出意见外，还鼓励成员对他人已经提出的设想进行补充、改进和完善。

采用这种方法的人数不可过多，5～12个人为宜。时间为20～60分钟，让大家就某一问题展开充分讨论。研究表明，这种方法每小时可以产生60～150项建议，比一般方法多70%。尽管其中大多数建议可能毫无意义，有的甚至是荒唐可笑的，但其中常常会有若干方案可能很有价值，很有创见性。这种方法的优点是使人解放思想，缺点是整理分析意见需要花费大量时间，从而使决策进程减慢。

4. 电子会议法

随着高科技的发展，人们将尖端技术与传统会议方式相结合创造了一种新的决策方法——电子会议法。参与决策的成员只需要拥有一台计算机终端，问题通过大屏幕呈现给参与者，要求他们把自己的意见输入到计算机终端屏幕上。个人的意见和投票都显示在会议室中的投影屏幕上。

电子会议法的优点主要有：成员参与方便，不受空间限制，可支持多项任务；匿名、可靠、快速。缺点是：在实现复杂而丰富的互动上始终存在缺陷；成本也较高。随着软硬件设施的进一步完善，电子会议将更便利、更高效，广泛被人们所采用。

要使群体会议更有效，应遵循以下原则：及时分发会议议程和背景材料；明确会议目标；注意群体的构成；把想法产生与评估分开；鼓励少数人表达意见；留心反对者的态度；检验决策的支持率；控制元素讨论；善于总结会议结论并落实会后的任务与责任。

表7-2给出了上述四种方法与传统的群体互动决策方法的比较，这有助于我们更好地理解这些方法的特点。

表7-2　群体决策效果的评价

效果标准	互动群体法	头脑风暴法	名义群体法	德尔菲法	电子会议法
观点的数量	低	中等	高	高	高
观点的质量	低	中等	高	高	高
社会压力	高	低	中等	低	低
财务成本	低	低	低	低	高
决策速度	中等	中等	中等	低	高
任务导向	低	高	高	高	高
潜在的人际冲突	高	低	中等	低	低
成就感	从高到低	高	高	中等	高
对决策结果的承诺	高	不适用	中等	低	中等
群体凝聚力	高	高	中等	低	低

资料来源：陈国海．组织行为学（第3版）［M］．北京：高等教育出版社，2007：165．

【综合练习题】

一、选择题

1. 1897年美国心理学家特里普利特进行了一项研究，他让被试者在三种情况下骑车完成25英里的路程：第一种情况，单独骑行；第二种情况，让一个人跑步伴同；第三种情况，与其他人竞赛。结果发现，单独骑行平均时速为24英里，有人伴跑时速为31英里，竞争情况时速32.5英里。这种现象被称为（　　）。

  A. 社会助长作用　　　B. 社会抑制作用　　　C. 社会辐射作用　　　D. 社会促进作用

2. 目前，大学校园中存在宿舍成员集体参加人力资源师考试的现象，这体现了哪种群体行为趋向？（　　）

  A. 社会助长作用　　　B. 社会抑制作用　　　C. 从众行为　　　　　D. 社会惰性

3. 当群体目标和组织目标协调一致时，凝聚力与生产率就会出现如下关系（   ）。

A. 高凝聚力高生产率　　　　　　　　B. 高凝聚力低生产率

C. 低凝聚力高生产率　　　　　　　　D. 低凝聚力低生产率

4. 非正式群体又分为（   ）。

A. 命令型群体　　　B. 任务型群体　　　C. 友谊型群体　　　D. 利益型群体

5. 在组织行为学家看来，群体可以满足个体的不同需要，这些需要主要是（   ）。

A. 安全需要　　　　B. 地位需要　　　C. 情感需要　　　　D. 权力需要

E. 实现目标的需要

6. 员工被组织吸引，并愿意留在群体的程度，我们把它称作（   ）。

A. 工作满意度　　　B. 组织承诺　　　C. 群体凝聚力　　　D. 态度

7. 群体在第一阶段结束时，群体发生一次转变，这个转变正好发生在群体生命周期的（   ）。

A. 形成阶段　　　B. 震荡阶段　　　C. 规范化阶段　　　D. 终止阶段

8. "三个臭皮匠，顶一个诸葛亮"，这句话反映了（   ）在群体中产生的重要作用。

A. 凝聚力　　　　B. 决策　　　　C. 沟通　　　　D. 人际关系

二、问答题

1. 如何增强群体的凝聚力，怎样发挥群体凝聚力的积极作用？

2. 群体决策的方法有哪些？各有什么优缺点？

第❽章
群体沟通与冲突

👉 **教学目标**

通过学习本章，了解沟通的定义、特点，掌握群体沟通的类型、沟通的网络、沟通的障碍、群体冲突的层次、群体冲突的控制方法。

👉 **教学要求**

主要内容	知识要点	重点难点
群体沟通	（1）沟通的概念 （2）沟通的方式 （3）沟通网络 （4）沟通的障碍及改善措施	（1）沟通的方式 （2）正式沟通的网络形式 （3）沟通障碍及改善措施
群体冲突	（1）群体冲突的含义 （2）群体冲突的层次 （3）群体冲突的管理	（1）群体冲突的层次 （2）群体冲突的管理方法

🔊➤ **导入事例**

张汤是汉武帝时的一个酷吏，他天生就是法官的料，小的时候在家审判偷东西吃的老鼠，他父亲看到他的判决书，"视其文辞如老狱吏"，大惊。后来张汤做到了"廷尉"（最高检察长）的位置，由于他善于揣摩汉武帝的心思，又精于法律条文，根据皇帝的喜好来为嫌疑人罗织或摆脱罪名，因此很受皇帝宠爱（因为汉武帝崇尚武功，东征西讨，花销很大，因此大狱也比较多）。张汤有个秘书叫作鲁谒居，他俩私交很好，鲁谒居生病的时候，张汤甚至亲自为他做足疗，后来鲁谒居被赵王揭发有不法行为，陷入牢狱病死，事情也牵连了鲁谒居的弟弟，张汤负责审理，但他并不想让自己和鲁谒居的关系为外人所知，打算悄悄营救鲁谒居的弟弟，因此在审判的时候装不认识，鲁谒居的弟弟当然很烦，于是上告汉武帝，张汤却不承认，汉武帝因为张汤还有其他的一些罪状，认为他"怀诈面欺"，也就是戏文中常说的"犯了欺君之罪"，将他下狱，张汤因为在升官过程中得罪人太多，没人替他说话，至此只好自杀，如果当时他和鲁谒居的弟弟好好沟通，就不会发生这样的事情。

资料来源：http：//www.leiting001.com/news/201302/49827.html。

<h1 style="text-align:center">第一节　群体沟通</h1>

实验统计，个体一般情况下将其70%的非睡眠时间用于沟通活动——读、写、说、听等；因而，从某种意义上来看，拥有一个良好的沟通环境并保持相互信息传输的及时和畅通是群体取得成功绩效的重要因素之一。

一、沟通的概念

沟通源于拉丁文，意为共同化，英文表示为"Communication"。对于沟通的概念，不同学者从不同的角度对其做了定义。在这里我们认为，沟通就是在两个或者两个以上的人群中，人们通过语言、文字、符号、身体动作和行为，将信息和思想传达给接受者的过程。

1. 沟通的特点

（1）随时性。我们所做的每一件事情都是沟通。沟通充斥在生活的方方面面，每个人每天在社会生活中，为了生活、学习和工作的顺利进行，随时随地都要面对不同的人，针对不同的事进行不同的沟通活动。

（2）双向性。我们既要收集信息，又要给予信息。沟通不是一个纯粹单向的活动，而是双向的、互动的反馈和理解的过程，是一种动态系统。

（3）情绪性。信息的收集会受到传递信息方式的影响。信息在传递过程中很可能会造成信息失真，导致信息失真的原因有很多，个人的感情和情绪、知觉、理解和接受能力，价值观以及不良的倾听习惯有可能导致信息失真。

（4）互赖性。沟通的结果是由双方决定的。沟通双方彼此需要对方配合，他们拥有相互补充的信息，离开了其中的一方，另一方则不能达到沟通的效果。沟通越深入，两者之间的依赖性越强。

2. 沟通在管理中的作用

（1）沟通能使"决策"更加准确、合理、正确、科学。在管理过程中，经常有或大或小的各种决策需要定夺或确定方向，常常通过行之有效的沟通获取大量的信息情报来提升判断力，最后进行决策。

（2）沟通能使高、中、基层协调有效、目的明确地开展工作。其实，在我们的日常工作中，工作进程、领导指示、传递信息、工作目标、工作方式方法、工作要求等因素只有通过沟通达成共识，才能使工作顺利完成，才能真正提高工作效率，当然，我不是在喊口号。

（3）沟通有利于发现自身的"弱点"，且使人进步。发现别人的缺点、弱点似乎比发现自己简单得多，也是我们停滞不前的绊脚石。虚心听取别人的观点、意见，总结、反思自己，使自己时刻保持清醒的头脑，勇往直前追求卓越。

（4）沟通使人换位思考，反向思维、化解矛盾，增强团队的凝聚力。充分有效的沟通可以使管理者和下属建立良好的人际关系和组织氛围，并站在员工的角度，充分了解员工心声、困难，及时为员工排解疑难，来提高工作热情。

（5）沟通有利于形成良好的氛围，并让组织具有核心竞争力。

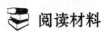 阅读材料

从新闻发言人制度看政府与公众的沟通

新闻发言人制度实际上是一种新闻发布制度，其目的是通过专职新闻发布人员就重大事件或时局问题举行新闻发布会或约见记者，发布有关新闻或阐述政府、政府部门的观点、立场，并代表政府或政府部门回答问题。

20世纪50年代，美国政府在白宫设立了新闻办公室和发言人，此后各国纷纷效仿，期望以此引导舆论，树立政府对内、对外的良好形象。

1983年，我国外交部率先建立了新闻发言人制度，其后国家统计局、外经贸部、国务院台湾办公室等部委先后设立了新闻发言人。2003年的非典（SARS）疫情推动了地方政府设立新闻发言人的进程，上海市政府首先采用国际通行的做法，建立了与新闻媒体和公众的沟通渠道，定期、定点、定人召开新闻发布会，发布非典的疫情，北京、广东、南京等地区也先后建立了新闻发言人制度。2003年9月和11月，国务院新闻办公室举办了两期新闻发言人培训班，来自66个中央、国家机关以及各省市单位的180多名学员参加了培训，从而揭开了新闻发言人制度全面推行的帷幕。

建立新闻发言人制度的好处在于：借助大众传媒的力量，有利于加强政府与公众之间的沟通，促进政府、公众、媒体之间产生良性互动，增强政府行政的透明度，树立公正、公开、负责的政府形象，并能在危机事件发生时及时澄清事实、减少流言引发的恐慌。

二、沟通的方式

沟通的方式是多样的，按照不同的标准，可以进行不同的分类。在本节中，我们根据信息流动的方向和信息流动的媒介两个标准划分沟通的方式。

1. 按沟通方向划分

按沟通的方向划分，可以分为垂直沟通和平行沟通两种。其中垂直方向又可以进一步分为自上而下和自下而上两种。

（1）垂直沟通。垂直沟通根据流动方向分为以下两种：①下行沟通（自上而下的沟通）。在群体或组织中，从一个层级向另一个更低层级进行的沟通就是下行沟通。管理者与下属之间的沟通，很多都是自上而下的。例如，领导者或管理者给下属分配工作任务，告知组织的方针政策、指出需要注意的问题、提供工作绩效的反馈等均属于下行沟通，这种沟通最常见，在组织中应用广泛。②上行沟通（自下而上的沟通）。这种沟通方式是群体或组织中从较低层级流向较高层级的沟通。员工利用这种方式向上级提供信息反馈，汇报工作情况，告知存在的问题。自下而上的沟通可以帮助管理者了解员工对工作、同事和组织的看法，还可以通过这种沟通了解到哪些工作需要改进。在组织中，下级向上级递交工作报告、公司内部意见箱、总经理信箱、员工态度调查、申诉程序、员工代表座谈会等，这些都属于组织中自下而上的沟通方式。

（2）平行沟通。平行沟通，也称为横向沟通，发生在同一工作群体成员之间、同一等级的工作群体成员之间、同一等级的管理者之间以及任何等级相同的人员之间。

水平沟通也可以分为两种：一种是与群体内的同事进行的沟通；另一种是与其他群体（或部门）内同等层级的人进行的沟通。这类沟通对促进合作、提高效率十分必要。水平沟通主要用于信息交流、协商某些问题的解决和社会需求等目的。

但平行沟通必须在上行与下行沟通管道通畅的前提下才能发挥作用，否则会产生功能失调。如下级员工避开领导进行横向联系、做出决策、采取措施，结果上司不知道，这必然会带来冲突，不仅不能提高工作效率，反而会使工作受到负面影响。图8-1显示了按信息流动方向的分类情况。

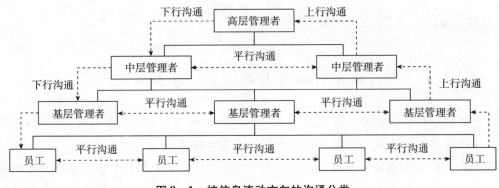

图8-1　按信息流动方向的沟通分类

2. 按信息流动的媒介划分

（1）口头沟通。口头沟通的形式很多，如会谈、电话、会议、广播、对话等。口头沟通的优点是有亲切感，可以用表情、语调加强沟通的效果，可以马上获得对方的反应等。

（2）书面沟通。书面沟通的形式也很多，如通知、文件、通信、布告、报刊、备忘录、书面总结、汇报等。书面沟通的优点是具有权威性、正确性，不会在传达过程中被歪曲，可永久保留。

（3）非语言沟通。非语言沟通是指使用非语言或文字进行信息交流的沟通方式，一瞥、一笑、一皱眉、一种凝视、一个挑逗性的身体动作，它们都传递着信息，这就是非语言沟通。

有关研究表明，在人们实际沟通过程中，非语言信息量占人们接收信息总量的60%以上。显然，非语言沟通所包含的信息远远超出语言所提供的信息，正所谓"此时无声胜有声"。非语言沟通主要包括身体语言沟通形式、副语言沟通形式和利用空间的沟通形式。

第一，身体语言沟通形式是指通过眼神、表情、手势、体态等人体形式来传递信息的沟通形式。研究者认为每一个身体动作都是有意义的。通过身体语言，我们可以说，"我太高兴了""我不赞成""我很失望""让我一个人待会儿"等。我们扬起眉毛表示不相信，揉揉鼻子表示有疑问，双手抱肩以隔离或保护自己，摊开双手表示没办法，眨眨眼睛表示亲密，敲击手指表示不耐烦，拍拍脑门表示忘了做某事。

第二，副语言沟通形式是指通过非词语的声音，如说话的语气、声调、音量、语速、节奏等来传递信息的沟通形式。副语言尤其能表现出一个人的情绪状况和态度，影响到人们对信息的理解以及交流双方的相互评价。口语交际利用语音负载的语义来传递信息，语音是声音的一种，具有高低、强弱、快捷等物理特性，可传递一定的信息。例如，课堂上教师反问学生："你这是什么意思？"语调不同，学生的反应也不同，温和的语调与刺耳的、重音放在后面的语调产生的意义完全不同。副语言近乎人的本能表现，不可能"撒谎"，你可以通过观察一个人的副语言来了解他的态度。

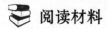阅读材料

丘吉尔如何发明"V"手势？

将食指和中指竖起分开，形成字母"V"，如今已经成为全世界表示胜利的流行手势。但是，许多人并不知道这个手势是丘吉尔一怒之下发明的。

第二次世界大战期间，一次丘吉尔在地下掩体内举行记者招待会，突然地面上警报大作，丘吉尔闻声举起右手，将食指和中指同时按住作战地图上两个德国城市大声地对与会的记者们说："请相信，我们会反击的。"

这时，在场的一名记者发问道："首相先生，有把握吗？"

丘吉尔转过身子，目光锐利地望着记者们，立即将按在地图上的两指指向天花板，情绪激动地大声回答说："一定胜利！"

丘吉尔这一镇定、威严的举止被记者们拍下来，刊登在了第二天出版的报纸上。从此，这一著名的手势便在英国城乡广泛流行开来，并很快在全世界普及。

资料来源："V"手势是谁发明的？[J]. 领导文萃，2002（8）.

第三，空间利用的沟通形式是人们通过物体的运用、环境的布置、空间距离等方式来传递信息的沟通形式。例如，德国文化崇尚秩序井然和等级森严，所以德国人倾向于划分出界限分明的私人领地，从而明明白白地表露他们保护个人隐私的需要；美国人要求拥有自己的办公室以保护自己的隐私，通过使用巨大而且能够升降的办公桌以保持与别人的距离。相反，阿拉伯人在公共场合根本不知道什么是隐私，他们在谈话时是那样的亲密无间。

沟通过程中物理距离的大小向对方传递着一些信息。例如，根据不同需要"沟通距离"划分成四种类型，即亲密距离、私人距离、社交距离和公众距离。①亲密距离一般为0~1米。在亲密距离内交谈者可以与对方频繁地进行身体接触。适用对象为父母、夫妻或知心朋友等。②私人距离一般为1~2米。往往是人们在酒会交际过程中与他人接触时的距离。在这种距离下，常常会发生更进一步的人际交往。我们习惯性设定的私人距离会反映出我们的自信心强弱和保护个人隐私需要的心态。成功的沟通者在与他人接触时，会对他人设定的私人距离保持足够的敏感性。③社交距离一般为3~6米。用于商业活动和咨询活动。这种距离的控制基于以下几个重要因素，诸如你是站着、坐着，或者你是与一个人交谈还是与一群人交谈。④公众距离一般为6米以上。当公众距离超过7米以上，人际间交往就十分疏远了。

三、沟通网络

沟通网络（Communication Networks）指的是信息流动的通道。这种通道有两种情况：正式沟通网络或非正式沟通网络。正式沟通网络（Formal Networks）一般是垂直的，它遵循权力系统，并只进行与工作相关的信息沟通；非正式沟通网络（Informal Network）常常称为小道消息的传播，它可以自由地向任何方向运动，并跳过权力等级，在促进任务完成的同时，满足群体成员的社会需要。

1. 正式沟通网络

正式沟通网络有五种类型：链型、Y型、轮型、环型和全渠道型。

（1）链型网络。在链型网络中，相关层次非常清楚，信息由上至下或由下至上逐级传递，但沟通的双方是单线联系，团体中心人物只和两个成员交换信息，再由他们与相近的成员之间进行沟通。链式团体网络，还可以是双链或多链结构，如图8-3（a）所示。链型网络中每个成员只能向上或向下两个方向进行沟通，沟通的自由度和范围都比较小。

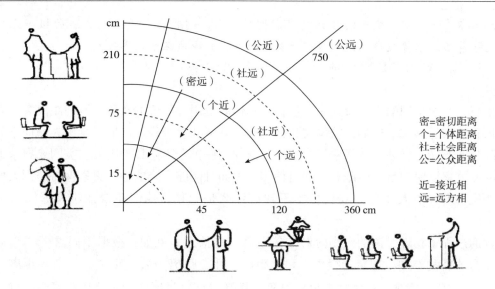

图 8-2 人际距离空间的分类

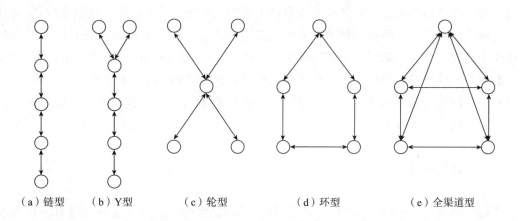

（a）链型　　　（b）Y型　　　　（c）轮型　　　　（d）环型　　　　（e）全渠道型

图 8-3 正式沟通网络的五种类型

（2）Y型网络。Y型网络的层级也比较清楚，信息也是逐级进行传递，团体领导处于不同位置，其沟通方式也有所不同，包括单链型和多链型等。Y型网络由于主管位置不同，可派生出另外一些结构形式，但其内涵和分析的方法是一样的，如图 8-3（b）所示。

（3）轮型网络。在轮型网络中，一个主管向多个下级进行信息沟通，但下级成员之间的沟通很少，几乎是闭塞的，这种类型适合于那些以科层为代表的传统组织及部门，如图 8-3（c）所示。在这种状况下，领导实行严格的集权和控制，任务也是分配型的，处于领导位置的主管为掌握团体的全面情况，倾向于采取这种结构形式。

（4）环型网络。在环型结构中，成员之间的沟通较为自主和自由，相互之间形成了一个封闭的环，这样每个成员都与其他成员直接或间接地发生关系或进行沟通，如图 8-3（d）所示。在这种环境下，信息的反馈过程非常明显，不论主管处于哪个位置，沟通的信息总要反馈到他所处的位置上，这种反馈对于促进沟通的有效性有积极作用。在环型网络中，团体表现出平等关系，员工处于协商互助的状态，沟通线路非常开阔。

（5）全渠道网络。在环型网络中，如果每两个成员之间都进行直接的沟通，就成为全渠道型网络，如图8-3（e）所示。在这种结构形式中，成员有完全的沟通自由，任何两个成员之间都处于平等的地位，可以直接沟通。这种网络的信息沟通速度最快，是一种全方位的沟通结构。在当前组织结构和管理创新的过程中，通过网络化组织、自主管理和流程再造，组织内部越来越推崇全渠道型的沟通网络形式。

表8-1　五种正式沟通网络的比较

比较		沟通网络				
		链型	Y型	轮型	环型	全渠道型
评价维度	组织化	慢、稳定	不一定	快、稳定	不易	最慢、稳定
	领导人的产生	中	中	高	无	无
	士气	中	中	低	高	高
	工作变化弹性	慢	较快	较慢	快	最快

2. 非正式沟通网络

非正式沟通网络是建立在组织成员的社会关系之上的，亦即组织成员的社会一种交互行为。如果说正式沟通网络是按组织内部以层级划分而确定的渠道来进行沟通的话，那么，非正式沟通网络则是在正式沟通网络之外进行的信息交流。从凭借的手段来看，非正式沟通多采取口头的方式；从内容来看，非正式沟通虽然也涉及工作信息的交流，但更多的是感情、态度等心理信息的交流，甚至是小道消息的交流。

在组织中，有些消息往往是通过非正式渠道传播的，即组织中存在着小道消息流通网。管理者应该了解本组织内部的各种非正式沟通网络，在必要的时候可以利用传播中的特殊人物，如小道消息的发布者，借用或抑制各种非正式沟通网络。常见的非正式沟通网络的结构形式有以下四种：

（1）单线式。单线式是指信息由个人传递给另一个人，通过一长串的人际关系来传递，而这一长串的人之间并不一定存在正规的组织关系，如图8-4（a）所示。

（2）流言式。流言式是指信息发送者主动寻找机会，通过闲聊等方式向其他人散布信息，如图8-4（b）所示。

（3）集束式。集束式是指信息发送者有选择地寻找一批对象传播信息，这些对象大多是与其亲近的人，而这些对象获得信息后又传递给自己的亲近者，如图8-4（c）所示。因此，集束式是一种选择性很高的沟通形式，它把小道消息有选择地传递给自己的朋友或有关的人。

（4）偶然式。偶然式也称"机遇式"沟通，是由于偶然的机会把小道消息传播给他人，这些人又随时传播给其他人。偶然式沟通没有一定的线路，也不强调人们的有意传播。道听途说就是其中的一种形式。偶然式沟通网络，如图8-4（d）所示。

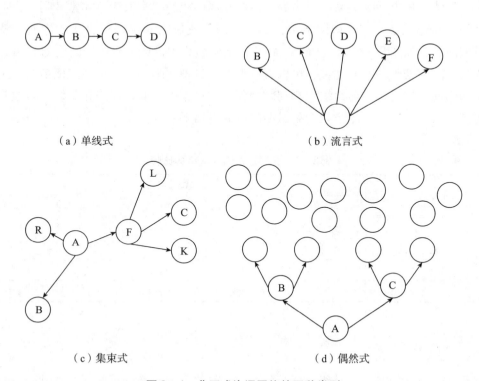

（a）单线式　　　　　　　　　　　（b）流言式

（c）集束式　　　　　　　　　　　（d）偶然式

图8-4　非正式沟通网络的四种类型

四、沟通的障碍

1. 人际沟通的障碍

（1）信息发送者的障碍。有效沟通首先要求信息发送者能将自己的想法以合适的语言加以编码，使之成为可传递的信息。这一编码过程的质量会极大地影响信息沟通的总体效果水平。具体说来，有五个因素决定信息发送者生成编码信息的质量。

其一，技能。信息发送者所具备的能力不同，因此沟通的效果就不同。为了提高沟通的效率，信息发送者必须具有良好的口头、书面或其他表达能力以及逻辑推理能力。缺乏这方面的技能，势必会造成所传递信息的先天缺陷。

其二，知识。信息发送者在特定问题上所掌握的知识范围影响着所传递信息的质量。

其三，态度。任何人都难免会在许多问题上持有自己某种预先定型的想法，这些想法会影响个体对所沟通信息的编码。信息发送者拥有真诚、谦虚的态度，能够使得信息的接受者易于接受。

其四，过滤。过滤（Filtering）是指发送者有意操纵信息，以使信息显得对接受者更为有利。当信息向上传递给高层经营人员时，下属常常压缩或整合这些信息以使上级不会因此而负担过重。在进行整合时，把个人的兴趣和自己对重要内容的认识也加入进去，并因而导致了过滤。

其五，沟通焦虑。尽管很多人都害怕在人群面前讲话，但沟通焦虑所产生的问题比这严重得多，它会影响到整整一类沟通技术。这种人在口头沟通或书面沟通或两者兼而有之的沟通中感到过分紧张和焦虑。比如，口头沟通的焦虑者可能会发现自己很难与其他人面对面交谈，或当他们需要使用电话时极为焦虑。为此，他们会依赖于备忘录或信件传递信息，即使打电话这种方式更快、更合适。研究表明，口头沟通的焦虑者回避那些要求他们进行口头沟通的情境。

（2）沟通通道的障碍。沟通通道障碍主要有以下几个方面：

其一，选择沟通媒介不当。比如对于重要事情而言，口头传达效果较差，因为接受者会认为"口说无凭""随便说说"而不加重视。

其二，几种媒介相互冲突。当信息用几种形式传送时，如果相互之间不协调，会使接受者难以理解传递的信息内容。如领导表扬下属时面部表情很严肃甚至皱着眉头，就会让下属感到迷惑。

其三，沟通渠道过长。组织机构庞大，内部层次多，从最高层传递信息到最低层，从低层汇总情况到最高层，中间环节太多，容易使信息损失较大。

其四，外部干扰。信息沟通过程中经常会受到自然界各种物理噪声、机器故障的影响或被另外事物所打扰，也会因双方距离太远而影响沟通效果。

其五，文化差异。全球化趋势和跨国公司的业务拓展，使得现代组织的人力资源构成越来越复杂，许多组织中都出现了来自不同文化的雇员在一起工作的现象，跨文化沟通进一步增加了沟通的难度。

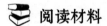 阅读材料

广州标致的解体——文化差异的代价

广州标致成立于1985年，曾经是我国改革开放后最早的一家合资汽车生产企业，总投资8.5亿法郎，拥有2000多名职工。截至1997年8月，广州标致累计亏损人民币达10.5亿元，实际年生产汽车2.1万辆，远没有达到预计要求，1997年10月法方撤资，广州标致解体。

（3）信息接收者的障碍。信息传递到接收者，并不等于就会被接收和被理解。接收者需要将其收到的信息包含的符号，通过解码而译成自己可以理解的形式。解码过程会受到个体自身的技能、知识、态度和社会文化背景的影响。

其一，技能。如果发送者擅长说与写，接收者就应擅长听与读。接收者要具有相应的逻辑推理能力，善于反馈和把自己的问题表达出来。

其二，知识。接收者是否具有信息发送者编码时所认定或设定的知识水平，将影响沟

通效果。

其三，态度。先入为主，怀有成见，缺乏信任，紧张、嫉妒或恐惧等不良情绪，都会影响接收效果。

其四，选择性知觉。在沟通过程中，接受者会根据自己的需要、动机、经验、背景及其他个人特点有选择地去看或去听信息。解码的时候，接受者还会把自己的兴趣和期望带进信息之中。实际上，人们经常是在有选择地接收信息，其主要原因是每个人的生理、心理、生活经历、知识背景以及所处环境等因素都会影响人们的知觉过程。

另外，人们为了避免矛盾、冲突，在信息接收过程中常常会有意无意地排斥掉一部分信息。选择性知觉的理论表明，我们看到的并不是事实，而是把我们所感知到的事物进行解释之后得到的结果称之为事实。

其五，情绪。在接收信息时，接受者的感觉也会影响到他对信息的解释。不同的情绪感受会使个体对同一信息的解释截然不同。极端的情绪体验，如狂喜或悲痛，都可能阻碍有效的沟通。这种状态常常使我们无法进行客观而理性的思维活动，代之以情绪性的判断。

其六，信息过载。每个人在有限的时间里处理信息的能力是有限的，当我们面对的信息量超过能够处理的信息量时，就会出现信息过载。因此，管理者必须学会时间管理，学会向下属授权，科学地安排自己的时间，发送信息时言简意赅，接收信息时抓住重点，避免信息过载引发的沟通不畅。

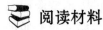 阅读材料

总统的信息过载

1941 年 12 月，日本偷袭了珍珠港，1942 年 4 月的一天，罗斯福总统在他的档案里面突然发现一份文件，惊讶道："哎呀，中国在去年 4 月就通知我们，日本人可能偷袭珍珠港。"第一个知道日本可能偷袭珍珠港的是中国的情报部，根据情报，日本人可能要发动太平洋战争，偷袭珍珠港，没有想到这么重要的一条信息却被淹没在一大堆档案里面，等到罗斯福总统在第二年 4 月看到的时候，偷袭珍珠港已经过了 5 个月，这就叫信息过载。

资料来源：余世维. 有效沟通 [M]. 北京：机械工业出版社，2006：62.

2. 组织沟通的障碍

（1）组织结构因素。在管理中，合理的组织机构有利于信息沟通。但是，如果组织机构过于庞大，中间层次太多，那么，信息从最高决策传递到下属单位不仅容易产生信息的失真，而且还会浪费大量时间，影响信息的及时性。同时，自上而下的信息沟通，如果中间层次过多，同样也浪费时间，影响效率。

有的学者统计，如果一个信息在高层管理者那里的正确性是 100%，到了信息的接收

者手里可能只剩下20%的正确性。这是因为，在进行这种信息沟通时，各级主管部门都会花时间把接收到的信息自己甄别，一层一层地过滤，然后有可能将断章取义的信息上报。此外，在甄选过程中，还掺杂了大量的主观因素，尤其是当发送的信息涉及传递者本身时，往往会由于心理方面的原因，造成信息失真。这种情况也会使信息的提供者望而却步，不愿提供关键的信息。因此，如果组织机构臃肿，就会给沟通双方造成一定的心理压力，影响沟通的进行。

（2）技术因素。技术因素主要包括语言、非语言暗示、媒介的有效性和信息过滤。

大多数沟通的准确性依赖于沟通者赋予字和词的含义。语言仅仅是我们描述和表达个人观点的符号和标签，本身没有任何意思。每个人表述内容的方式常常是由他独特的经历、个人需要、社会背景等决定的。因此，语言和文字极少对发送者和接收者双方都具有相同的含义，更不用说许多不同的接收者。语言的不准确还不仅仅表现为对符号的不同理解，而且它能激发各种各样的感情，这些感情可能又会进一步歪曲信息的含义。

管理人员十分关心各种不同沟通工具的效率。一般来说，书面和口头沟通各有所长。书面沟通常常用于传递篇幅较长、内容详细的信息。其优点是，为读者提供适合自己的速度、用自己的方式阅读材料的机会，易于远距离传递，易于保存并在做决策时可提取信息，因为经过多人审阅所以比较准确。

口头沟通适合于需要翻译或精心编制才能使拥有不同观念和语言才能的人理解的信息。其优点是快速传递信息，并且希望立即得到反馈；可传递敏感的或秘密的信息；可传递不适用书面媒介的信息；适合于传递感情和非语言暗示的信息。

总之，选择何种沟通工具，在很大程度上取决于信息的种类和传播者的目的，还与外界环境和沟通双方特点有关。

【思考】某重要会议的开会通知，提前通过电话告知了每位会议参加者，可是在开会时，仍有不少人迟到甚至缺席。请分析，以下有关此项开会通知沟通效果的判断中，哪一种最有可能不正确？

A. 出现了沟通障碍，表现之一是所选择的信息沟通渠道严肃性不强

B. 这里与沟通障碍无关，只不过是特定的组织氛围使与会者养成了不良的习惯

C. 此项开会通知中存在信息接受者个体方面的沟通障碍

D. 通知者所发信息不准确或不完整可能是影响此次开会通知沟通效果的一个障碍因素

五、沟通的改善

1. 领导和管理者应重视沟通的作用

沟通对于现代社会中的组织，其重要性是不言而喻的。领导和管理者则是成功的员工沟通中的重要因素。尤其是高层管理者，必须从思想到行动上认识沟通的重要性，管理者的行动是至关重要的，自觉地花时间与员工交谈，解答他们的问题，了解他们的需要，并

传达公司的前景规划，这将为公司营造出良好的沟通环境。

2. 变单向沟通为双向沟通

实践表明，自上而下占主导地位的沟通方式效果是不佳的。成功的方式应使自上而下与自下而上的沟通达到平衡。

企业与员工的立场难免有不能共通之处，只有善用沟通的力量，及时调整双方利益，才能够使双方更好地发展，互为推动。在国内许多企业，沟通只是单向的，即只是领导向下传达命令，下属只是象征性地反馈意见，这样的沟通不仅无助于决策层的监督与管理，时间一长，必然挫伤员工的积极性及归属感。所以，单向的沟通必须变为双向的沟通。

企业应该有意激发自下而上的沟通，鼓励员工参与其中。

3. 等距离沟通

高质量的沟通应建立在平等的根基之上，如果沟通者之间无法做到等距离，尤其是主管层对下属员工不保持一视同仁的态度，其间所进行的沟通一定会产生相当多的副作用；获得上司宠爱者自是心花怒放，怨言渐少，但与此同时，其余的员工便产生对抗、猜疑和放弃沟通的消极情绪，沟通工作就会遭遇很大抵抗力。

管理者应该对员工一视同仁，在平时运用一些小技巧，比如亲笔写一封感谢便条，通过请员工喝茶、吃饭的方式和员工进行自由沟通。

4. 将沟通视为一个持续的过程

沟通应该是不间断的，在变革或面临危机的时候尤其如此。如果管理层始终致力于保持信息沟通的持续性，组织中的员工就会体谅偶然出现的失误或缺陷。由此看来，组织中良好沟通氛围的形成，在很大程度上有赖于沟通的持续性。

第二节　群体冲突

一、群体冲突的含义

1. 群体冲突的概念

在组织活动中存在各种不同类型、不同层次的交往：人际间、群体间乃至跨组织的，它们之间存在着相互依赖关系，这种关系既可能导致合作，也可能孕育着冲突。冲突的产生不仅会使个体体验到一种过分紧张的情绪，而且还会影响正常的群体活动与组织秩序，对管理产生影响。不过，值得一提的是，并非所有冲突都是坏事。在组织行为学中，冲突既包括群体内个人间的，也包括群体间的。

不同的学者对冲突有不同的定义。我们倾向于把冲突定义为一种对抗性交往的过程，这种过程始于一方感觉到另一方对自己关心的事情已经或将要产生消极影响。这个定义可以涵盖所有的冲突水平以及当相互作用变成相互冲突所出现的各种活动。它包括人们在组织中经历的各种各样的冲突，如目标不一致、对事实的解释有分歧、在行为期望方面有差异等。

所谓群体冲突是指在组织中个体与个体、个体与群体、群体与群体之间由于认识上的差异或者在目标、利益上的矛盾而产生的对立过程。在组织中，冲突的发生屡见不鲜。事实证明，冲突是一种客观存在的、不可避免的、正常的社会现象，是组织行为的一部分。

2. 冲突和竞争的关系

处在组织中的人们，由于相互间的交往，总要形成人与人以及群体与群体间的关系。因为这样或那样的原因，就常常会产生意见分歧、争论、冲突和对抗，使彼此间关系出现紧张状态，组织行为学把它们统称为"冲突"。实质上，冲突是指两个或两个以上的社会单元在目标上互不相容或互相排斥，从而产生心理上的或行为上的矛盾。冲突的产生不仅会使个体体验到一种过分紧张的情绪，而且还会影响正常的群体内个人与个人之间的关系，也包括群体与群体之间的关系。

冲突和竞争不同。冲突的对象是目标不同的另一方。而竞争的双方则具有同一个目标，不需要发生势不两立的争夺。

如果双方都能从他们的竞争结果中获益，那么竞争就不大可能变为冲突。例如，在工作单位里，如果符合标准就能晋升，没有名额限制，那么职员之间只有竞争而不会发生冲突。实质上，竞争和冲突的区别在于一方所采取的行动是否会影响另一方目标的实现。这种区别表明，要想防止竞争演化为冲突，有效的管理策略是消除共同介入的机会。

3. 冲突观念的演变

社会学家和管理学家对冲突的看法在变化。20 世纪 40 年代中期之前，大多数人认为冲突是有害无益的。冲突的存在被认为是管理不善的结果。根据这一传统的观点，应当避免冲突。

近年来，管理学家们改变了对冲突的看法。冲突被认为是任何组织都不可避免的，且往往是保证高绩效所必需的。当然不否认冲突有时是有害的，但更重要的是，有些冲突非常有益。这一现代观点认为，冲突可以促使寻求新的策略和方针，帮助克服停滞和自满情绪。所以，冲突应该加以适当地处理而不是消除。要想成功地处理冲突，首先要确认一个适宜的冲突水平，然后选择一个减少冲突的策略。当然，在冲突程度不够强烈的地方，管理者也可以有意识地引起冲突。例如，在那些需要有创造性和直率讨论（而不是群体意识）的场合，就需要挑起冲突。

冲突本身并无好坏之分，只有从绩效的角度，才能判别冲突的价值。图 8-5 表明，在任一情况下都有一个最佳冲突水平存在。冲突水平如果过高，可能导致混乱。相反，冲突水平过低，则导致创新意识的停滞和低绩效。

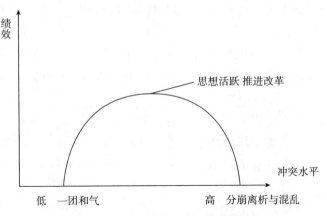

图 8-5　冲突水平与工作绩效的关系

　　为一个具体的情境确定最佳冲突水平不是一件容易的事，这需要了解有关的个体及其工作任务的性质。而且，如何减少或增加冲突水平也不容易。在这些方面，需要管理者有一定的创造性。

二、群体冲突的层次

1. 个人冲突

　　个人冲突是指个人自己对目标和认知存在的冲突。当个人考虑到其行为会带来项目矛盾的结果时，就会出现心理紧张、挫折、不安的感觉。

　　（1）双趋势冲突。双趋势冲突指个人具有两个同时并存为之吸引的目标，限于环境或事实的条件而无法兼得的情况下必须选择其中之一时所产生的冲突。这是一种"鱼我所欲也，熊掌亦我所欲也"式的冲突。要解决这样的矛盾，必须放弃一个目标，或者同时放弃两个目标而追求另一个折中的目标。

　　（2）双回避冲突。双回避冲突指个人具有两个同时并存并令人感到威胁或压力的目标时，虽然两者都想避免，但是在许多情况下，客观条件使人不能摆脱这种处境，因而陷入内心冲突的状态。

　　（3）趋势冲突。趋势冲突是指个人对单一目标具有爱恨交杂或好恶相间的矛盾心理而进退两难时所产生的冲突。例如，某个优秀的职业经理人，面临着是赴美国分公司发展或留在国内母公司的两难选择。到美国可以获得更高职位，但在国内也有不错的发展前途。

2. 人际冲突

　　两个或两个以上的人因态度、行为或目标的不同而引发的冲突称为人际冲突。在组织内部，员工与员工之间可能会因为工作或态度而引起冲突。

3. 组织冲突

在组织中，由于组织内各个成员对问题的认识不同，对组织目标、活动或程序的意见各异，从而出现组织内冲突。组织内部的冲突可细分为具体模式。

（1）纵向冲突。纵向冲突是指组织内上下级间所发生的冲突。如企业的董事长与总经理，总经理与中层管理者之间的冲突等。

（2）横向冲突。横向冲突是指平行部门或者单位之间的冲突。组织中的工作人员往往因为各自所执行的职能不同而表现出一定差异，如不同部门人员对时间的看法就不一样，不同部门中人际关系情况也不相同，所以，容易导致冲突。

（3）一线人员与职能部门之间的冲突。一线人员与职能部门之间的冲突是指一线经理一般负责组织的专门化业务，而职能部门则掌握着一线人员所使用的部分资源，并制定一线人员的工作方式。这种冲突通常是组织内极易发生的现象，其形成原因是职责划分不清、本位主义、立场不同或者角色差异等。

三、群体冲突的管理

对于破坏性冲突，应该设法降低冲突水平；同样，当建设性冲突水平低到不利于组织的成长和发展时，则应该设法提高冲突水平。

1. 设置超级目标

设置超级目标可以使对立的双方减弱冲突。这时，他们必须共同把精力集中到目标的实现，从而缓解互相之间的对立情绪。

📖 阅读材料

谢里夫（Sherif）做了一个实验。他召集 12 岁的男孩参加夏令营。开始，他把这些孩子分成相互独立的两个小组，彼此没有交往。这些男孩尽情玩耍并形成了群体规范。后来，谢里夫故意挑起争端，分别告诉两个小组，对方拥有特殊装备（如独木舟），所以有些活动只能对方参加。结果，两个小组互相不满起来。当冲突明朗化后，谢里夫又试图使他们和睦起来。开始，谢里夫分别向每组说对方的好话，但结果失败，因为对对方的成见使他们拒绝这些信息。谢里夫又让两组的孩子一起吃饭、看电影，但仍无效果，当两组孩子接近时互相的敌意立即就显露出来。谢里夫又让两组的领袖坐下来讲和，但也不奏效。因为领袖们不敢背叛自己的成员，以免被罢官。最后，谢里夫导演了一幕小品，给孩子们设置了更高水平的目标。谢里夫故意弄坏营地的食品运输车，使得双方孩子必须一起来推车才能把食品运回营地。由于需要一起克服困难，两个小组的孩子最终采取了友好和合作的行为。其中，孩子们为了使自己的群体获益，必须消除敌意，共同参与实现这些目标。在活动结束时，其中一组还有剩余资金，他们用来为两组买了点心，而不是自己享用。

资料来源：道客巴巴，http://www.doc88.com/p-451271998297.html。

2. 采取行政手段

（1）管理当局可以通过改变结构来减少冲突。例如，把爱闹事的人调到其他部门。这种方法简单，但也不是处处可用，因为有些人是骨干力量，不可或缺。

（2）设置综合领导。如果两个部门（如研发部门和生产部门）之间存在冲突，一个可供选择的方法是，让它们都接受同一个既懂研发又懂生产的高级经理领导，这个经理就起到了协调的作用。

（3）向上级申诉，由上级仲裁。申诉的一个主要缺点是败诉的一方未必轻易接受仲裁。所以要注意安抚败诉的一方，还要进一步使双方携手合作。

3. 合作策略

强调建设性地把冲突问题解决掉，目的在于最大可能地满足双方的愿望。双方表现出的行为兼有坚持与合作两种成分。基本态度是认为有冲突和矛盾是很自然的，对对方表现出信任与诚恳，鼓励人人畅所欲言，把态度与感情都和盘托出。采用此策略的目的在于学习、利用多方面来源提供的信息，找到一种综合性的解决问题的方案。

4. 回避策略

当冲突微不足道时，当冲突双方情绪极为激动而需要时间使他们恢复平静时，当付诸行动所带来的潜在破坏性会超过冲突解决后获得的利益时，这一策略十分有利。

5. 竞争策略

以牺牲对方利益为代价而满足自己的需要，在组织中这种方式通常被描述为管理者运用职权解决争端。当你需要对重大事件做出迅速的处理时，当你需要采取不同寻常的行动时，当对于你的处理方式其他人赞成与否无关紧要时，这种方式会取得很好的效果。

6. 调和策略

在解决冲突过程中，运用情感与安抚的方法，使一方做出某些让步满足另一方的要求。当发现自己确有不对之处、冲突的问题对对方比对己方更重要，在和谐与稳定特别重要、己方输了又想尽量减少损失或是想让己方的人从错误中吸取有益教训时，可采取此策略。

7. 妥协策略

这是在坚持与合作之间的一种中庸之道，双方共享对方的观点，既不偏于坚持也不偏于合作的极端。此方式不能使任何一方得到最大限度的满足。只有在目标虽然重要，但却未重要到需要寸步不让，双方势均力敌，或情况紧迫，有时间压力，要求速决时，才采取此策略。在劳资双方协商新的劳工合同时常常采用这种方法。

【综合练习题】

一、选择题

1. 在企业的经营活动中，营销部门经理同财务部门经理的沟通、销售代表同销售会计之间的沟通都属于（　　）。

A. 上行沟通

B. 平行（横向）沟通

C. 下行沟通

D. 非正式沟通

2. 根据沟通理论，属于正式沟通渠道的是（　　）。

A. 小道消息　　　　B. 社交场合　　　　C. 食堂的午餐　　　　D. 员工会议

3. 1941 年日本偷袭珍珠港，造成了美军的重大损失。在第二年的 4 月，当罗斯福总统在翻阅资料的时候意外发现了在日军偷袭珍珠港之前，中国情报局发给美军的情报，原来中国情报局早就侦察到日本偷袭珍珠港的消息，只不过美军错过了这一重要的情报，造成了珍珠港事件的重大损失。这一现象是由于哪种沟通障碍造成的？（　　）

A. 文化差异　　　　B. 过滤　　　　C. 信息过载　　　　D. 选择性知觉

4. "鱼我所欲也，熊掌亦我所欲也"体现了（　　）冲突。

A. 双回避冲突　　　　B. 趋避冲突　　　　C. 双趋势冲突　　　　D. 横向冲突

5. 贩毒组织中，各环节人员之间往往只一对一单线联系，这是在使用何种沟通网络？（　　）

A. 轮式　　　　B. 环式　　　　C. 链式　　　　D. 全通道式

6. 国台办发言人代表政府向新闻媒体发布信息：坚决反对美国对台售武，这种沟通是（　　）。

A. 正式沟通　　　　B. 非正式沟通　　　　C. 纵向沟通　　　　D. 内部沟通

7. 在正式沟通网络中，哪种沟通速度最快，效果最佳？（　　）

A. 全通道式　　　　B. Y 式　　　　C. 轮式　　　　D. 链式

二、案例分析题

案例分析 1：一次战略方案制定引起的风波

天讯公司是一家生产电子类产品的高科技民营企业。近几年，公司发展迅猛，然而，最近在公司内部出现了一些传闻。公司总经理邓强为了提高企业的竞争力，在以人为本、创新变革的战略思想指导下，制定了两个战略方案：一是引人换血计划，年底从企业外部引进一批高素质的专业人才和管理人才，给公司输入新鲜血液；二是内部人员大洗牌计划，年底通过绩效考核调整现有人员配置，内部选拔人才。

邓强向秘书小杨谈了自己的想法，让他行文并打印。中午在公司附近的餐厅吃饭时，小杨碰到了副总经理张建波，小杨对他低声说道："最新消息，公司内部人员将有一次大的变动，老员工可能要下岗，我们要有所准备啊。"这些话恰好又被财务处的会计小刘听到了。他又立即把这个消息告诉他的主管老王。老王听后，愤愤地说道："我真不敢相信公司会做这样的事情，换新人，辞旧人"。这个消息传来传去，两天后又传回邓强的耳朵里。公司上上下下的员工都处于十分紧张的状态，唯恐自己被裁，根本无心工作，有的甚至还写了匿名信和恐吓信对这样的裁员决策表示极大的不满。

邓强经过全面了解，终于弄清了事情的真相。为了澄清传闻，他通过各部门的负责人把两个方案的内容发布给全体职工。他把所有员工召集在一起来讨论这两个方案，员工们各抒己见，但一半以上的员工赞同第二个方案。最后邓强说："由于我的工作失误引起了大家的担心和恐慌，很抱歉，希望大家能原谅我。我制定这两个方案的目的就是想让大家来参与决策，来一起为公司的人才战略出谋划策，其实前几天大家所说的裁员之类的消息完全是无稽之谈。大家的决心就是我的信心，我相信公司今后会发展得更好。谢谢！关于此次方案的具体内容，欢迎大家向我提问。"

通过民主决议，该公司最终采取了第二个方案，由此，公司的人员配置率得到了大幅度的提高，公司的运作效率和经营效益也因此大幅度地增长。

资料来源：管理案例分析，百度文库。

【问题】

1. 案例中的沟通渠道或网络有哪些？请分别指出，并说出各自的特点。
2. 案例中邓强的一次战略方案的制定为什么会引起如此大的风波？
3. 如果你是邓强，从中应吸取什么样的经验和教训？

案例分析2：美国老板和希腊员工的对话

请阅读下面的一段对话：

美国老板：完成这份报告要多长时间？

希腊员工：我不知道完成这份报告需要多长时间。

美国老板：你是最有资格提出时间期限的人。

希腊员工：10天吧！

美国老板：你同意在15天内完成这份报告吗？

希腊员工：（没有做声，认为是命令）

15天过后

美国老板：你的报告呢？

希腊员工：明天完成（实际上需要30天才能完成）

美国老板：你可是同意今天完成报告的。

第二天，希腊员工提交了辞职书。

【问题】请从沟通的角度分析美国老板和希腊员工的对话，说明希腊员工提出辞职的原因并提出建议。

资料来源：豆丁网，http：//www.docin.com/p-544908817.html。

第九章
团队建设与管理

☞ **教学目标**

通过学习本章，掌握团队的类型及高绩效团队具备的特征，了解团队与群体的区别，创建团队的过程。

☞ **教学要求**

主要内容	知识要点	重点难点
团队概述	（1）团队的概念 （2）团队与群体的区别 （3）团队的类型与特征 （4）团队角色	（1）团队的类型与特征
高绩效团队建设	（1）高绩效团队应具备的特征 （2）创建工作团队的过程	（2）高绩效团队应具备的特征

导入事例

在非洲的草原上如果见到羚羊在奔逃，那一定是狮子来了；如果见到狮子在躲避，那就是象群发怒了；如果见到成百上千的狮子和大象集体逃命的壮大观景象，那是什么来了——蚂蚁军团！

这则寓言故事中就蕴藏着团队的力量和团队的价值所在。

第一节　团队概述

从 20 世纪 80 年代起，团队就已经成为经营管理方面的流行术语之一。目前，工作团队已经成为世界上许多著名公司的一种重要运作方式，有的公司甚至以团队方式来进行组织重构。研究表明，工作团队既有助于个体才能的发挥，又有助于组织运行效率的提高。由于团队具有比其他群体方式反应更灵活、快速的优点，因此，它更适应当今快速变动的环境。

一、团队的概念

团队是由为数不多具有不同背景、不同技能和不同知识层次的人员所组成的人群集合，他们有共同的目标或者任务、共同承担最终的结果和责任。

团队具有如下特征：

第一，团队成员一般为 3～20 人；

第二，团队成员有着共同的目标并共同承担责任；

第三，团队成员打破了部门的界限，能够快速地组合，促进了员工的互动，有利于员工的学习和成长；

第四，团队成员的知识技能是互补的。

二、团队与群体的区别

团队是一种特殊的群体，所有影响群体的因素都会影响团队。但是，并不是所有的群体都是团队，团队的绩效还受其他类型的群体所不具备的因素所影响。团队作为一种特殊类型的群体，与其他类型的群体相比，主要的区别在于：

1. 目标方面

群体的目标必须跟组织保持一致，但团队中除了这点之外，还可以产生自己的目标。

2. 领导方面

作为群体应该有明确的领导人，团队可能就不一样，尤其团队发展到成熟阶段，成员共享决策权。

3. 协作方面

协作性是群体和团队最根本的差异，群体的协作性可能是中等程度的，有时成员还有些消极，有些对立，但团队中是一种齐心协力的气氛。

4. 责任方面

群体的领导者要负很大责任，而团队中除了领导者要负责外，每一个团队的成员也要负责，甚至要一起相互作用，共同负责。

5. 技能方面

群体成员的技能可能是不同的，也可能是相同的，而团队成员的技能是相互补充的，把不同知识、技能和经验的人综合在一起，形成角色互补，从而达到整个团队的有效组合。

6. 结果方面

群体的绩效是每一个个体的绩效相加之和，团队的结果或绩效是由大家共同合作完成的产品。

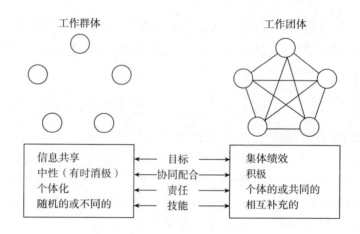

图 9-1   工作群体与工作团队的对比

三、团队的类型与特征

根据团队的存在目的，可以对它们进行分类。在组织中，有三种类型的团队比较常见：解决问题型团队、自我管理型团队和多功能型团队。

1. 解决问题型团队

20 世纪 80 年代，应用最广的一种解决问题型团队是质量圈。这种工作团队由职责范围部分重叠的员工及主管人员组成，人数一般在 8～10 人。他们定期相聚，来讨论他们面临的质量问题，调查问题的原因，提出解决问题的建议，并采取有效的行动。

在解决问题型团队里，成员就如何改进工作程序和工作方法互相交换看法或提供建议。但是，这些团队几乎没有权力根据这些建议单方面采取行动。

2. 自我管理型团队

自我管理型团队通常由 10～15 人组成，他们承担着以前自己的上司所承担的某些责任。一般来说，他们的责任范围包括控制工作节奏、决定工作任务的分配、安排工间休息。彻底的自我管理型团队甚至可以挑选自己的成员，并让成员相互进行绩效评估。这样，主管人员的重要性就下降了，甚至可以被取消。例如，通用电气公司机车发动机厂大约有 100 个这样的团队，他们负责进行工厂的大多数决策；有权安排检修工作；决定工作日程；常规性地控制设备采购，如果一个团队不打报告就花掉 200 万美元，工厂经理也不会大惊小怪。

目前，在美国，包括施乐、百事可乐、惠普等著名大公司在内，大约 1/5 的公司采用了自我管理型团队形式。自我管理型团队在许多著名公司里起到了明显节约成本、提高生产率和员工满意度的作用。

3. 多功能型团队

多功能型团队是由来自同一等级、不同工作领域的员工组成，他们来到一起的目的是完成一项任务，任务完成后又回到各自的部门。

多功能团队的兴盛是在 20 世纪 80 年代末。许多组织采用跨越横向部门界限的形式已有多年。例如，在 20 世纪 60 年代，IBM 公司为了开发卓有成效的 360 系统，组织了一个大型的任务攻坚队，攻坚队成员来自公司的多个部门。任务攻坚队其实就是一个临时性的多功能团队。

四、团队角色

国际组织从团队成员性格和能力的角度对团队角色进行了深入而卓有成效的研究，并将团队角色总结为八种类型，分别是：实干者、协调者、推进者、创新者、信息者、监督者、凝集者、完善者。

1. 实干者

实干者非常现实，传统甚至有点保守，他们崇尚努力，计划性强。喜欢用系统的方法解决问题；实干者有很好的自控力和纪律性。对团队忠诚度高，为团队整体利益着想而较少考虑个人利益。

典型特征：有责任感、高效率、守纪律，但比较保守。

作用：由于其可靠、高效率及处理具体工作的能力强，因此在团队中作用很大。实干者不会根据个人兴趣而是根据团队需要来完成工作。

2. 协调者

协调者能够引导一群不同技能和个性的人向着共同的目标努力。他们代表成熟、自信和信任，办事客观，不带个人偏见；除权威之外，更有一种个性的感召力。在团队中能很快发现各成员的优势，并在实现目标的过程中能妥善运用。

典型特征：冷静、自信、有控制力。

作用：擅长领导一个具有各种技能和个性特征的群体，善于协调各种错综复杂的关系，喜欢平心静气地解决问题。

3. 推进者

说干就干，办事效率高，自发性强，目的明确，有高度的工作热情和成就感；遇到困难时总能找到解决办法；推进者大都性格外向且干劲十足，喜欢挑战别人，好争端，而且一心想取胜，缺乏人际间的相互理解，是一个具有竞争意识的角色。

典型特征：挑战性、好交际、富有激情。

作用：是行动的发起者，敢于面对困难，并义无反顾地加速前进。敢于独自做决定而不介意别人的反对。推进者是确保团队快速行动的最有效成员。

4. 创新者

创新者拥有高度的创造力，思路开阔，观念新，富有想象力，是"点子型的人才"。他们爱出主意，其想法往往比较偏激和缺乏实际感。创新者不受条条框框约束，不拘小节，难守规则。

典型特征：有创造力，个人主义，非正统。

作用：提出新想法和开拓新思路，通常在项目刚刚启动或陷入困境时，创新者显得非常重要。优点是有天分，富于想象力，智慧，博学。缺点：好高骛远，不太关注工作细节和计划，与别人合作本可以得到更好的结果时，却喜欢过分强调自己的观点。

5. 信息者

信息者经常表现出高度热情，是一个反应敏捷、性格外向的人。他们的强项是与人交往，在交往的过程中获取信息。信息者对外界环境十分敏感，一般最早感受到变化。

典型特征：外向、热情、好奇、善于交际。

作用：有与人交往和发现新事物的能力，善于迎接挑战。

6. 监督者

监督者严肃、谨慎、理智、冷血质，不会过分热情，也不易情绪化。他们与群体保持一定的距离，在团队中不太受欢迎。监督者有很强的批判能力，善于综合思考，谨慎决策。

典型特征：冷静、不易激动、谨慎、精确判断。

作用：监督者善于分析和评价，善于权衡利弊来选择方案。

7. 凝聚者

团队中最积极的成员，他们善于与人打交道，善解人意，关心他人，处事灵活，很容易把自己同化到团队中。凝聚者对任何人都没有威胁，是团队中比较受欢迎的人。

典型特征：合作性强，性情温和，敏感。

作用：凝聚者善于调和各种人际关系，在冲突环境中其社交和理解能力会成为资本。凝聚者信奉"和为贵"，有他们在的时候，人们能协作得更好，团队士气更高。

8. 完美者

具有持之以恒的毅力，做事注重细节，力求完美，他们不大可能去做那些没有把握的事情，喜欢事必躬亲，不愿授权，他们无法忍受那些做事随随便便的人。

典型特征：埋头苦干，守秩序，尽职尽责，易焦虑。

作用：对于那些重要且要求高度准确性的任务，完美者起着不可估量的作用；在管理方面崇尚高标准严要求，注意准确性，关注细节，坚持不懈。

从以上的描述可知：实干者善于行动，团队中如果缺少实干者，则会太乱；协调者善于寻找到合适的人，团队中如果缺少协调者，就会领导力不强；推进者善于让想法立即变成行动，团队中如果缺少推进者，则工作效率将会不高；创新者善于出主意，团队中如果缺少创新者，则思维会受到局限；信息者善于发掘最新"情报"，团队中如果缺少信息者，则会比较封闭；监督者善于发现问题，团队中如果缺少监督者，则工作绩效不稳定甚至可能大起大落；凝聚者善于化解矛盾，团队中如果缺少凝聚者，则人际关系将会变得紧张；完美者强调细节，团队中如果缺少完美者，则工作会比较粗糙。

【讨论】《西游记》中，在唐僧、孙悟空、沙和尚、猪八戒西天取经的故事中，四个人分别扮演了什么角色？

第二节 高绩效团队建设

一、高绩效团队应具备的特征

团队虽然是一种行之有效的群体运作方式，但其形式本身并不会也不可能自动地保证高效率的运作，团队组建的成功并不等于高的群体绩效，也不必然带来产效率的提高。一个高效的团队需要具备多方面的特征，并要得到内外部的支持。否则，它也可能会让管理者失望。

1. 清晰的目标

高绩效的团队对所要达到的目标有清楚的了解，并有能力将一般性目标转化为具体的业绩目标，所以成员清楚地知道团队希望自己干什么，以及成员之间怎样相互协作。

2. 相关的技能

高绩效的团队是由一群有能力的成员组成的。他们具备实现理想目标所必需的技术和能力，而且相互之间有能够良好合作的个性品质，从而出色地完成任务。后者尤其重要，但却常常被人们忽视。有精湛技术能力的人并不一定就有处理群体内关系的高超技巧，高效团队的成员则往往兼而有之。

3. 相互的信任

成员间相互信任是有效团队的显著特征。组织文化和管理层的行为对形成相互信任的群体氛围很有影响。如果组织崇尚开放、诚实、协作的办事原则，它就比较容易形成信任的环境。

4. 一致的承诺

高绩效团队中的成员会对自己的团队有强烈的崇拜之情，表现出高度的忠诚度。为了能使群体获得成功，他们愿意去做任何事情。我们把这种忠诚和奉献称为一致的承诺。

对成功团队进行研究发现，团队成员对他们的群体具有认同感，他们把自己属于该群体的身份看作是自我的一个重要方面。因此，承诺一致的特征表现为对群体目标的奉献精神，愿意为实现这一目标而调动和发挥自己的最大潜能。

5. 良好的沟通

毋庸置疑，这是高效团队一个必不可少的特点。一个高绩效团队成员之间可以以快捷、清晰、便于理解的方式传递信息，交流体会和经验。此外，管理层与团队成员之间健康的信息反馈也是良好沟通的重要特征，它有助于管理者指导团队成员的行动，消除误解。良好的沟通和协调被认为是团队成熟的标志。

6. 谈判才能

高绩效团队做事十分灵活，总是在不断进行调整，要想对员工进行以个体为基础的工作设计，这就需要成员具备充分的谈判技能。由于团队中的问题和关系时常变换，成员必须要面对和能应付这种情况。

7. 恰当的领导

团队不一定需要强势的领导，领导在高绩效团队中扮演的是教练和后盾的角色，他们为团队提供支持和指导，而不是凌驾于团队之上，控制团队。有效的领导者能够让团队跟随自己共同度过最艰难的时期，因为他能为团队指明前途所在。他们向成员阐明变革的可能性，鼓舞团队成员的自信心，帮助他们更充分地了解自己的潜力。

8. 内部支持和外部支持

要成为高绩效团队的最后一个必需条件就是它的支持环境。从内部条件来看，团队应拥有一个合理的基础结构。这包括：适当的培训，一套易于理解的用以评估员工总体绩效的测量系统以及一个起支持作用的人力资源系统。恰当的基础结构应能支持并强化成员行为以取得高质量水平。从外部条件来看，管理层应给团队提供完成工作所必需的各种资源。

二、如何创建高绩效团队

1. 明确团队使命和目标

要想成为一个成功的团队，作为团队成员信念基础的团队使命与目标必须是清晰的。而且，还应该让团队的成员清晰地理解团队的使命与目标，这样才有利于建立共同的信念与承诺。

2. 选择合适的团队成员

一方面，要注意选择具备团队目标所需要技能的团队成员；另一方面，也要注意选择那些愿意参加团队工作的人加入团队。团队成员应该是多元化的，一方面，在技能上各有专长，形成互补；另一方面，在个性特点上具备团队中不同角色的特点。

要想有效地运作，一个团队需要三种不同技能类型的人：第一，需要具有技术专长的成员；第二，需要具有解决问题和决策技能的成员；第三，需要若干具有善于聆听、反馈、解决冲突及协调人际关系技能的成员。如果一个团队不具备以上三类成员，就不可能充分发挥其绩效潜能。

3. 确定合适的团队规模

最好的工作团队规模一般比较小。研究认为，如果团队成员多于12人，他们就很难顺利开展工作。他们在相互交流时会遇到许多障碍，也很难在讨论问题时达成一致。一般来说，如果团队成员很多，就难以形成凝聚力、忠诚感和相互信赖感，而这些却是高绩效团队所不可缺少的。所以，管理人员要塑造富有成效的团队，就应该把团队成员人数控制在12人之内。如果一个自然工作单位本身较大，而你又希望达到团队的效果，那么可以考虑把工作群体分化成几个小的工作团队。

4. 设定适当的绩效标准

有了团队的使命和目标，团队的工作还不具备可操作的控制标准，因此必须将团队的整体目标细化，形成适当的绩效标准。合理的绩效标准通常遵循 SMART 原则，即具体的（Specific）、可衡量的（Measurble）、可实现的（Attainable）、结果导向的（Resul - focused）和有时限的（Time - bound）。

5. 团队角色及其匹配

团队有不同的需求，挑选团队成员时，应该以员工的人格特点和个人偏好为基础。高绩效团队要求组织者能够给员工适当地分配不同的角色。例如，成功的球队需要具有多种

组织行为学（第三版）

技能的球员，并能在了解球员技能和爱好的基础上，把他们配置在最合适的位置上。

6. 建立共同愿景

共同愿景也是组织中人们所共同持有的意象或景象，它创造出众人是一体的感觉，并遍布到组织的全面活动中，使各种不同的活动融会起来。当人们真正共有愿景时，这个共同的愿望会紧紧将他们结合起来。个人愿景的力量源自一个人对愿景的深度关切，而共同愿景的力量是源自共同的关切。事实上，我们逐渐相信，人们寻求建立共同愿景的理由之一，就是他们内心渴望能够归属于一项重要的任务、事业或使命。

有效的团队需要具有一个大家共同追求的、有意义的愿景，它能够为团队成员指引方向、提供推动力，让团队成员愿意为它贡献力量。

例如，苹果电脑公司中设计开发麦金塔什计算机的团队成员，几乎都承诺要开发一种用户适用、方便可靠的机型，这种机型将给人们使用计算机的方式带来一场革命。通用汽车公司的土星公司的生产团队的推动力和凝聚力来自这样一种共同目的，即制造出一种美国汽车，在质量和价格上都能与最好的日本汽车进行成功的竞争。

成功团队的成员通常会用大量的时间和精力来讨论、修改和完善一个在集体层次上和个人层次上都被大家接受的愿景。这种共同目的一旦为团队所接受，就会像航海学知识对船长一样——在任何情况下，都能起到指引方向的作用。

7. 选择领导与团队结构

目标决定了团队最终要达成的结果。但高绩效团队还需要选择适当的领导和结构来提供方向和焦点。例如，确定一种大家认同的方式，就能保证团队在达到目标的手段方面团结一致。

8. 保持团队的开放和创新

一个良好的团队不是封闭的，它必须要不断接受新的信息和经验与团队周围的环境进行信息交流，它也必须不断产生新的观念和想法。

9. 培养相互信任

高绩效团队的一个特点是，团队成员之间相互高度信任。也就是说，团队成员彼此相信各自的正直、个性特点、工作能力。但是，从日常的人际关系中我们体会到，信任是脆弱的，它需要很长时间才能建立起来，却又很容易被破坏，破坏之后要恢复又很困难。因此，要维持一种信任关系就需要管理人员处处留意。

研究发现，正直程度和能力水平是判断一个人是否值得信赖的两个最关键的特征。一般人把正直看得很重，因为如果对别人的道德品质和基本的诚实缺乏把握，信任的基础就可能失去了；能力水平也被看得很重，原因是，团队成员为了顺利地完成各自的任务，需要与同伴进行相互作用。另外，管理人员和团队领导对于团队的信任气氛具有重大影响。因此，管理人员和团队领导之间首先要建立起信任关系，然后才是团队成员之间的相互信

·150·

任关系。

【综合练习题】

一、选择题

1. 由组织正式文件明文规定的、群体成员有固定的编制，有规定的权利和义务，有明确的职责和分工的群体属于（　　）。

　　A. 非正式群体　　　　B. 正式群体　　　　C. 小群体　　　　D. 参照群体

2. 在紧急情况下或与公司利益关系重大的问题上，冲突的处理方式是（　　）。

　　A. 强制　　　　　　　B. 开诚合作　　　　C. 妥协　　　　　D. 回避

3. 目标很重要，但不值得和对方闹翻或当对方权力与自己相当时，处理冲突的方式是（　　）。

　　A. 强制　　　　　　　B. 开诚合作　　　　C. 妥协　　　　　D. 回避

二、简答题

1. 简述群体的内涵、作用和凝聚力。

2. 群体的特征有哪些？

3. 简述群体形成的过程。

4. 为什么一些群体比另一些群体有效？

三、案例分析与探讨

（一）明娟和阿苏为何不说话了

明娟不再和阿苏说话了。自从明娟第一天到爱通公司上班，她就注意到了阿苏，阿苏总是表现得冷漠疏远。开始，她认为阿苏是憎恨她的工商管理硕士学位、她在公司的快速提升或者是她的雄心壮志。但是，明娟决心同办公室里的每一位同事都处好关系，因此她邀请他出去吃午饭，一有可能就表扬他的工作，甚至还同他的儿子保持联络。

但随着中西部地区营销主管的任命，所有这一切都结束了。明娟一直盯着这个职位，并认为自己有很大的可能得到这个职位。她与她同一级别的另三位管理人员竞争这个职位。阿苏不在竞争者之列，因为他没有研究生文凭，但是阿苏的意见被认为在高层有很大的影响力。明娟的资历比其他的竞争者要浅，但是她的部门现在已成为公司的核心部门，而且高层管理多次对她进行褒奖。她相信，若阿苏好好推荐她的话，她能得到这个职位。

但马德最后得到了提升去了陕西，明娟十分失望。她未能得到提升就够糟的了，使她无法忍受的是选中的竟然是马德。她和阿苏曾戏称马德为"讨厌先生"，因为他们都受不了马德的狂妄自大。明娟觉得马德的中选对自己来说是一个侮辱，这使她对自己的整个职业生涯进行了反思。当传言证实了她的猜测：阿苏对决策的做出产生了重大影响之后，她决定把她同阿苏的接触降低到最低限度。

办公室里的关系冷了下来，持续了一个多月，阿苏也很快就放弃了试图同明娟修复关系的行动，他们之间开始互不交流，仅用不署名的小便条进行交流。最后，他们的顶头上司威恩无法再忍受这种冷战气氛，把他们两人召集到一起开了一个会，"我们要待在这儿，直到你们重新成为朋友为止。"威恩说道，"至少我要知道你们究竟有什么别扭。"

明娟开始不承认，她否认她同阿苏之间的关系有任何变化。后来她看到威恩是严肃认真、誓不罢休的，只得说道："阿苏似乎更喜欢和马德打交道。"阿苏惊讶地张大了嘴，吭哧了半天，却什么也说不出来。

威恩告诉明娟："部分是由于阿苏的功劳，马德被安全地踢走了，而且以后你们谁也不用再想法对付他了。但如果你是对那个提升感到不满的话，你应该知道阿苏说了许多你的好话，并指出如果我们把你埋没到中西部去，这个部门会变得有多糟。加上分红的话，你的收入仍然与马德一样多。如果你在这儿的工作继续很出色的话，你就可以去负责一个比中西部地区好得多的地方。"

明娟感到十分尴尬，她抬头向阿苏看去，阿苏耸了耸肩，说道："你想不想来点咖啡"？在喝咖啡的时候，明娟向阿苏诉说了在过去这个月里她是怎么想的，并为自己的不公正态度向阿苏道歉。阿苏向明娟解释了她所认为的疏远冷漠实际上是某种敬畏：他看到她的优秀和效率，结果他非常小心翼翼，唯恐哪儿阻碍到她了。

第二天，办公室又恢复了正常。但是一项新的惯例建立起来了：明娟和阿苏在每天的十点钟一起去喝杯咖啡休息一下。他们的友好状态使在他们周围工作的同事们从高度紧张中松弛下来了。

资料来源：根据百度文库《组织行为学案例及答案》编辑整理。

根据以上案例所提供的资料，试分析以下问题：

1. 利用沟通理论和个性理论说说明娟和阿苏之间产生矛盾的原因是什么？

2. 利用相关群体行为理论说说威恩作为公司领导解决矛盾的方法是否可行？

（二）微软的团队精神

团队精神（Teamwork）是最能将微软的企业文化与微软强大的竞争力、创造力联系在一起的东西。因为微软是一个做技术的公司，技术又是靠人来实现的，实现一种好的技术，创造一种好的产品，都需要有一个好的团队。微软公司开发了难以计数的产品，管理着数量超过9000个的项目组，如何让所有团队都能团结在一起，都能创造出最好的产品，这里面的学问非常大，这也是微软做得特别成功、特别值得骄傲的一个方面。

1. 成败皆为团队共有

我曾经带领一个项目组很快完成了任务，就很得意，告诉老板我们做完了。老板就问，既然做完了，为什么不去帮助其他的项目组。我当时不理解，为什么他不夸我反而显得不大高兴，但我还是去帮别的项目组做事了。直到有一天，有人问我，现在在做什么，我说在做项目。他说，你们有很好的团队，但是做得很糟糕，你们的产品没有按时完成。我说我的项目组是按时做完了的。但他说，没人在乎你一个项目组是否做完了，所有人都是要看你们整个产品有没有完成。

无论成功与失败，一个团队的所有人都在一起。所以在微软，一个项目组做完事情都会去帮助其他人，这是一个习惯，这也是一种文化，感染着每个新进微软的员工。

2. 互教互学

刚进微软的时候，因为我不会问问题，差点被老板赶走。后来有问题我就问。有一次，碰到了一个问题，我就发了一个电子邮件给所有测试员，很快就有人给我指出了解决问题的方法。但是，此后还不断有回复的邮件，提出更简单的解决方法，并且认真解释原理。最后，一共有50多封邮件在讨论这个问题。我没有想到，大家都是公司内部的竞争者，却对我那么好，我想问为什么，但在微软却不需要答案，因为大家都认为这是应该的、自然的。

在微软如果谁有不懂的问题，大家都很热情地帮助他，就算不知道也会帮忙查资料或者介绍其他专家。在这种环境里，我们就会觉得自己很渺小，其他人都敞开胸怀，我们当然也会深受感染。我发现帮助别人的感觉很好，而且在教别人的时候我也能学到很多东西。因为自己不一定真的懂很多，如果别人问到我不会的问题，自己也会去钻研，这样就又学会了很多东西。教了别人以后，如果别人比自己干得好也不会嫉妒或者表功，只会真诚地赞扬和祝贺。

3. 互相奉献和支持

有一次，我的小组要开发一个用于测试的工具，有人推荐说，在 Windows 的一个组有一个类似的工具，可以直接用，不用花那么多的精力去做。我一问对方，对方马上表示让我去看看，为我们详细讲解，并且愿意根据我们的要求帮我们修改一下。我知道他们的任务很紧，但他们没有只顾自己完成任务，而是无私地帮助我们。微软人从公司全局考虑问题，愿意帮助公司减少花费，节省时间。

微软亚洲研究院刚建立的时候，由于工作需要，新招了三位年轻的博士做语音识别。要想从头开始做中文的语音识别，还要超过别的公司已有的产品做到最好，怎么办？当时李开复博士提议去找总部的英文语音识别组问问，他们就去问美国那边的专家。那边一听，马上就把所有源码送过来，还表示有问题可以随时问。因为源码太长不好读，我们这边的博士就说能不能直接问几个问题？那边马上说，没问题，我们可以约个时间。随后，那边的专家就打来电话一点一点地讲，讲完以后，美国那边已经半夜了。这对我们的帮助很大，三个月后，研究院就做出了领先的中文语音识别技术。这就是大家互相奉献的结果。否则，三位刚毕业的年轻博士不可能在短短的三个月就能做出这么好的技术。

4. 遇到困难，互相鼓励，及时沟通，用团队智慧来解决问题

在工作中遇到困难是难免的，关键是遇到困难后的态度。我以前在一个小组，我跟另一个小组的负责人产生了矛盾，我认为按规定，某件事应该是他们的工作，但他却觉得是我们的工作，他还说我们"不要偷懒"。我很生气，跟他说你要让我们做没问题，但是不能说我的小组偷懒。我让他向我的小组成员道歉，他不愿意。于是，我就找来经理，解释我要这样做的原因，那个小组负责人觉得我的话有道理，就向我们所有人道歉。用这种沟通的方式，我们就把问题解决了。

在有困难的时候，比如，有一次我们开发的一个产品被取消了，大家很丧气，但是老板说我们做了一个非常好的尝试，表面上看是失败了，但是从中我们知道做产品不光要考虑技术，还要考虑市场，这就是一个很好的经验，这样对大家进行鼓励。类似的鼓励常常能起到鼓舞士气的作用。

在微软亚洲研究院建立不久，一个研究员不想干了。问他为什么，他说，我的老板给我"穿小鞋"。我问他，有没有把这件事告诉过他的老板。他说，没有，告诉也没用，因为他能想象出老板的回答。我认为他还是应该与他的老板谈谈，就鼓励他说，反正你走都不怕，告诉他又何妨？你直接告诉他你的感受，如果他真像你想象的那样回答，我再帮你沟通。他听了我的建议就去找他的老板了。

第二天，他没来找我，而是发了一封电子邮件给我说，谢谢你的指点，我跟老板直接谈了，出乎意料，老板没有像想象中那样回答我，反而真诚地道歉，说以前的方式太直接，没有考虑我的感受，认为我说的的确很有道理，以前没有听清楚，老板还说，要多向我请教，与我配合。这个研究员现在很高兴，工作得很愉快。上面的案例说明，在微软沟通是很重要的。工作中，人与人总是会有矛盾的，关键是怎么解决矛盾。

5. 承认并感谢队友的工作和帮助

一个人再能干，不承认并感谢队友的工作和帮助，谁还能跟你合作呢？承认并感激队友的工作和帮助时，并没有降低自己的个人能力或丢自己的面子。相反，你的人格魅力会因此而上升，大家就会觉得你真的很了不起，我现在最不能理解的就是两人合作创造一件作品，最初两人好好地合作，后来互相打官司，都说自己是创作者，难道一个人创作就比两个人创作了不起吗？我不这么认为。我个人觉得，好东西为什么不能让大家分享呢？

6. 甘当配角

一个人的一生中，不管怎么样，大部分时间都是在当配角，人的天然角色就是配角。虽说不想当将军的士兵不是好士兵，但是当将军以前也是要先当士兵的。而且，当将军也不是靠自己个人的幻想爬上去的，要当好士兵并得到大家的一致认可。所以说，主角是通过努力赢得的，配角则是天然的选择。在一个团队中，做一切事情都是为了把事情做好，

对整件事情来说，我们都是配角，有些人可能被选为主角，但是大多数人的自然角色都是配角。比如打篮球，要赢得一场比赛，每个人都要当主角是不可能的。再比如洛杉矶湖人队，在主教练杰克逊上任以前，一直没有得过冠军，因为他们每个人都很傲，谁都不愿意当配角，当杰克逊教练去了以后，让队员们明白了自己的角色，他们变得互相配合、互相支持，包括所有的大牌球星都在互相配合，正因为如此，他们才能连续三年拿冠军。

7. 欣赏队友的工作

在微软，谁做完一件工作，大家就会对谁很推崇。学会欣赏队友的工作，这也能促进大家更好地合作，激发大家的工作热情。相反，如果老是挑别人的刺，那么工作就没办法开展了。

我刚回国的时候，跟一些学生一起工作。我发现，在做事的时候，他们大部分时间都是在互相挑刺。我很失望，我们为什么不能欣赏别人呢？有个学生主动要求印刷所有的宣传稿，一个人承担所有任务，印了一万多份。我看了很喜欢，觉得他很了不起，一个人能做那么多事。但是旁边的人就因为发现里面有印错的字，就认为他做得不好。当时，我就告诉了他们我的想法：第一，我真的觉得他很了不起，一个人做了这么多事；第二，如果有时间，下次我一定帮他检查一下，希望他不再犯类似的错误。

8. 我不同意你，但我支持你

有时候老板不同意我的观点，但是支持我的决定，只要这件事属于我的职责范围。比如，我的小组招聘，老板有时候不同意我选的人，但是只要我负责招聘，就由我做决定。在微软招聘，不是人事部做决定，而是用人部门的经理做决定。我的老板也会尊重我的决定，他轻易不会否决我的决定。比如，我在做测试的时候，雇用了一名家庭妇女，老板就不同意，但是他尊重我的意见，因为我是对此事负责的经理。虽然意见不统一，但当我告诉他我要这么决定时，他往往也同意。虽然我的决定不一定比他们的好，但他们还是让我做决定。因为在做决定的过程中能学到很多东西。人总是会犯一些错误，但是认识到错误以后就不会再犯，在这个过程中自己就会有质的提高，这样才能培养出一批人才来。

微软的领导对部下总是信任和支持的，我对这一点的感觉非常深刻。我在微软总部的时候，我的小组总是由我做决定。最初我不习惯，遇事还要请示领导，但是老板告诉我，这是你的小组，你就要把它带出来，你就要自己做决定，否则要你干什么。因此，在这样的氛围里，就算做错了也不会太介意，关键是要敢做事，错一点不重要，只要下次做得好。但是不做事，就必须离开，因为微软不需要不做事的人。

【问题】

1. 微软的团队管理有哪些特点？

2. 如何解决团队中发生的冲突？

3. 结合微软的实例，谈谈如何塑造一个高绩效的团队。

第十章
领导行为与管理

教学目标

通过学习本章，掌握领导的含义、特点及领导影响力的来源，理解和掌握领导行为理论和领导权变理论，了解领导理论研究的最新观点。

教学要求

主要内容	知识要点	重点难点
领导及领导者的影响力	（1）领导的概念 （2）领导的特点 （3）领导者的影响力	领导者的影响力
领导行为理论	（1）四分图模型 （2）领导方格模型 （3）勒温的领导作风理论	（1）四分图模型 （2）领导方格模型
领导权变理论	（1）费德勒领导权变理论 （2）通路—目标模式 （3）领导生命周期理论	（1）费德勒领导权变理论 （2）通路—目标模式 （3）领导生命周期理论
领导理论研究的最新观点	（1）超凡领导理论 （2）领导交易理论 （3）领导变革理论 （4）三维领导理论 （5）自我领导理论	（1）三维领导理论 （2）自我领导理论

导入事例

子贱放权

孔子的学生子贱有一次奉命担任某地方的官吏。当他到任以后，却时常弹琴自娱，不管政事，可是他所管辖的地方却治理得井井有条，民兴业旺。这使那位卸任的官吏百思不得其解，因为他每天即使起早摸黑，从早忙到晚，也没有把地方治好。于是他请教子贱："为什么你能治理得这么好？"子贱回答说："你只靠自己的力量去进行，所以十分辛苦，而我却是借助别人的力量来完成任务。"

上述事例说明：一个聪明的领导人，应该是子贱这样，正确地利用部属的力量，发挥团队协作精神，不仅能使团队很快成熟起来，同时，也能减轻管理者的负担。而现代企业中的领导人，喜欢把一切事务揽在身上，事必躬亲，管这管那，从来不放心把一件事交给手下人去做，这样，使得他整天忙忙碌碌，还会被公司的大小事务搞得焦头烂额。在公司的管理方面，要相信少就是多的道理：你抓得少些，反而收获就多了。管理者，要管头管脚（指人和资源），但不能从头管到脚。

资料来源：子贱放权［J］. 理财，2008（7）.

第一节 领导及领导者的影响力

一、领导的概念

对于什么是领导，管理学家和心理学家一直存在着不同的看法。到目前为止，没有一个明确统一的定义，下面是其中几种有代表性的观点：

（1）领导是影响人们自动为实现团体目标而努力的一种行为。

（2）领导是人们促使其部属充满信心、满怀热情来完成他们的任务的艺术。

（3）领导是对组织内群体或个人施加影响的活动过程。

（4）领导是一种说服他人实现一定目标的能力。

（5）领导是关于影响别人来完成某项目标所发生的两个人或更多人之间的相互关系的过程。

由此可见，虽然各个学者对"领导"这一概念的具体表述的侧重点不同，如认为领导是一种"行为"，领导是一种"艺术"，领导是一种"活动过程"，领导是一种"能力"，但各种定义中存在着共同之处，即领导是指引和影响个人、群体或组织在一定条件下实现目标的行动过程。由此我们可以知道：

1. "领导"与"领导者"是两个不同的概念

领导是一种行为过程，致力于实现这个行动过程的人叫领导者，接受指引和影响的人就是被领导者。就是说，领导就是领导者通过自己的活动对被领导者施加影响，从而实现某种目标的过程。一个组织可以指定一个领导者或选出一个领导集体，但都不能指定或选出某种领导行为。因此，对领导行为的培养就显得非常重要了。

2. "领导"与"管理"是两个不同的概念

一般来说，领导偏重于决策和用人，而管理侧重于执行决策，组织力量完成组织目标。从范围上来看，管理的范围小于领导的范围。

领导过程影响他人实现的目标，既可能是组织目标，也可能是小群体目标和个人目标。管理过程则不同，管理是一种特殊的领导，它专指实现组织目标的过程。由此可见，凡是指引和影响他人为达成个人和小群体目标的行为过程只能属于领导过程。

从管理者与领导者的范围来看，管理者的范围大于领导者的范围。在社会组织中只有法定的个人称为领导者，而管理者则不仅包括领导者，而且还包括一切从事管理工作的职能人员，如会计员、统计员、政工、劳资人员等。因此管理者的外延要比领导者的外延大得多。但是在实现工作中，领导者和管理者又是互相交叉的，比如工厂的厂长。

【思考】在一个组织中只有管理者，没有领导者，下属会怎样？只有领导者，没有管理者，下属又会怎样？同一层面有多个领导者又会怎样？

二、领导的特点

领导作为动态的过程，它有以下基本特点：

1. 领导体现了人与人之间的关系

从本质上来说，领导实际上是一种人与人之间的关系。领导者的一切行为都是在不断地协调领导与被领导，控制与被控制、指挥与被指挥的各种关系，激发全体员工的积极性和创造性，使人力资源得到充分发挥，以实现组织的目标。

2. 领导是一种特殊的"投入"与"产出"

领导是引导和影响他人或群体去实现目标的过程。领导实质上是一种"投入"，而它的"产出"却表现为他人的行为（包括领导者所领导的组织的行为）。因此，领导效率的高低和领导工作的成功与否，并不反映在领导行为的本身，而主要应该从领导的行为效率来评定。尽管影响被领导者的行为效率的因素很多，诸如工作的动机、热情、工作能力、工作条件、福利待遇等，但这些因素都与领导者的行为有关。作为一个领导者，不管他自己是否意识到，实际上他们的行为无时无刻不在影响被领导者的行为。这就是说，"投入"变化，"产出"相应地也会变化。

3. 领导是领导者、被领导者及环境的函数

领导者的行为不仅在于改变环境，还要适应环境的要求。对于被领导者来说，领导者的行为则是环境因素的重要组成部分。因此，领导这一动态过程实际上是由领导者、被领导者及他们所处的环境三个因素所决定的复合函数，这个关系用公式表示为：

领导 = f（领导者，被领导者，环境）

影响领导者这个函数的变量，既包括领导者、被领导者、环境三个因素，也包括各因素之间的内在联系。也就是说，领导的有效性既取决于领导人的素质和领导艺术，也取决于被领导者的素质和接受领导的程度，同时还取决于领导与环境条件相互制约的状况。

4. 领导作用的"互惠效应"

在现实的领导工作中，一位领导者总会因其职位或人品对其下属产生影响。一般人们容易注意到领导者对下属的领导，而往往忽视下属对领导者的影响，实际上影响是相互的，领导者在影响下属的同时，也必然受下属某方面的影响。这就是领导作用的"互惠"效应。比如，一个厂长如果客观地评价一个员工，除了被评价的员工，还会引起其他员工对厂长的良好反应。反之，如果评价不当，不仅会引起当事者的不满，还会激起其他职工的不满情绪。因此，领导者的正确行为引起下属的积极反应，错误行为引起下属的消极反应，可谓影响的分割和共享。实践证明，在有效的组织里，领导者和下属都会感到自己有较大的影响力。而领导者和下属在组织里的总体影响越大，整个组织的工作效率就越高。

三、领导的影响力

组织行为学认为，要实现有效的领导，关键是领导者在被领导者心目中有崇高的威望，而威望的高低则取决于领导者自身具备的影响力的大小。

所谓影响力，就是一个人在与他人交往过程中，影响和改变他人心理的能力。影响力，人皆有之，但是由于交往的双方各自的知识、经验、能力、地位、权力等特点与条件不同，交往的环境不同，影响力所起的作用是大小不相同的。人们的影响力大小是一个人相对比较量。领导者在与他人交往中的影响力的大小，是由许多因素决定的，如地位、权力、知识、能力、品格和资历等。作为一个有效的领导者，他必须对权力和影响力有正确的认识。

1. 领导者影响力的分类

领导者的影响力包括两类：权力性影响力和非权力性影响力。这是两种产生于不同基础、发挥不同作用的影响力。

表 10 – 1　领导者的影响力

影响力	含义	影响力类型	内容和影响方式
法定权	领导掌握支配下属的职位和责任的权力，期望下属服从法规的要求	职位性影响力	任命、罢免等权力，具有明确的垂直隶属关系
强制权	领导随时可以为难下属，下属不能惹他生气	职位性影响力	对不服从要求或命令的人进行惩罚，使之惧怕，负强化

影响力	含义	影响力类型	内容和影响方式
奖惩权	领导能给下属以特殊的利益或奖赏，下属知道与他关系密切有好处	职位性影响力	对合理期望者分配给有价值资源，正强化
专家权	领导的知识和经验使下属尊重他，服从他的判断	非职位性影响力	专业知识在决策、运营等方面的影响
感召权	下属喜欢、拥戴领导，并乐意为他做事	非职位性影响力	人格魅力和社交技能，示范和模仿为主要影响方式

（1）权力性影响力也叫强制性影响。权力性影响力是由于社会赋予个人的职务、地位、权力等所构成的影响力。这种影响力的基础，一是"法定的"地位，正式组织中的上级主管部门赋予某个个人以一定的职务和权力，带有法定的性质，使被领导者认为领导者有合法权力指挥、支配人们的工作行为，自己必须听命、服从；二是其"强制权"，领导随时可以为难下属，对不服从要求或命令的人进行惩罚，使之惧怕，负强化；三是其"奖赏权"，领导能给下属以特殊的利益或奖赏，下属知道与他关系密切有好处，对合理期望者分配给有价值资源，正强化。

权力性影响力的基础决定了其影响力的特点与作用，即对别人的影响带有强制性和不可抗拒性，是以外推力的形式发挥作用，这种由于职务、权力、地位而产生的影响力，完全是外界赋予的，不是由于领导者本身的素质及现实行为所形成的，因而在权力影响力作用下被影响者的心理与行为一般表现为被动服从。它对人的激励作用是十分有限的。如果领导者只是一味地以权力压服下属，还会带来下属的不满和反抗情绪的增加。

（2）非权力性影响力也叫自然性影响力。非权力性影响力与权力性影响力是相对的，它与法定的权力无关，而是由于个人自身的品德、才能、学识、专长等因素而对他人形成的影响力。

由领导者个人自身因素而产生的影响力不是给人的行为改变以外推力的作用，而是对人们心理的自然感召，使其自愿改变行为。因此，非权力性影响力的特点是自然性，在这种影响力的作用下，人们的心理和行为多表现为自觉自愿、积极主动。同时，在具体活动中，它比权力性影响力具有更大的影响，并起着权力性影响力所起不到的作用。

2. 领导影响力的构成

（1）权力性影响力。构成权力性影响力的要素主要包括传统因素、职位因素和资历因素三个方面。

其一，传统因素。传统因素是指人们对领导者的一种传统观念。自古以来，人们形成了一种观念，认为领导者总是不同于一般人，认为领导者有权、有才干，比普通人强，从而产生了对领导者的服从感，这就给领导者的言行增加了影响力。这种传统观念所产生的影响力普遍存在，只要你成为了领导者，这种力量就自然而来。这是一种观念性因素。

其二，职位因素。职位因素是指个人在组织中的职务和地位。具有领导职务的人，社会赋予他法定的权力，而权力使领导者具有强制下级的力量，凭借权力可以左右被领导者的行为、处境、前途以致命运，使被领导者产生敬畏感。领导者的职位越高，权力越大，别人对他的敬畏感也就越强烈。职位因素造成的影响力，是以法定为基础的，与领导者本人的素质条件没有直接关系。它是一种社会性因素。

其三，资历因素。资历是指领导者的资格和经历。领导者的资格和经历对被领导者产生的心理影响叫资历因素影响。领导者的资历越深，影响越大，它是一种历史性因素。

显而易见，由传统因素、职务因素、资历因素所构成的影响力，都不是领导者的现实行为造成的，而是外界赋予的。它对下级的影响带有强制性和不可抗拒性。这种权力来自领导者所担当的职务，他有了这个职务，就有了这个职务法定的权力，下属不能随便不接受他的领导。因此，这种权力是一种位置权力或地位权力，它取决于个人在组织中的地位。这种影响力对被领导者的作用主要表现为被动服从。它的核心是权力。它对人的心理和行为的激励作用是有限的。

（2）非权力性影响力。非权力性影响力既没有正式的规定，也没有组织授予的形式，它是一种自然性影响力，是靠领导者自身的威信和以身作则的行为来影响他人的。非权力性影响力产生的基础比权力性影响力产生的基础广泛得多。构成非权力性影响力的因素主要包括品格因素、能力因素、知识因素和情感因素四个方面。

其一，品格因素。品格因素是指领导者的品行、人格、作风等对人的影响。领导者如果品格高尚、完美，就会使群众产生敬爱感，并使人们模仿与认同。不论职位有多高，如果领导者品格不好，他就会威信扫地，失去影响力。

其二，能力因素。能力因素是指领导者的领导能力与才干对人的影响。有才能的领导者会给企业带来成功，使人产生敬佩感，他的能力越强，使人产生的敬佩感越强。

其三，知识因素。知识因素是指领导者的博学多才对下属产生的影响。领导者广博的知识，会使人产生信赖感，从而增强其影响力。

其四，情感因素。情感因素是指领导者对人的真挚情感。他的平易近人、关心帮助会使人们产生亲切感，会增强其自身的吸引力。因此，搞好情感投资，领导者的影响力就会增强。这种因素是一种精神因素。

一般来讲，任何领导都同时具有两种影响力，但对于不同的人来说，两种影响力的大小却是各不相同的。对于权力性影响力相同的两个领导者来说，其威信的高低，主要取决于非权力性影响力。因此，要提高领导者的影响力与威信，一方面要和职权相称；另一方面要加强领导者的自身修养，全面提高个人素质，并且应使用两种影响力互相促进、彼此呼应。一个能够将两种影响力综合运用的领导者，才是具有领导艺术魅力的人。

【思考】张先生受命前往一家亏损的企业担任厂长。到任之后，他待人热情，早上早早地站在工厂门口迎候大家，如果有的员工迟到，他并不是批评和指责，而是询问原因，主动帮助员工解决实际困难。一周下来，大家看到厂长每天都提前到厂，而且又待人热情，原来习惯迟到的员工也不迟到了。

请问：是什么权力使张厂长产生了如此大的影响力？

A. 专长权　　　　　B. 感召权　　　　　C. 法定权　　　　　D. B 和 C

第二节　领导行为理论

一、四分图模型

1945 年美国俄亥俄州立大学工商企业研究所在斯托格蒂尔和沙特尔两位教授领导下研究设计了领导行为四分图。他们开展了一项广泛的关于领导问题的调查，列举了 1000 多种领导行为的特征，通过逐步概括，最后归纳为"抓组织"和"关心人"两大类。"抓组织"是以工作为中心，主要包括组织机构的设置、明确职责和相互关系、确定工作目标、设立意见交流渠道和工作程序等。"关心人"是以人际关系为中心，主要包括建立互相信任的气氛、尊重下属意见、注意下属的感情和问题等。

按照"抓组织"和"关心人"的不同内容，他们设计了"领导行为描述答卷"，每项内容都列举了 15 个问题，发给一些领导者进行调查。根据调查结果，发现两类领导行为在同一领导者身上有时一致，有时不一致。因此，他们认为领导行为是两类行为的具体结合。领导的行为可以用二维空间的四分图来表示，分别以"抓组织"和"关心人"为坐标，直观地显示出二元行为组合四类基本的领导行为，如图 10 - 1 所示。

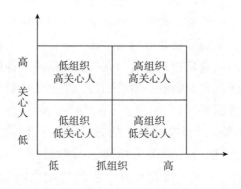

图 10 - 1　领导四分图理论

这个四分图是从两个角度考察领导行为的首次尝试，为进行领导行为的研究指出了一个新的途径。四分图把领导行为分为四种基本情况：①高组织高关心人的领导行为，对人和工作都十分关心；②高组织低关心人的领导行为，最关心的是工作任务；③低组织低关心人的领导行为，既不关心工作又不关心人；④低组织高关心人的领导行为，重视与下属相互信任、互相尊重的气氛，关心部署的合作。

研究者认为，在这四种领导行为中，第一种效果最好。对于这种四分图，理论界认为，它揭示了领导行为的二元结构，并以此将复杂的领导行为划分为四种基本类型，有很高的理论价值。关于"双高型"是最佳领导行为的结论，很多人认为不能一概而论，要根据具体情况而定。

二、领导方格模型

为了探讨四分图理论在实践中如何应用，美国得克萨斯州立大学心理学教授布莱克和莫顿于1964年提出了"领导方格模型"。这是一张九等分的方格图，横坐标表示领导者对生产的关心程度，纵坐标表示领导者对人的关心程度，在坐标图上由1~9划分为9个格，作为标尺。整个方格共有81个小方格。每个小方格表示"关心生产"和"关心人"这两个基本因素相结合的领导方式，如图10-2所示。

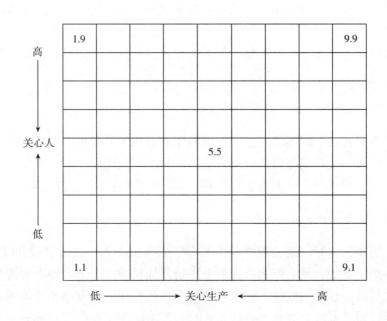

图 10 - 2 管理方格论

领导方格可以作为评价各种不同类型的领导行为手段。在评价时，可以根据领导者对职工和对生产的关心程度，在图上寻找交叉点，这个交叉点就代表该领导者的领导行为类型。例如，如果一个领导者关心人程度为9，而关心生产程度很低，只有1，那么他就是（1.9）型领导者；如果一个领导者关心生产程度为9，而关心人的程度很低，仅为1，那么他就是（9.1）型领导者。

布莱克和莫顿在81个方格中，列出了5种典型的领导方式，并对每种领导行为的特征进行了描述。

1. （1.1）型领导——贫乏型的领导

也叫虚弱型领导。这种领导者对生产任务的关心和对人的关心都做得很差，他只以最小的努力来完成必须做的工作。这种管理容易导致管理者和整个公司的失败。因此，一般这种情况很少出现。

2. （9.1）型领导——任务型领导

这种领导高度关心生产和效率，而不关心人。因为不注重人的因素，员工都成了机器。在这种独裁式的领导下，下属只能奉命行事，一切都受到上级的监督和控制，使员工失去进取精神，不肯用创造性的方法去解决问题。

3. （5.5）型领导——中间型领导

这种领导者对人关心程度和对生产的关心度比较平衡，既不过分偏重人的因素，也不过分偏重生产。但是，碰到真正的问题，总想得过且过，公司只图维持一般的工作效率与士气，安于现状，不能使下属发扬创造革新的精神。从长远的观点看，这种领导会使企业逐渐落伍。

4. （1.9）型领导——俱乐部型领导

这类领导者只关心人而不关心生产。这种领导者认为只要组织内部充满轻松友好的气氛，职工精神愉快，生产成绩自然会高；认为不管生产成绩好不好，都要首先重视职工的态度和情绪，万一和谐的人际关系受到影响，生产效率就会随之降低。

5. （9.9）型领导——团队型领导

又叫战斗集体型领导，这类领导者既关心生产又关心人，通过协调和综合各种活动，促进工作和生产的发展，使大家和谐相处并发扬集体精神，员工们能运用智慧和创造力进行工作，关系和谐，任务完成好。在这种情况下，员工在工作方面相互依赖，共同努力去实现组织目标；领导者诚心诚意关心员工，努力使员工在实现组织目标的同时满足个人的需要。

对以上五种类型的领导行为，多数研究者认为（9.9）型最好，其次是（5.5）型。领导方格图对改进管理方法和管理作风、提高管理水平和工作效率有着重大的作用。

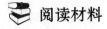 阅读材料

团队型领导——哈里逊公司的绝处逢生

1933 年，正当经济危机在美国蔓延的时候，哈里逊纺织公司因一场大火化为灰烬。3000 名员工悲观地回到家里，等待着董事长宣布破产和失业风暴的来临。在漫长而无望

的等待中，他们终于接到了董事会的第一封信：向全公司员工继续支薪一个月。

在全国上下一片萧条的时候，能有这样的消息传来，员工们深感意外。他们惊喜万分，纷纷打电话或发短信向董事长亚伦·傅斯表示感谢。

一个月后，正当他们为下个月的生活发愁时，他们又接到公司的第二封信，董事长宣布，再支付全体员工一个月薪酬。3000 名员工接到信后，不再是意外和惊喜，而是热泪盈眶。在失业席卷全国、人人生计均无着落的时候，能得到如此照顾，谁不会感激万分呢？

第二天，他们纷纷拥向公司，自发地清理废墟、擦洗机器，还有一些人主动去南方一些州联络被中断的货源。3 个月后，哈里逊公司重新运转了起来。

当时的《基督教科学箴言报》是这样描述这一奇迹的：员工们使出浑身解数，日夜不懈地卖力工作，恨不得一天干 25 小时，曾劝董事长傅斯领取保险公司赔款一走了之和批评他感情用事、缺乏商业精神的人开始服输。

现在，哈里逊公司已成为美国最大的纺织品公司，分公司遍布五大洲 60 多个国家。

这个故事告诉了我们很多的道理。在遇到这样的困境时，要是换成了我们，会怎么做呢？拿到赔款，一走了之？还是从此一蹶不振？还是如文中的公司董事长？他失去了一个纺织厂，后来又得到了一个纺织厂和一群忠心耿耿的员工。后者才是最宝贵的财富。看看今天这个公司的成就，相信我们都明白了自己该怎么做。

资料来源：大火烧出的核心竞争力［N/OL］. 中山日报 . http://www.zsnews.cn/Backup/2008/11/07/969357s.html.

三、勒温的领导作风理论

领导作风理论是研究领导者的工作作风类型以及不同的工作作风对职工的影响，以寻求最佳的领导作风的理论。它是由心理学家勒温提出的。以权力定位为基本变量，把领导者在领导过程中出现的极端工作作风分为三类。

1. 专制式领导作风

这是一种独断专行的领导行为，权力定位于领导者个人。它一般表现为领导者独揽大权，各种政策均由领导者决定，极少甚至不让被领导者参与决策，领导者也凭个人看法对下属予以褒贬、奖惩。这种领导者认为权力来自领导地位，对被领导者严加管制。勒温经过实验证明，这种管理方法虽然能使群体达到目标，但群体成员的消极态度和对抗情绪也会随之增长。

2. 民主式领导作风

这是一种民主的领导行为，权力定位于群体。这种领导者从建立良好的人际关系着手去管理，认为领导者的权力是由他领导的群体赋予的，只有采取民主管理，激励被领导者，让他们参与管理，群体成员共同讨论决定群体方针，才能使被领导者自觉地工作并富有创造力。勒温认为，民主式领导不但实现了组织目标，而且气氛活跃，情绪稳定。

3. 放任式领导作风

这是一种俱乐部式的领导行为，权力定位于每个职位。这种领导者仅仅从福利方面考虑管理，认为权力来自被领导者的信赖。实际上领导者没有大胆管理，任何事宜均由被领导者自行决定，领导者对工作不作评价，也不提意见。勒温的实验证明，这种领导作风工作效率最差，群体只达到了社交目标，而未达到组织目标。

在实际工作中，三种极端的领导作风并不常见。勒温认为，很多领导人的作风往往是处于两种极端类型之间的混合体。勒温的领导作风理论从图 10-3 中可以得到形象的说明。

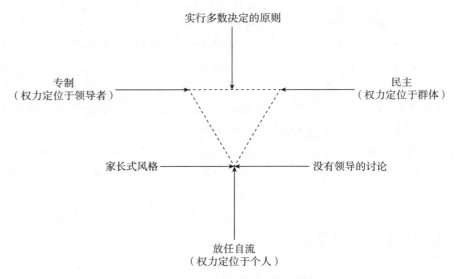

图 10-3　勒温的领导作风理论

资料来源：关培兰. 组织行为学 [M]. 北京：中国人民大学出版社，2008：333.

继勒温以后，许多心理学家也都进行了领导作风和工作效率之间互相关系的研究，结果也证实了勒温的结论正确。但是，由于他没有把领导行为看成一个动态的过程，脱离了被领导者的特性和环境因素，孤立地研究领导作风与有效领导之间的关系，所以这一理论有一定的片面性。

第三节　领导权变理论

 导入事例

张亚鹏于五年前创建了一家生产服装的公司"亚鹏公司"，公司创立时连自己在内只

有 6 个人，如今已发展到拥有 80 多名员工，年产值达 300 万元。

尽管企业的规模和盈利水平都发生了显著的变化，但张亚鹏的行事方式却依然如故。他认为自己是最了解本公司的人，自己应当也能够对公司的所有决策负责。从公司成立开始，公司的大事小事基本上都由他一个人做主。当他出差到外地时，许多事情就只能搁置下来，等他回来后再做处理。他能叫得出所有员工的名字，任何人都可以随时走进他的办公室去。

随着企业的不断成长，张亚鹏的工作压力也越来越大。日常事务占据了他的大部分精力，现在他很少有时间坐下来静一静，想一想。员工们碰到非常棘手的难题时很难能找到他商量对策，企业中的士气大不如从前，甚至有两个创业时就来到公司的技术骨干也跳槽到了别的公司。

张亚鹏也觉得自己不像从前那样得心应手。过度的疲劳使他觉得身心疲惫，有时他琢磨着是否应当把公司卖掉以换回自己的健康和宁静。假如你是张亚鹏的企业管理顾问，你准备向他做出哪些建议？

一、费德勒领导权变理论

特质理论和行为理论都忽视了当前的情境如何影响领导的有效性。1967 年美国华盛顿大学教授费德勒经过 15 年的研究出版了《有效领导理论》一书，提出了领导权变理论（Fiedler Contingency Model），引起人们的广泛关注。该理论第一个指出领导者的有效性取决于领导风格和领导者所处的环境的合理匹配，是理解领导力最著名的理论之一。

费德勒的理论点明了关于领导两个最重要的问题：为什么在特定的情境中，具有相同的领导风格的不同领导者的领导行为的有效性不同？为什么一个领导者的领导行为在某些领导情境中有效而在另一种情境中却无效呢？

1. 领导风格

费德勒特别重视领导风格，即一个领导者是如何领导的问题。他认为这是影响领导成功与否的关键因素。他指出两种显著的领导风格：关系导向型和任务导向型的领导风格。费德勒认为，不管是关系导向型还是任务导向型，一个领导者的领导风格是持久的个人特性，不会轻易改变。

关系导向型的领导者首先与下属建立良好的关系，其次确保工作按时完成。任务导向型的领导者首先希望下属高绩效地完成指派的所有任务，与下属建立良好的关系是他们第二个重要的职责。

为了确定领导者的领导风格，费德勒设计了最难共事者问卷（Least Preferred Coworker Questionnaire，LPC）。LPC 问卷由 16 组对照形容词构成（如快乐—不快乐、高效—低效、温暖—冷漠、助人—敌人等）。费德勒让作答者回想自己共事过的同事，并找出一个最难共事者，在 16 组形容词中按 1~8 等级对他或她进行评估。关系导向型的领导（也被称为高 LPC 领导者）以相对积极的词汇描述最难共事者，他们能够将最难共事者与工作相关的问题放在一边，并看他们的品质。相反，任务导向型的领导者（也称为低 LPC 领导者）用消极的词汇描述最难共事者，他们是对工作效率更为关心，虽然他们认为最难共事者几乎没有品质的缺陷。

哪一种领导风格最有效取决于领导者所处的情境。因为领导者不可能改变其领导风格，所以为了有效地领导，一个组织要么改变情境，要么改变领导者或者两者都改变。

2. 领导情境

费德勒指出在不同的情境下，领导者施加影响力的难易程度不同。他认为，有三项特征决定领导情境：领导者—成员关系（Leader – member Relations）、任务结构（Task Structure）和岗位权力（Position Power）。

任务结构是指员工工作的结构化程度。当一个组织目标明晰，组织成员知道怎样完成目标时，这个组织的任务结构就高；当组织目标模糊或不确定，而且组织成员不确定应该怎样工作时，这个组织的任务结构就低。任务结构高的情境更有利于领导。

岗位权力是一个领导者所拥有的正式权力的大小。如果一个领导者对于聘用、解雇、升职、加薪拥有决定权时，岗位权力则强；如果一个领导者几乎不能奖赏或惩罚下属时其岗位权力弱。岗位权力强时更有助于领导。

3. 权变模型

领导者—成员关系的好或差，任务结构高或低，岗位权力强或弱的所有组合得到八种领导情境。费德勒标明了每一种情境类型（如表 10 – 2 所示），根据费德勒的理论，Ⅰ、Ⅱ、Ⅲ类型的情境非常有利于领导，Ⅳ、Ⅴ、Ⅵ类型的情境中等程度有利于领导，Ⅶ、Ⅷ类型的情境最不利于领导。

表 10 – 2 费德勒的领导权变模型

关系取向 LPC 任务取向								
情景类型	Ⅰ	Ⅱ	Ⅲ	Ⅳ	Ⅴ	Ⅵ	Ⅶ	Ⅷ
领导者—成员关系	好	好	好	好	差	差	差	差
任务结构	高	高	低	低	高	高	低	低
岗位权力	强	弱	强	弱	强	弱	强	弱
环境	有利			中等			不利	
有效领导方式	任务取向型			关系取向型			任务取向型	

费德勒通过研究得出结论：任务取向的领导者在非常有利或非常不利于领导的情境下绩效更高。在Ⅰ、Ⅱ、Ⅲ、Ⅶ、Ⅷ类型的情境中，任务取向的领导者行为更有效。关系取向的领导风格在中等有利于领导Ⅳ、Ⅴ、Ⅵ情境类型下更有效。

为什么任务取向的领导者在非常有利和非常不利的情境中更有效，而关系取向的领导者在中等有利的情境中更加有效呢？回想一下，任务取向的领导者的首要任务是完成工作，其次是与下属搞好关系。费德勒指出，无论是领导者还是普通人，通常在面对压力的时候，他们都专注于首要职责。在非常不利的情境下，任务取向型领导会首先保证至少完成组织的任务，因而领导行为更有效；相反，在非常有利的情境中，任务取向的领导者知道组织会实现目标，任务肯定会完成，他们可能会专注于第二项职能即良好的人际关系。在中等有利的情境中，关系取向的领导者能够既关注人际关系又关注任务的完成。但是一些领导专家对这些解释和费德勒模型都提出了疑问。实证研究为这个模型提供了一些支持，但是也表明该模型（就像大多数理论一样）需要某种程度的修正。

二、通路—目标模式

通路—目标模式是由加拿大多伦多大学教授伊凡斯于 1968 年提出的，后由其同事豪斯教授补充和发展而成的。这一理论认为，为了达到组织目标，领导者必须采用不同类型的领导行为以适应特殊环境的客观需求。它是近年来在国外颇受重视的理论。

通路—目标模式是以"期望理论"和"领导四分图"为依据的。它的基本要点是要求领导者阐明对下属工作任务的要求，帮助下属排除实现目标的障碍，使之能顺利达到目标。在实现目标的过程中满足下属的需要和成长发展的机会。领导者在这两方面发挥的作用越大，越能提高下级对目标价值的认识，激发积极性。

通过实验，豪斯认为"高工作"和"高关系"的组合不一定是有效的领导方式，还应补充环境因素。通路—目标模式归纳了以下四种不同的领导类型。

1. 指导型

指一个领导者告知下属他希望他们做什么，并对应该怎样做给予指导，确信他的指令在组织中会得到很好的理解。这种类型的领导对要做的事进行严格的计划，坚持固定的标准，并激励下属遵守标准和规则。

2. 支持型

指领导者很友善，关心下属，平等待人，但对工作环境的好坏却很少关心，不太注意通过工作使人满意。

3. 参与型

这是指领导者在做出决策时，注意与下属磋商，征求他们的意见，将他们的建议融入到资质要执行的决策中，通过工作使人满意。

4. 成就导向型

它强调出色的工作表现，同时坚信下属人员能够达到规定标准的要求。这种类型的领导者通过树立一个具有挑战性的工作目标，希望下属最大限度地发挥潜力，达到组织目标。这种类型的领导者不断制定新的目标，使下属经常处于被激励的状态。

但是，通路—目标模式认为，没有一个在任何情况下都能引发下属人员的工作动机和满足感的领导模式。它认为对不同环境因素应施以不同类型的领导行为。领导者究竟选择哪种领导方式，要考虑以下两个随机变化的因素：

第一，下属人员的个性特点。包括下属的能力、控制点要求和动机几个方面。当下属感到他的能力很低时，他很可能接受指导型的领导；当下属感到自己的能力很强时，指导型的领导对下属人员的满足感和工作动机就不会有积极的影响；当下属是内控的人时，他认为自己的能力和意志能控制事物的发展，则较喜欢参与式的领导方式。否则，他会喜欢指令性的领导。另外，下属人员的特殊要求和动机也会影响他们对不同领导型的接受和满意程度。

第二，工作环境的特点。其中包括下属的任务、组织的正式职权系统、主要的工作群体等。当工作任务模糊不清，下属无所适从时，他们希望"高工作"型的领导，帮助他们做出明确的规定和安排，否则就会不满意。当面对常规性的工作，目标和达到目标的途径都很明确时，下属就喜欢"高关系"的领导。因此，根据通路—目标模式，领导者必须分析下属人员面对的客观环境，选择一个恰当的领导模式。

通路—目标模式的基本原则就是将领导行为与权变因素结合起来进行考虑，在研究组织中领导行为的过程中，不仅要考虑不同的领导类型，而且要注意影响领导有效性的下属人员及环境的特点。

三、领导生命周期理论

领导生命周期理论又称领导寿命循环理论。这个理论是俄亥俄州立大学的心理学家卡曼首先提出来的。这个理论就是把俄亥俄州立大学的"领导行为四分图"与阿基里斯的不成熟—成熟理论结合起来，创造了三维空间领导效率模型。

卡曼认为，有效的领导行为，要把工作行为、关系行为和被领导者的成熟度结合起来考虑，生命周期理论便是反映工作行为、关系行为和成熟度之间的曲线关系。所谓成熟度，是指一个职工的技术业务、对工作的理解、自我控制能力等。每个人都有一个从不成熟到逐步成熟的发展过程。在一个企业组织中，职工成熟程度的平均水平同样也有它的发展过程：由不成熟→初步成熟→比较成熟→成熟。与此相适应，领导行为也应该按照高工作低关系→高工作高关系→高关系低工作→低关系低工作的顺序逐渐推进。领导者要根据下属不同的年龄、不同的成就感，不同的责任心和不同的能力等条件，采取不同的领导行为。

卡曼分析领导行为四分图时加入了第三个因素——被领导者的成熟程度。他认为，高工作、高关系的领导并不经常有效，低工作、低关系的领导也不一定完全无效，这要视下级的成熟程度而定。卡曼认为，"抓工作"行为、"抓关系"行为与成熟度之间是一种曲线关系，这条曲线可使领导者了解领导方式与下属成熟度之间的关系。

图 10-4 中曲线表示有效领导行为。曲线表明，当被领导者处于不成熟状态时，采用"高工作、低关系"的命令最为有效；当被领导者进入初步成熟阶段时，采取"高工作、高关系"的说服式效果较好；当被领导者进入比较成熟阶段时，领导者的任务行为要减少、放松，而关系行为要加强，即采用参与式效果最好；当领导者的成熟程度达到相当高的阶段时，领导者采取授权效果最好，但这种领导方式并不意味着撒手不管、放弃领导，而是以信任、授权的方式来工作。这是因为被领导者已经成熟，不需要领导者过多地给予工作上的指导与干预，他们能充分发挥自己的才能和主动精神去完成工作。至于关系行为此时不宜太高，因为对成熟度的下属来说，领导者如果给予过多的支持，进行过多的交往，反而不利于发挥下属的独立性与创造性，影响工作效果。因此，领导者应以充分信任的态度，采取低工作、低关系的方式进行领导，这样才能获得最佳的工作效果。

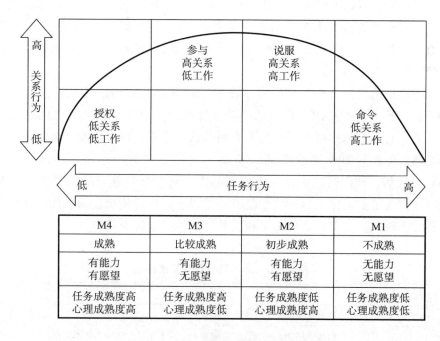

图 10-4　领导生命周期理论

管理者所要面对的人是千差万别的，所处的环境是不断变化的，管理的风格也要变化。权变管理将是管理的必然趋势。

【思考】美国通用汽车公司总经理斯隆，聘请著名管理学家德鲁克担任公司管理顾问的第一天，就对他说："我不知道我们要你研究什么，要你写什么，也不知道要得出什么结果。这些都应该是你的任务。我唯一的要求，只是希望你把认为正确的东西写下来。你不必顾虑我们的反应，也不必怕我们不同意，尤其重要的是，你不必为了使你的建议易于我们接受而想到调和和折中。在我们公司里，人人都会折中和调和，不必劳驾你。"

请问：斯隆对德鲁克采取的是何种领导方式呢？

第四节　领导理论研究的最新观点

一、超凡领导理论

超凡领导理论是由罗伯特·豪斯（Robert J. House）在马克斯·韦伯理论基础上提出的。豪斯认为，具有超凡魅力的领导者拥有极大的影响力，既有强烈的自信心、强大的支配力以及对于信念和道德的坚定性，他往往使下属认为跟随他是正确的。豪斯还指出，具有超凡魅力的领导者能够提出一个富有想象力的、更远大的目标，从而赢得追随者的支持。这样的领导者给人一个成功而又胜任的形象，他的榜样表达了坚持的价值观，使追随者确认能实现他所期望的目标。

豪斯的理论总的来说处于初创阶段。在领导超凡魅力方面，沃伦·邦尼斯（Warren Bonnis）对美国90多位最杰出、最成功的领导者进行了研究，总结出他们的几种共同能力：有令人折服的远见和战略意识；使下属明确这一战略目标；全身心地投入对目标的追求并坚持不懈。但在这方面最全面的分析是由麦吉尔大学的康格（Conger）和凯南格（Kanungo）进行的，他们通过研究得出以下结论：具有领导魅力的领导者有一个希望达到的理想目标，为了实现这一目标他们全身心地投入，反对传统，固执而且自信，他们勇于变革而不安于现状。表10-3列出了超凡领导者的关键特征。

表 10-3　超凡领导者的关键特征

类型	表现
1. 自信	他们对自己的知觉和能力充满信心
2. 有远见卓识	他们从战略的高度为组织指明方向，并带领下属坚持不懈地追求
3. 对目标的坚定信念	向下属明确地陈述目标，使他们明白并充分发挥自己的潜能
4. 具有清楚表述目标的能力	他们为了组织目标可以自我牺牲，有强烈的奉献精神
5. 从不循规蹈矩	他们的行为总是在成功之时令下属惊诧而又崇敬。他们的行为被认为是新颖的、反传统的
6. 变革先锋	他们总是处于不断变革之中，而不是囿于传统，他们敢说敢做，能够大刀阔斧地进行改革
7. 环境敏感性	对资源进行可行的评估和利用，对需求变革的环境作出充分的反应，限制不利的环境因素的发展，充分利用有利的环境

资料来源：周三多. 管理学（第一版）[M]. 北京：高等教育出版社，2000：259.

越来越多的研究表明，具有超凡领导才能的领导与下属的高绩效和高满意度之间有着显著的相关性。为具有超凡魅力的领导者工作的员工会因此而受到激励并付出更多的努力，而且因为他们喜爱自己的领导，又表现出很高的满意度。超凡领导是比较新的理论，而且，具有超凡魅力的领导对于员工的高绩效、高满意度并不总是奏效，领导者超常的自信有可能会导致许多问题。因此，这一理论还有待完善。

二、领导交易理论

领导交易理论认为，交易型领导者向下属提出问题，表明他们需要做什么，有什么要求和条件，不注重让下属参与决策，着重帮助下属树立信心。只要下属能付出必要的努力，一定能达到组织和个人的目标。大多数领导理论如俄亥俄州立大学的研究，费德勒模型、通路—目标模式、领导参与模式都讲的是交易型领导者。交易型领导者通过明确角色和任务要求来指导和激励下属向着既定的目标前进。交易型领导者主要是给下属布置任务，指明途径和方法，采取一些与努力相交的奖励措施，并不着力于发挥下属的积极性和主动性。交易型领导者一般有以下特点：

1. 权变奖励

交易型领导者认为良好的绩效才是奖励的前提，他们也承认下属的成就，但是下属要想获得奖励，就要看下属是否努力以及努力的程度如何，他受到奖励要与他所付出的努力互相交换。

2. 主动管理

交易型领导者把管理的重点放在监督上，他们监督下属的行为。如果发现下属有不符合规范和标准的行为，他们会指导和帮助下属改正。一般情况下，他们对下属的工作和活动不进行干预，只有在下属没有达到目标时他们才插手。

3. 自由放任

交易型领导者容易不负责任和回避决策，他们认为目标、任务、条件和途径都已给予下属，具体实施靠下属的努力实现，只要检查结果达到标准即可。

交易型领导者没有充分发挥领导者的职能，也没有通过领导者魅力的展现来激励被领导者实现目标。大多数专家学者认为，这种领导不如下面介绍的变革型领导者。

三、领导变革理论

领导变革理论认为，变革型领导者关心下属的日常生活和发展的需要，帮助下属用新观念去看老问题，从而改变下属对问题的看法，通过提高下属对完成任务的价值与重要意义的认识，通过强调集体和组织的利益高于个人的利益，强调追求更高层次的需求等来激励、唤醒和鼓舞下属为达到组织目标而付出更大努力。

领导变革理论是在领导交易理论的基础上形成的。变革型领导者易使下属提高努力水平和绩效水平，变革型领导者也比交易型领导者更具领导魅力，而且也不同于有超凡魅力的领导者。有超凡魅力的领导者仅想让下属适应领导魅力的世界，而变革型领导者侧重于培养下属能力，使他们不仅能完成已作了决策的任务，而且完全有能力解决领导者所提出的问题。变革型领导者一般具有以下特征：

1. 具有领袖魅力

变革型领导者能够提供远见和使命感，通过自身的能力和素质不断赢得尊重和信任，形成组织的凝聚力，向下属灌输实现目标的荣誉感，使他们自愿发挥他们的潜力。

2. 有感召力

变革型领导者用简单明了的方式表达重要意图，表明对下属的信任和期望，并采取有效的措施和发挥领导者的非权力性影响力来激励和鼓舞下属付出努力，实现组织目标。

3. 个别化关心

变革型领导者不是下达任务后就不管不问了，而是关注每一个人，针对不同的人采取不同的方法，根据不同的情况，或培训，或指导，或向其提出建议。

很多研究表明，变革型领导与低离职率、高生产率和高员工满意度之间有着更高的相关性。变革型领导者能够用自己个人的想象力和精力去鼓舞下属，发挥他们的能动性，使工作更有成效。美国管理学家博伊德在前者的基础上又提出了变革型领导者必须具备的五种新领导技能：

（1）远见卓识。对不断变化的内外部环境能高瞻远瞩。

（2）控制技能。能运用榜样的作用和说服的方式使下属按领导者和整个组织的意图行事。

（3）价值观综合技能。能把员工在经济、心理、安全和物质方面的需求统合起来，使组织中的成员具有共同的行动价值和目标。

（4）授权技能。他能有效地且乐意与下属分享权力，并指导下属正确行使权力。

（5）自知他能明白自己的需求和目标，也了解下属的需求与目标。

而且，博伊德认为，这些领导技能并不是天生就有的，而是要在实践中不断锻炼、培养、学习和提高的。随着经济一体化的迅速发展，环境变化越来越快，竞争也越来越激烈，一个企业或组织要适应不断的变化，就需要领导者有变革的意识，能使变革在短期内达到成就。领导者必须认识到未来的领导将是具有超凡魅力的变革型的领导，要不断地学习和适应环境。

四、三维领导理论

三维领导理论是美国经理发展协会（EDA）的主席詹姆斯·F. 波特提出的。这个理论认为，世界上有许多管理者，他们顶多是个一维经理，他们精于数理和分析技巧，把全部精力都花费在一个领域中，因此视野狭窄。这样的经理一般都害怕做出决策，怕决策失误带来严重后果。他们是风险回避者。因此，他们倾向于模仿老板以确保提升。而且，他们是工作狂，忽视家庭和朋友。在这样的经理队伍中，很少有人有在国外工作的经历。有时他们会表现出种族优越感。这种情况有时是体制造成的，这是因为，确实有些承担国际业务的经理回国后，找不到合适的位置来应用他们的国际经验，甚至有的公司"还将国际业务部作为那些工作失误的经理的位置"。"能够管理但不适合领导"是对一位经理的恰当描述。三维领导理论认为，商业、领导艺术、个人效率和技巧，每个都是领导艺术中的基本部分。一个经理只是一个完善的商业专家是不够的，还必须同时成为一个优秀的领导者，并有杰出的个人效率技巧。

商业方面的发展要通过给经理提供所需的机会和能力来识别关键的商业挑战。三维模型中的商业方面从大多数 MBA 课程不涉及的地方入手，提出未来的总裁所必然面临的问题。涉及的领域可能包括创造新型的组织，建立以市场和顾客为中心的组织，建立全面质量艺术，领导挑战，适应全球市场，创造学习型组织，支持创新以及影响技术发展等。

领导能力方面应该不同于其他方面，它集中研究古典和当代的领导理论和技巧。以此为基础发展领导艺术的个人表达。追求完美和真实，学会授权，鼓励组织成员发表不同意见，培养组织成员的勇气和创新精神。

个人方面基于这样的信念，即如果个人活动不能成功，就不会成为一名成功的领导者，经理必须学会实现卓越和持续更新所必需的技巧。个人方面集中于帮助经理澄清和发展个人意图、想象力、价值观和才能，以及将工作目标与个人生活完美结合起来。其他还应该包括自然授权和个人责任，最自然、科学、艺术和人性的欣赏，感情丰富，身体健康，善于学习。

三维模式是思维方式、知识和技巧强有力的结合，其总和大于各部分之和，如表10－4所示。

表 10－4 三维经理：一个分类表

方面	过去	将来
商业方面	数量型和分析型 立足国内 技术型和职能型	具备总体管理眼光 立足全球 全面发展商业技巧和判断力
领导才能方面	偏重管理的思维方式 偏重于一种领导才能 对个人领导才能不清楚	学习领导才能 学会授权 明晰自己的领导特色
个人方面	不甚注意 工作狂，牺牲其他兴趣	有明确的个人意图、价值观和目标效率 工作、生活相结合，兴趣广泛

公司如何运用三维领导艺术来提高自身优势？该理论同时也提出了实现三维领导艺术的四条途径：

一是内部经理教育。主要是评价现存的内部经理教育方案或新的经理教育方案的发展。可以把三维框架看成是一个连续体，从而使组织找出目标和现实之间的差距。比如，方案中对领导艺术和个人教育是否有足够的重视？或者方案是否过于偏重商业方面？

二是连续计划。三维框架可以用作选择未来领导者过程中的关键组成部分。经理在三维框架中的每个方面都发展得很充分吗？有没有不足的地方？需要进行什么样的任务经历或训练才能弥补这个缺陷？框架可以用来系统地帮助经理成为未来的领导者。

三是人力资源系统模式。三维模式可以作为组织全部人力资源系统的模式。可以作为招募、雇佣、解雇、连续计划、内部晋升和激励的基础。如果公司需要具有三维型的领导才能经理，就可以用这种方式去选拔。

四是一种自然评估的工具。经理被要求进行自然评估，以便考察他们作为经理是否合格。他们可以按表 10-4 中的分类来评估自己在三维框架中各方面的表现。他们也可以从其他人那里获得反馈信息，以检查自己在个人发展方面的缺点。经过这些初期的个人评估后，就可以制订一个自我发展计划改进自己在三维框架中发现的缺点。

五、自我领导理论

自我领导理论是美国明尼苏达州的发明团体的创建人查理德·J. 莱德（Richard J. Leider）提出的。莱德认为，任何人都是自己的主导者。由于所有的变化都属于自我改变，只有个人才有权去选择确定新的方向。所有的重新组合主要是对自我领导的选择。这个理论包括三个观点：

其一，所有的变化都是自我改变。温和的行为方式或随波逐流都不可能导致变化。

其二，随着自我改变，你的内心会充满激情。帮助人们征服自我不需要事先取得心理学学位，而需要一门领导艺术来帮助人们找到感觉。

其三，变化需要自我领导。未来发展的趋势是我们每个人都有很大的自主权去支配自己的生活。领导者必须考虑人们需要什么，人们追求它有多大价值。

自我领导是领导的精髓。领导者必须不断地参考他们自己的个人目标、价值、想象力和勇气。他们不但必须面对外部竞争的威胁，而且也要对付内部缺乏领导凝聚力的威胁，因此，21 世纪自我领导者是对领导的最终挑战——这是一种生存技能。

【综合练习题】

一、选择题

1. 领导者以自身的专业知识、个性特征等影响或改变被领导者的心理和行为的力量是他的（   ）。

　　A. 法定权力　　　　　B. 奖惩权力　　　　　C. 自身影响力　　　　D. 组织权力

　　2. 下列各项属于非正式权力的是（   ）。

　　A. 职位任命　　　　　B. 专长与威信　　　　C. 分工　　　　　　　D. 对资源的控制力

　　3. 根据领导者运用职权的方式不同，可以将领导方式分为专制、民主与放任三种类型。其中民主式领导方式的主要优点是（   ）。

　　A. 纪律严格，管理规范，赏罚分明

　　B. 组织成员具有高度的独立自主性

　　C. 按规章管理，领导者不运用权力

　　D. 员工关系融洽、工作积极主动、富有创造性

　　4. 布莱克和莫顿在管理方格理论中对最具代表性的五种领导类型进行了详细分析，其中任务式领导的特点是（   ）。

　　A. 对生产和工作的完成情况很关心，很少注意下属的士气、情绪和发展状况

　　B. 对生产和人的关心度都很小，领导仅扮演"信使"的角色

　　C. 注重创造一种良好的人际环境，不关心任务完成情况

　　D. 对人和任务都给予中等程度的关心，维持正常的生产效率和说得过去的士气

　　5. 根据赫塞·布兰查德提出的情境领导理论，在下属虽然有积极性，但缺乏足够的技能的情况下，应采用的领导风格的是（   ）。

　　A. 高工作—高关系　　　　　　　　B. 低工作—低关系

　　C. 低工作—高关系　　　　　　　　D. 高工作—低关系

　　6. 领导生命周期理论是（   ）的典型代表。

　　A. 领导特质理论　　　B. 领导行为理论　　　C. 领导周期理论　　　D. 领导权变理论

　　7. 根据领导生命周期理论，随着下属从不成熟趋于成熟，领导方式的变比顺序应该是（   ）。

　　A. 高工作低关系—高工作高关系—低工作高关系—低工作低关系

　　B. 高工作高关系—高工作低关系—低工作高关系—低工作低关系

　　C. 低工作低关系—高工作低关系—低工作高关系—高工作高关系

　　D. 低工作高关系—高工作低关系—低工作低关系—高工作高关系

　　8. 根据领导生命周期理论，参与型领导方式适用于（   ）。

　　A. 高工作—低关系的情况　　　　　　B. 高工作—高关系的情况

　　C. 低工作—低关系的情况　　　　　　D. 低工作—高关系的情况

二、简答题

　　1. 简述领导的特点。

　　2. 简述领导影响力的来源。

　　3. 费德勒权变理论的主要观点是什么？该理论对管理者有何启示？

4. 领导生命周期理论的主要观点是什么？该理论对管理者有何启示？

三、名词解释

1. 领导
2. 权力影响
3. 非权力影响
4. 专制式领导

四、案例分析与探讨

案例分析1：欧阳健的领导风格

蓝天技术开发公司由于在一开始就瞄准成长的国际市场，在国内率先开发出某高技术含量的产品，其销售额得到了超常规的增长，公司的发展速度十分惊人。然而，在竞争对手如林的今天，该公司和许多高科技公司一样，也面临着来自国内外大公司的激烈竞争。当公司经济上出现了困境时，公司董事会聘请了一位新的常务经理欧阳健负责公司的全面工作。而原先的那个自由派风格的董事长仍然留任。欧阳健来自一家办事古板的老牌企业，他照章办事，十分古板，与蓝天技术开发公司的风格相去甚远。公司管理人员对他的态度是：看看这家伙能待多久！看来，一场潜在的"危机"迟早会爆发。

第一次"危机"发生在常务经理欧阳健首次召开的高层管理会议上。会议定于上午9点开始，可有一个人姗姗来迟，直到9点半才进来。欧阳健厉声道："我再重申一次，本公司所有的日常例会要准时开始，谁做不到，我就请他走人。从现在开始一切事情由我负责。你们应该忘掉老一套，从今以后，就是我和你们一起干了。"到下午4点，竟然有两名高层主管提出辞职。

然而，此后蓝天公司发生了一系列重大变化。由于公司各部门没有明确的工作职责、目标和工作程序，欧阳健首先颁布了几项指令性规定，使已有的工作有章可循。他还三番五次地告诫公司副经理徐钢，公司一切重大事务向下传达之前必须先由他审批，他抱怨下面的研究、设计、生产和销售等部门之间互相扯皮，"踢皮球"，结果使蓝天公司一直没能形成统一的战略。

欧阳健在详细审查了公司人员工资制度后，决定将全体高层主管的工资削减10%，这引起公司一些高层主管向他辞职。

研究部主任这样认为："我不喜欢这里的一切，但我不想马上走，因为这里的工作对我来说太有挑战性了。"

生产部经理也是个不满欧阳健做法不满的人，可他的一番话颇令人惊讶："我不能说我很喜欢欧阳健，不过至少他给我那个部门设立的目标我能够达到。当我们圆满完成任务时，欧阳健是第一个感谢我们干得棒的人。"

采购部经理牢骚满腹。他说："欧阳健要我把原料成本削减20%，他一方面拿着一根胡萝卜来引诱我，说假如我能做到的话就给我油水丰厚的奖励。另一方面则威胁说如果我做不到，他将另请高明。但干这个活简直就不可能，欧阳健这种'大棒加胡萝卜'的做法是没有市场的。从现在起，我另谋出路。"

但欧阳健对被人称为"爱哭的孩子"销售部胡经理的态度则让人刮目相看。以前，销售部胡经理每天都到欧阳健的办公室去抱怨和指责其他部门。欧阳健对付他很有一套，让他在门外静等半小时，见了他对其抱怨也充耳不闻，而是一针见血地谈公司在销售上存在的问题。过不了多久，大家惊奇地发现胡经理开始更多地跑基层而不是欧阳健的办公室了。

随着时间的流逝，蓝天公司在欧阳健的领导下恢复了元气。欧阳健也渐渐地放松控制，开始让设计和研究部门更放手地去干事。然而，对生产和采购部门，他仍然勒紧缰绳。蓝天公司内再也听不到关于欧阳健去留的流言蜚语了。大家这样评价他：欧阳健不是那种对这里情况很了解的人，但他对各项业务的决策无懈可击，而且确实使我们走出了低谷，公司也开始走向辉煌。

资料来源：余敬，刁凤琴. 管理学案例精析［M］. 北京：中国地质大学出版社，2006.

根据以上案例所提供的资料，试分析如下问题。

1. 欧阳健进入蓝天公司时采取了何种领导方式？这种领导方式与留任的董事长的领导方式有何不同？

2. 欧阳健对研究部门和生产部门各自采取了何种领导方式？

3. 当蓝天公司各方面的工作走向正轨后，为适应新的形势，欧阳健的领导方式将作何改变？为什么？

4. 有人认为，对下属人员采取敬而远之的态度对一个经理来说是最好的行为方式，所谓的"亲密无间"会松懈纪律。你如何看待这种观点？你认为欧阳健属于这种领导吗？

案例分析2

辛迪和玛丽在同一家公司从事类似的工作。虽然她们的学历背景相同，但是辛迪的工作经验更多一些。他们的主管通过应用赫塞—布兰查德的领导模型发现，玛丽的成熟程度较低（有工作的意愿，但是能力不足），而辛迪的成熟度较高（具有充足的能力，但是缺乏自信心）。依据这些分析，主管决定在她们工作最初几个月以不同的方式对待他们：对玛丽采取"说服"的方法，对辛迪采取"参与"的方法。大约两年后，主管又采取了不同的方法：对玛丽是"参与"的方法，对辛迪是"授权"的方法。

【问题】你认为主管的方式是否合适，结合本案例，谈谈对领导生命周期理论的理解。

第十一章
组织结构、变革与发展

☞ **教学目标**

通过本章的学习，掌握组织结构的基本知识、分析影响组织结构设计的因素，掌握各种组织结构类型的优缺点及其适用条件，了解组织变革的基本概念、变革的目标、产生组织变革的先兆，掌握组织变革的影响因素及具体的变革模式和方法，会分析影响组织发展的各种干预技术，明确组织发展的方向。

☞ **教学要求**

主要内容	知识要点	重点难点
组织结构的基础	（1）组织的含义与类型 （2）组织的功能 （3）组织与环境	（1）结构论、行为论和系统论关于组织的含义 （2）组织与环境的相互关系
组织结构与设计	（1）组织结构的含义 （2）组织结构设计的影响因素 （3）常见的组织结构类型 （4）新型的组织结构类型 （5）组织设计	（1）外部环境的确定性对组织设计的影响 （2）各种组织结构类型的优缺点及适用条件 （3）组织设计的基本原则
组织变革	（1）组织变革概述 （2）组织变革的基本动因 （3）组织变革的先兆 （4）影响成功变革的因素 （5）克服抵制变革因素的方法 （6）组织变革的模式与方法	（1）组织变革的动因分析 （2）组织变革的先兆判断 （3）沃尔顿提出的组织应付变革的12种方法 （4）组织变革的系统模式 （5）勒温的变革程序模式 （6）卡斯特的变革程序模式
组织发展	（1）组织发展的内涵 （2）组织发展的过程和规律性 （3）组织发展的干预技术	（1）贝克哈特的组织发展观点 （2）里皮特和施密特的组织发展阶段 （3）组织发展过程的五个阶段 （4）组织发展的各种干预技术

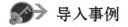 导入事例

阿里巴巴的组织结构变革

阿里巴巴集团自 1999 年创立以来最大的一次组织结构变革在 2013 年上演。2013 年 1 月，阿里巴巴精神领袖马云宣布，将集团分拆为 25 个事业部，新体系由战略决策委员会和战略管理执行委员会构成，分别由董事局和 CEO 负责。在集团分拆后，1 月 15 日马云又把削权之刀指向自己，再度称，5 月 10 日自己将辞去 CEO 职务，主要负责阿里巴巴董事局的战略决策，他本人将退出经营第一线。

马云称："从心底里，我佩服今天的年轻人。互联网是年轻人的天下。配合好比我强的人的工作，是今天的我最应该做的正确事。""阿里立志发展 102 年，我们还有 88 年要走。没有健康、良好的年轻人接班制度，很难想象我们会走到那一天。"马云最近的两个大动作的理由就是，想让阿里年轻人更好地成长，有更好的发展机会。但一个优秀的组织除了要让年轻人能更好成长，有更大的发展空间，同时也不能忽视经验丰富的老员工利益。马云大力起用年轻人，培养年轻人，如果不能平衡老员工的利益，不能让老员工的利益得到合理保障，培养接班人的目标也很难达到，这个组织队伍的稳定也很难得到保障，也很难建立起一个有凝聚力的组织，一个有稳定发展前途的组织。

上述事例说明，马云先分拆集团，准备辞掉 CEO 职务面临的最大风险就是保证组织队伍的稳定，让新老员工和谐发展。在不到五十知天命的年龄，中国互联网传奇人物马云再次高举"组织员工年轻化"的大旗，削去别人权的同时，也削去自己的权，马云这次探索无论成败都将在互联网发展史上留下浓墨重彩的一笔。

资料来源：http://business.sohu.com/20130116/n363572171.shtml。

第一节　组织结构的基础

一、组织的含义与类型

关于组织的含义，可以从静态意义和动态意义两个方面进行理解。静态意义的组织是指社会集团，是人与人、人与事关系的系统或模式。动态意义的组织则是一个开放的社会技术系统，是管理者将分散的、没有联系的人力、物力、资金、信息、环境等要素在一定的时间和空间内联系和配置起来而创造的一个有机整体的过程。这种意义上的组织是随着历史时代和社会环境的演变而不断适应和自主调整的群体，每个成员在其中都扮演着一定

的角色，起着不同作用。

在现实生活中，关于组织的类型可以按照不同标准进行分类：根据组织的性质，可以分为事业型组织和企业型组织；根据组织目标，可以分为生产型组织和服务型组织；根据组织设计的标准，可以分为层峰型、矩阵型、虚拟型；根据组织的正规程度分，可以分为正式组织和非正式组织。不同的组织类型有不同的特点，需要不同的管理方式和组织结构设计，也适合不同的任务和目标。

二、组织的功能

就社会组织而言，其具有多种功能，主要表现为：

1. 组织所形成新的合力可以产生"1＋1＞2"的效果

这是指人们可以通过组织将许多分散的个人结合成一个能动的群体，将许多单个劳动者组织起来进行协作，所产生的力量会远远超过同样数量单个劳动者个人生产力的"机械总和"。如当前社会建设所取得的成果，正是全体人民共同奋斗的成果。

2. 有效的组织能提高生产效率

所谓有效的组织，必须是内部分工合理，职责明确的，这样可以避免各环节、各部门之间互相推诿和扯皮现象的出现，从而提高生产效率。

3. 组织能满足其成员的心理需求

每个人在一生中所参加的社会组织中都会扮演不同的角色，这是因为在人生的舞台上这些组织都有满足人的某种心理需求的功能，如安全感、归属感、人际交往的需要、自尊的需要、自信心的需要及力量感等，这些需要都要在一定的组织环境下才能得以实现。

三、组织与环境

任何组织都是生存在一定的环境中的，环境会为组织提供各种资源，吸收组织的各种产出，同时给予组织许多约束。要想长期生存和发展下去，组织就必须不断适应日益变化的环境，因为当环境变化到足以阻碍组织的发展时，就必须对组织的结构进行调整或变革，否则将可能导致组织的失败。

组织环境所包括的要素很多，其中，人力、资金、物力、气候、市场、文化、政府政策及法律等是最主要的因素，不同的组织所依赖的主要环境因素是不同的，如大学对气候的依赖程度不大，而对文化、政策、人力等的依赖程度较高。

在上述的主要环境因素中，组织要特别重视人力因素的作用，如果一个组织在发展中没有足够的、训练有素的人来为其发展而工作，就难以长期生存下去。

环境对组织的影响主要表现在两个方面，一是提供资源和机会，使组织能够抓住机遇迅速发展；二是给予限制，使组织不能无序、无度地发展。组织认识到了这一点，就要适应环境的发展变化并利用环境所提供的各种资源和机会以求生存和发展。

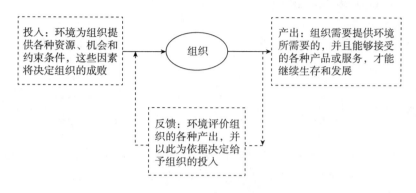

图 11 – 1　组织与环境的关系

第二节　组织结构与设计

一、组织结构的含义

组织结构在组织中通常会起着"框架"的作用，组织可以通过它实现人流、物流、信息流的正常流通，保证组织目标的实现。组织结构表明的是组织各部分之间的关系模式，是由组织的目标、任务及环境情况所决定的。同时，组织结构又对组织内部的正式指挥系统、沟通系统具有直接的决定作用，对组织成员的社会心理也具有一定的影响。

由此可见，所谓组织结构的静态意义是对于工作任务进行分工、分组和协调合作的框架体系，通常可以用组织结构图、职位说明书、组织手册等来表示；动态意义的组织结构则是指组织的各个要素之间的相互关系，即组织的责权利分配关系，以及管理职责和权限的认定、组织成员之间的相互关系等。

二、组织结构设计的影响因素

有效的组织结构必须做到机构精简、高效、职能分工合理而明确，在一些成功的大企业中，通常都可以看到优秀的组织结构设计。

管理者在设计组织结构的过程中要考虑的因素很多，表 11 – 1 列出了设计组织结构时需要考虑的一些关键性因素。

表 11-1　设计组织结构时需要考虑的六个关键性问题

关键问题	答案
把任务分解成独立的工作时应该细化到什么程度？	工作专门化
对工作进行分类的基础是什么？	部门化
员工个人和群体应该向谁汇报工作？	命令链
一位管理者可以有效地指导多少个员工？	控制幅度
决策权应该属于谁？	集权与分权
应该在多大程度上利用规章制度对员工和管理者进行指导？	规范化

在实际操作中，组织要结合内外环境的变化情况认真分析组织结构设计过程中的影响因素，才能使组织结构具有稳定性和高效性，其中最主要的因素有以下几个方面：

1. 组织发展战略

组织发展战略对组织结构的设计有决定性作用。通常从结构形式和力量配备方面影响组织结构的设计，组织结构是管理者实现目标的一种手段，因此应该与组织战略目标紧密配合，即结构服从战略。通常，组织战略有创新型战略、成本最小化战略、模仿战略等形式，创新型战略要求组织要具有有机结构，使结构松散，工作专门化程度低、正规化程度低及分权化等特征；成本最小化战略要求有机械化结构的效率和稳定性做保证，以实现成本控制；模仿战略要求具有松紧相配、活动控制严格等特点的有机机械结构与之相适应。

丰田公司在 2008~2009 年创下公司成立以来的首度亏损纪录，为了扭转局面，"重点开拓中国市场"成为丰田公司新的战略发展任务，为此，在新任的董事会中，负责中国事务的董事数量达到了空前规模，配备一个专务和两个常务负责一个国家的市场，这是史无前例的做法。

2. 组织规模

通常，组织规模越大，成员越多，活动内容越多，管理的内容就越复杂，为了实现有效管理，组织通常要进行专业化分工，制定大量的活动规范程序和规则，因此，大型组织通常都具有专业化程度更高的纵向及横向分化，部门分工严谨，程序规范性强。

亨利·福特在 20 世纪初通过建立汽车生产线而变得富有和出名，他为公司的每一位员工都指定了专门的工作任务，通过将工作分化成较小的、标准化的任务，使工人不断地重复同一操作，从而提高了效率，使福特汽车公司只需要用一些技能相对有限的工人就能每 10 秒钟生产出一辆汽车来。这一做法为大型组织的工作专门化发展提供了思路，20 世纪 40 年代后期，工业化国家的大多数生产领域的工作都是通过该种方式来完成的。

3. 技术

技术是影响组织结构设计的内部环境要素之一。组织技术要素与组织结构之间的合理匹配是组织能够取得成功的关键要素之一，技术水平、技术政策、科研发展潜力和科技发展动向等因素直接影响组织的管理效率和研发能力的提高。通常，组织所采用的技术越复杂，就越需要富有弹性的组织结构，以提高管理者应对突发状况的能力，所采用的越是常规的技术，越需要采用规范的组织结构。

如 IT 技术组织的结构设计，应该考虑到客户个性化的需求，考虑到技术面、专业性，相应采取分权化的、非正式沟通和共享信息资源的有弹性的组织结构形式比较有效，当这些技能发展到比较规范、标准甚至是普及的时候，便采用规范化的组织结构。

4. 环境

组织所处的环境之所以能影响组织结构，主要因为环境是不断变化发展的，具有不确定性，这将影响到管理者决策的难易度与正确度，组织环境通常分为外部环境和内部环境，政治、经济、社会、技术环境是组织通常所处的一般外部环境，而顾客、供应商、竞争者、政府及其他因素是其所处的特殊外部环境，前者对组织结构的设计具有间接的影响，后者则起着直接的影响作用。外部环境越不确定，就越应该采取有机式的组织结构，环境越稳定，越适合采取机械式组织结构（见表 11 - 2）。

表 11 - 2　外部环境的确定性对组织设计的影响分析

		环境复杂程度	
		简单	复杂
环境变化程度	稳定	低程度的不确定性	低至中等程度的不确定性
		机械结构	机械结构
		部门少，极少协调	部门多，少量协调
	不稳定	中至高等程度的不确定性	高程度的不确定性
		有机结构	有机结构
		部门少，协调少	部门多，协调多

沃尔玛于 2009 年在中国实行快速扩张，由于本地化管理的缺失，暴力事件、群殴等恶性事件时有发生，为了克服管理上的"水土不服"问题，沃尔玛在中国的管理梯队中增设了区域总监一职，使中国区的管理形成了"中国区营运副总裁——营运总监——区域总监——区域经理"的模式，使各个层级的职责范围更加细化，注意到中国环境的发展对组织发展的影响，从而改善了区域经营效率。

三、常见的组织结构类型

1. 直线制组织结构

直线制是一种最简单的集权式组织结构形式，又称军队式结构。其领导关系按垂直系统建立，不设立专门的职能机构，自上而下形同直线，如图 11 - 2 所示。

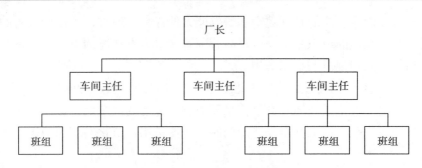

图11-2　直线制组织结构示意图

这种组织结构的优点主要表现在：结构简单、指挥系统清晰、经营权和管理权统一于管理高层，责权关系明确；横向联系少，内部协调容易；信息沟通迅速，解决问题及时，管理效率比较高，因此管理成本也小。缺点是缺乏专业化的管理分工，经营管理事务依赖于少数几个人。当企业规模扩大时，管理工作会超过个人能力所限，不利于集中精力研究企业管理的重大问题。因此该结构的适用范围主要是规模较小或业务活动简单、稳定的企业，刚起步的、没有按照职能实现专业化管理的小型组织等。

2. 职能制组织结构

职能制组织结构又称为"U"形组织，其特点是：在组织中设置若干专门化的职能机构，这些职能机构在自己的职权范围内，都有权发布命令和指示，使经营和管理相分离，各个职能部门具有专职的职能。组织以工作方法和技能作为部门划分的依据，并将专业技能紧密联系的业务活动归类组合到一个单位内部。

这种组织结构的优点是：由于组织将具有相同专业的人员置于同一个部门，集中于某个专业范围，共同工作，所以能够充分发挥职能机构的专业管理作用，减轻各级行政领导的工作负担，提高组织的工作效率。缺点是易形成多头领导，违背了统一指挥原则，易造成管理上的混乱，而且各种产品给组织带来的贡献不易区分。该种组织结构适用于任务较复杂的社会管理组织和生产技术复杂、各项管理工作需要具有专门知识的企业管理组织。具体的组织结构示意图，以制造业为例，如图11-3所示。

3. 直线职能制组织结构

直线职能制是一种以直线制结构为基础，在厂长（经理）领导下设置相应的职能部门，实行厂长（经理）统一指挥与职能部门参谋、指导相结合的组织结构形式，是一种将直线制与职能制结合起来形成的组织结构形式。

由图11-4可以看出，该组织结构的特点是厂长（经理）对业务和职能部门均实行垂直式领导，各级直线管理人员在职权范围内对直接下属有指挥和命令的权力，并对此承担全部责任。职能管理部门是厂长（经理）的参谋和助手，没有直接指挥权，它与业务部门的关系只是一种指导关系，而非领导关系。直线职能制与直线制的区别是设置了职能机构，与职能制的区别在于职能机构只是参谋和助手，不能行使直接的指挥权。

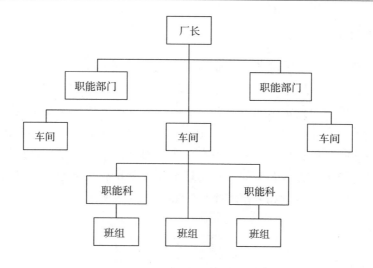

图 11－3　职能制组织结构示意图

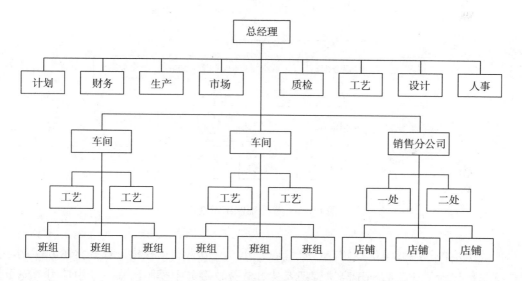

图 11－4　直线职能制组织结构示意图

　　直线职能制组织结构的主要优点是各级直线领导都有相应的职能机构和人员作为参谋和助手，因而能对管理范围内的工作实施有效的组织和控制，既可以减轻直线管理人员的负担，又可以充分发挥专家的特长，在外部环境变化不大的情况下，易于发挥组织的集团效应。缺点在于使权力集中于最高的管理者，易滋生官僚主义；由于各个职能部门的横向联系少，需要领导协调的多，不同的直线部门和职能部门的目标不一致，易产生矛盾；由于分工较细，规章制度多，不利于组织内部培养熟悉全面情况的专业管理人才，使组织对变化的反应速度慢，适应环境的能力弱。

　　该结构模式的适用范围是规模中等的组织，如机关、学校、医院等采用此种结构模式的最多。

4. 事业部制组织结构

这是欧美国家、日本、中国各大企业所采用的典型的组织结构形态（又叫作分权制结构），总原则是"集中决策，分散经营"，按产品、地区和顾客等标志将企业划分为若干相对独立的经营单位，分别组成事业部，各事业部可根据需要设置相应的职能部门。这样的事业部必须具备三个要素：一是具有独立的产品和市场，是产品责任或市场责任单位；二是具有独立的利益，是一个利益中心，实行独立核算；三是一个分权单位，具有足够的权力，能自主经营。即各个事业部的管理者至少要具有三个方面的权利：事业发展决策权、有关资金分配的决策权和人事安排权。如图 11－5 所示。

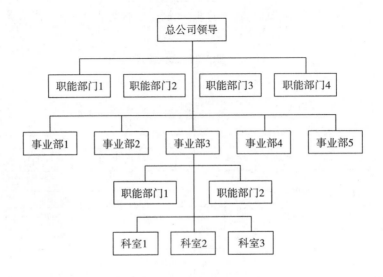

图 11－5　事业部制组织结构

该组织结构是将政策的制定与行政管理分开，政策管制集权化，业务营运分权化。其优点首先是权力下放，有利于高层管理者从日常行政事务中摆脱出来，集中精力考虑重大战略问题；其次是各事业部主管拥有很大的自主权，只要是在不违背总体目标、总方针、总计划和各项政策的前提下，完全由事业部自行处理日常的经营活动，这样有助于增强其责任感，发挥主动性和创造性，提高组织经营适应能力；再次是各事业部集中从事某一方面的经营活动，实现高度专业化，整个组织可以容纳若干经营特点有很大差别的事业部，形成大型联合企业；最后是各事业部经营责任和权限明确，物质利益与经营状况紧密挂钩。缺点是容易造成机构重叠，管理人员膨胀；由于各事业部独立性强，考虑问题时容易忽视企业整体利益，甚至由于集权和分权的关系处理不当而造成整个组织的协调一致被削弱。而且对各个事业部的一级管理人员水平要求较高，每个事业部都相当于一个单独的企业，事业部的管理者要熟悉全面业务和管理知识才能胜任工作。该组织结构的适用范围是规模大、业务多样化、市场环境差异大的组织，而且必须是具有较强适应性的组织，各个下层单位除了要有自己的市场、销售，还能自己决定进货经营，这样才能组成事业部。

5. 矩阵制组织结构

矩阵制组织结构又叫作规划—目标结构，是为了适应在一个组织需要同时完成几个项目，每个项目又需要有各种不同专业特长的人共同合作这一特殊需求而形成的。它由纵横两套管理系统叠加在一起组成一个矩阵，其中，横向的系统是按照职能划分的领导指挥系统，纵向系统是按产品、工程项目或服务划分的管理系统。在这个组织结构中的员工既同所在的职能部门保持组织与业务上的关系，又能参加项目小组的各种工作，具有双重身份，见图 11 – 6。

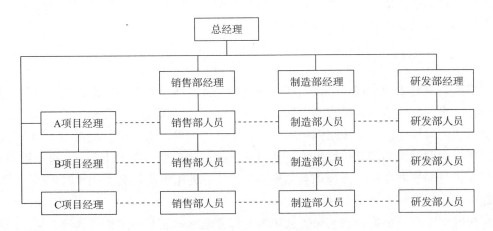

图 11 – 6　矩阵制组织结构

该结构的优点是打破了传统的一个工作人员只受一个部门领导的管理原则，使组织结构形成一种纵横结合的联系，加强了各职能部门间的配合，而且组织对专业人员的使用也富有弹性，职能部门的技能可以供所有的项目组使用，员工有归属感，有利于发挥专业人员的综合优势，改善整体工作效率。项目组成员在完成项目时属于某个项目组，但是项目解散后能够回归原先的部门，使组织保持既稳定又灵活的状态，有效地利用了人力资源，打破了职能部门之间的壁垒。该结构的缺点是由于组织成员必须接受双层领导，当双重主管意见出现分歧时，下属会感到无所适从，而工作出现差错时，又可能互相推诿。由于沟通环节多，平衡项目经理和部门经理的职责和权限比较困难。

四、新型的组织结构类型

随着信息经济、网络经济、知识经济的不断发展，近年来，许多组织的高层管理者都一直在努力寻找新型的能够使组织更有竞争力的组织设计方案，使组织结构的发展产生新的变化。

（一）团队型组织结构

近几年，团队已经成为很受欢迎的组织工作及活动方式，为了完成重要任务，有效的团队必须一起工作、共同承担责任，团队成员不仅仅是名义上的团队，更重要的是在团队中成员具有自由和自主性、拥有能够使用不同的技能和天赋的机会、有完成一项完整的、可识别的任务或产品的能力、从事的任务或项目对他人有着重大的影响，打破了部门的界限，并将决策权下放到了工作团队本身，这些特征可以提高成员的激励水平，增加团队的有效性，成员对工作的责任感和主人翁感强。在更多的时候，尤其是针对大型组织，团队结构往往被作为典型的官僚结构的补充，这样使组织能够在享有官僚结构标准化所带来的高效率的同时，又能因为团队的存在而增强灵活性。

（二）虚拟型组织结构

虚拟型组织是指两个或两个以上相对独立的经济实体，为迅速向市场提供各种产品和服务而在一定的时空范围内结成动态联盟，以更强大的结构成本优势和机动性完成单个组织难以承担的市场功能的组织结构形式。"如果可以租借，为什么一定要拥有呢？"这句话是选择虚拟型组织结构的最好理由。在市场竞争日益激烈的现代社会中，虚拟组织属于规模最小但是却能发挥主要商业职能的核心组织。它的组织决策集中化程度很高，部门化程度却很低，或者根本就不存在。

在该组织中有一小群管理人员，公司的大部分基本职能都移交给外部的力量，即实行外包。公司管理人员的主要工作是监督公司内部的经营活动，协调为本公司进行生产、分配及其他重要职能活动的各组织之间的关系。实质上是利用现代的计算机信息技术等多种联系方式，对可以利用的各种社会资源进行充分整合及运用的过程。公司对所有的生产工作、销售工作、研发工作等进行综合衡量，只做自己最擅长的工作，以追求利益最大化和工作方式的灵活性。这种结构的主要缺陷是公司主管人员对公司的主要职能活动缺乏强有力的控制。

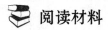 阅读材料

组织结构虚拟化的意义和形式

虚拟化意味着组织结构不再是一个以产权关系为基础，以资产为联系纽带，以权威为基本运作机制的各个部门组成的组织实体，而是以计算机和信息网络为基础和支撑，以分工与合作为联系纽带，结合权威控制与市场等价交换原则的一个动态组织联合体。虚拟组织打破了传统组织机构的界限和层级，对于组织者来说，通过业务外包使其更加专注于具有核心竞争力的活动上，这就大大提高了组织的灵活性和对市场变化的适应性，并能够广泛利用全社会的有用资源。组织结构虚拟化有两种表现形式，即组织形态的虚拟化和组织功能形态的虚拟化。

第一，组织形态的虚拟化。根据实体形态的不同程度可以分为两种情况：一种是仍然具有办公地点等实体形态，但利用信息网络，员工工作的空间限制消除了，实体组织结构的作用已经大为降低。另一种是完全不具有实体的部门，通过互联网络实现各种交易，这样原来的实体组织改变了形态，成为结构无形化的组织，包括网上书店，网上银行等网上组织。

第二，组织功能形态的虚拟化。组织功能形态的虚拟化表现为依靠高度发达的互联网络，保留经营运作过程中需要的所有功能中自己最擅长的，最具有竞争力的一小部分核心功能（指拥有功能所有权与使用权），而将其他功能虚置，并通过与其他组织合作的方式，有偿使用其他组织相应功能，同时虚拟组织自身核心功能也在合作过程中可以被其他组织有偿使用。

虚拟化使组织形式灵活，结构简单，构造快捷，可以集中精力将有限的资源用于保持和发展组织自身的竞争优势，而将其他对组织而言附加值低的功能虚拟化，扩散到组织网络中，借助其他网络成员的力量予以整合，最大效率地利用了组织资源。

资料来源：任浩. 组织行为学——现代的观点［M］. 北京：清华大学出版社，2011.

（三）无边界组织结构

美国通用电气公司前总裁杰克·韦尔奇是最早创造"无边界组织"这一词的人，他还将这种设计对通用公司的组织结构进行变革。无边界组织是指其横向、纵向或外部的边界不由某种预先设定的结构所限定或定义的组织结构。在今天的环境中要最有效地运营，就必须保持合适的管理跨度，以授权的团队取代部门，保持组织的灵活性和非结构化。无边界组织结构的设计目的是要减少命令链的长度，对控制幅度不加限制，取消各种职能部门，代之以授权的团队。通过打破官僚组织的各种有形和无形边界，形成具有模糊性和渗透性的组织或组织联合体，通过取消组织的垂直界限而使组织趋向扁平化。

无边界组织是指其横向的、纵向的或外部的边界不由某种预先设定的结构所限定或定义的这样一种组织设计。在今天的环境中要最有效地运营，就必须保持灵活性和非结构化。无边界组织力图取缔指挥链，保持合适的管理跨度，以授权的团队取代部门。

要想实现无边界组织结构，必须以计算机网络化为技术保障，通过网络化使工作专业化程度减低，倡导工作扩大化，倡导跨部门组建工作团队，使管理权限"无限扩大"，管理层次逐渐缩小；不过分追求规范化和正规化，边界开始越来越模糊、柔性。

该结构模式的优点是模糊了传统组织中的边界，提高了整个组织在信息的传递、扩散和渗透等方面的能力，实现了成员对信息、经验及相关技能的共享，以多功能团队取代了职能性部门，强化了组织能力，实现资源的合理整合与创新式管理，快速适应了变化的环境。但是这种结构形式对信息化的要求较高，因为传统的组织与客户之间的外在界限及地理障碍被打破了，要依靠强大的内网和外网不间断地支持企业的发展，保持与各界之间的联系，随时交流信息。因此，该结构形式主要适用于创新型组织，要求该类组织既具有大型组织的力量，又有小型组织的效率、灵活性和自信。

该结构模式的优点是模糊了传统组织中的边界，提高了整个组织在信息的传递、扩散和渗透等方面的能力，实现了成员对信息、经验及相关技能的共享，以多功能团队取代了职能性部门，强化了组织能力，实现资源的合理整合和创新管理，快速适应了变化的环境。但是这种结构形式对信息化的要求较高，因为传统的组织与客户之间的外在界限及地理障碍被打破了，要依靠强大的内网和外网不间断地支持企业的发展，保持与各界之间的联系，随时交流信息。因此，该结构形式主要适用于创新型组织，要求该类组织既具有大型组织的力量，又有小型组织的效率、灵活性和自信。

【思考】"X媒体"的组织结构

早晨8：30，当一般上班族还拎着早点进公司的时候，"X媒体"资讯科技公司的经营团队早已经坐在会议室和董事长翁素惠一起开会了。

"人才是公司最重要的资产。"翁素惠说。

翁素惠领导的经营团队——技术研发和通路行销是公司的两大支柱，总经理施明信负责带领技术研发团队，翁素惠十分倚重他对于网路未来趋势的分析和软件技术的研发，另一个支柱是负责通路行销的副总经理柯佳伶。

另外，翁素惠相当依赖的幕僚，包括铁三角：技术研发执行长施志明、负责财务的副总经理陈铭德和担任公关及发言人的副总经理李培芬。

翁素惠尊重他们的专长，也擅用他们的专业：如何使科技人了解营销，行销人理解科技，使两者结合发挥乘数效应，"最大秘诀就是建立共同愿景。"翁素惠说。

对于国际网路未来的发展，她充满信心地表示："我告诉他们，相信我，一定会成功。"管家婆的最大企图就是结合国际网路、实体通路与广告媒体，是管家婆称为亚太地区"电子通路应用服务商"（简称ECASPQ）的领导品牌，成就这项愿景最重要的就是人才和资金。

【问题】1. "X媒体"的组织结构属于哪种形式，请画出组织结构图。

2. 对于日新月异竞争激烈的互联网行业，你认为"X媒体"的组织结构应该如何适应？

资料来源：胡宇辰，叶清，庄凯等. 组织行为学［M］. 北京：经济管理出版社，2002.

五、组织设计

组织设计就是对组织活动过程中的组织结构进行设计的过程是把任务、责任、权力和利益进行有效组合和协调的活动，组织设计的主要内容包括工作职务的专门化、部门的划分、指挥系统与智能参谋系统的相互关系等方面的工作任务组合，建立职权、指挥系统、控制幅度和集权分权等人与人相互影响的机制，开发最有效的协调手段。

1. 组织设计的基本原则

组织结构的产生是组织设计的结果，合理有效的组织设计是组织结构优化的先决条件。在进行组织设计或改革的时候一定要认真研究组织设计的基本原则，遵循这些原则可以减少由于组织设计不合理而发生的管理障碍及经济损失。

（1）管理层级原则。这一原则要求组织成员每个人都必须明确自己的岗位、任务、职责及权限；明确自己在系统中所处的位置，知道自己的上下级，知道对谁负责；明确自己的工作程序和渠道。

（2）工作专业化和部门化相结合的原则。组织要将全部工作或任务分解为各种专业化的任务，然后将这些任务落实到群体或个人，形成不同的部门。各部门或个人则按照分工合作的要求，对构成个人职位和群体任务的业务工作划分部门层次，将相关或相近的任务、职位归到一个部门，实现因事设职、因职择人。

（3）管理跨度原则。管理跨度（或叫作控制幅度）是指上级能够有效地管理或控制的下属的人数。一般认为，管理控制的幅度大小与管理者的管理能力、职能的相似性、复杂性、被管理人员之间相互协作的程度等要素相关，一个领导要有一个适当的管理跨度，太大或太小都不易于管理效率的提高。通常，管理的跨度与管理层次成反比例关系，管理跨度越大，管理层次就越少，反之管理跨度越小，管理的层级就越多。

图11-7显示的是不同管理跨度的应用对比情况，同样是2096名员工，一个管理跨度为4，另一个为8，那么后者在管理层次上就少了两层，可以少配备800名左右的管理者，如果每个管理者的年薪为50000元，管理跨度大的企业就可以每年节省4000万元左右的薪金，从而为组织减轻了管理者过多造成的人、财的浪费。当然，宽幅度也是有一定界限的，如果过宽，甚至超过了管理者的管理能力，就会由于没有足够的时间和精力为下属提供必要的支持和管理而导致员工绩效下降的情况。

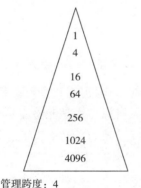

管理跨度：4
操作人员：4096人
管理者数量：1~6级，共1365人

管理跨度：8
操作人员：4096人
管理者数量：1~4级，共585人

图11-7 管理跨度应用对比

资料来源：周菲. 组织行为学［M］. 北京：机械工业出版社，2009：208.

（4）统一指挥原则。如果两个或两个以上的领导人同时对一个下级或一件工作行使权力，就会出现混乱的局面。后来，人们将这个原则发展为一个人只能接受同样的一个命令，如果两个或两个以上的领导人想要同时参与指挥的话，必须事先达成一致再下达命令。

（5）授权原则。随着组织的日益壮大，业务活动日益复杂化和专业化，原来的组织结构、分工及相应的责权利关系不能适应需要，组织必须学会集权与分权相结合的原则，学会适当的授权管理。授权是将高层管理者的一部分决定权由高阶层移至低阶层，也可以针对某件事将某项任务的处理权直接交给下级处理，完成任务后再将权力收回。使用这一原则的时候要注意，权力可以下移，责任不能下授，即工作可以让下级来做，但是出了问题领导者还要对自己的上级负责。否则容易出现责任不清、推诿扯皮的现象。

（6）精简效率原则。精简就是要求组织设计的结果能够在保证实现组织目标的前提下，将管理层次和管理人员的数量降到最低限度；效率要求根据组织特点，选择管理效率最高、经济效益最大的组织形式，这是对传统的臃肿庞大的组织结构进行改革的挑战，因为人浮于事的组织结构不仅会造成人才的浪费，还会出现职责不清、决策迟钝、扯皮推诿等现象，严重影响工作效率，精简效率原则就是要将资源的浪费降到最低。

（7）弹性结构原则。近代的组织理论强调组织要适应环境的变化，提高竞争能力和提高效率，这就要求组织结构要具有弹性，即组织的部门结构、人员的职责和职位都是可以变动的，以保证知识和职权的结合，保证集权和分权的均衡。

弹性组织结构原则主要体现在两个方面：一是部门结构要具有弹性，即某些部门是否有存在的必要，要求组织要根据任务和完成组织目标的需要，定期审查组织内部任何一个部门存在的必要性，如果已经不必要，就可以考虑撤销或进行组织变革，这在西方被称为"日落法"。另外，如果有新的任务出现，成立临时工作小组也是增加组织结构弹性的良好方法，根据工作任务的需要临时从各个部门抽调有关人员组成一个工作小组专门解决问题，任务完成后小组即解散。二是使职位具有弹性，可以考虑按任务和目标的需要设立岗位，不按人设岗；实施干部定期轮换制；实施职工一专多能、一人多岗、使岗位人员具有弹性；实行弹性工作制、工作分享等多种用工制度。

2. 组织设计的基本程序

组织设计的基本程序主要包括六个基本步骤：

（1）制定组织目标。组织目标通常根据组织的宗旨进行设计，组织宗旨是组织存在的理由，是由外部环境的需要决定的。通常组织目标必须是能够满足社会需要的并且是能为公众所接受的，而且，一旦组织目标确定后，必须为自己的员工所知晓和理解。

（2）分析基本职能。这是组织系统在特定的环境中保持正常运转、保证组织生存和发展所必须具备的功能，是足以单独表明的重大职能。如对于一个生产性的组织来说，它的基本职能可以按照惯例及专业化分工分为生产管理、技术管理、供销管理、劳动人事管理、财务管理等。每个基本职能还能按照专业化程度继续划分。这个过程实际上是确定组织基本职能、确定各职能之间的关系及确定各个职能中的关键职能的过程，即人力资源管理工作中岗位分析部分的内容。

（3）职能分解归类。这是对组织的基本职能予以细分和归类的过程，组织要按照组织目标的基本特征或者组织的基本特征对某些基本职能再进行细分，并对工作任务简单的职能或任务相近的职能进行梳理归类，在归类之后就可以确立负责每一职能的相应部门，同时综合考虑横向的管理跨度和纵向的组织层次，完成初步的组织机构设计。

（4）目标分解。目标分解是将组织总目标分解为各职能部门及各业务单位的具体目标的过程，在分解的过程中还要进行目标之间的协调，从而实现组织目标的体系化，使各个部门共同努力实现组织目标。

（5）职务分析。组织经过分析和研究，确定内部某一职务的性质、内容、工作方法及该任务的任职条件的过程就叫作职务分析，职务分析的结果可以形成职务描述书和任职说明书，前者主要是说明工作内容与特征、工作责任与权力、工作目的与结果、工作标准与要求、时间与地点、岗位与条件、流程与规范等内容，后者则是对任职者的基本要求，包括生理要求和心理要求两个方面，具体有能力、素质及基本资格要求等项目。

（6）管理控制。管理控制是为了保证整个组织机构能够按照设计要求正常运行所进行的过程管理和控制。这个过程首先一定要以组织目标为导向，一旦偏离组织目标必须进行及时调整；其次要建立组织正常运作时的标准工作程序和方法，保证组织机构按照设计要求正常运作；最后则要制定采取纠正行动的程序，当组织运行程序或标准出现偏差的时候能够及时进行调整，并保证客观公正。

第三节　组织变革

一、组织变革概述

组织变革（Organizational Change，OC）是组织管理的一个重要组成部分，是组织应对内外环境的变化而做出的适应性反应和调整，从而使管理更符合组织生存发展长期规划目标的行为。现代组织越来越多地面对动荡的环境、高新技术的发展和应用、竞争的国际化、公众偏好的变化和员工期望的不断变化，都对组织提出了越来越多的挑战。

1. 组织变革的内涵

组织是一个动态开放的系统，其内部构成因素及外部环境的变化都会对组织产生影响，在竞争和发展环境日益复杂的现代管理条件下，组织运行一段时间后就会出现现实状况与目标状态之间的差距，原有的平衡和稳定状态不能适应环境变化和自身发展的要求，就要进行相应的变革。

哈默和钱皮在《企业再造》一书中提出影响组织市场竞争力的三种重要力量，分别为顾客（Customer）、竞争（Competition）和变革（Change），并且强调变革的重要性，认为变革不仅无处不在，而且还持续不断，已经成为现代组织发展的常态状态，是组织的经常性工作，而且变革不是组织发展的终点，通常会引起一系列的反应，成为组织发展的有一个新的起点。

组织变革是组织实现动态平衡的发展过程，狭义的组织变革是指组织根据内外部环境条件的变化及时地改变自己内在的正式结构，以适应客观发展需要的过程；广义的组织变革还包括行为变革和技术变革等方面。本章认为，所谓组织变革，是指组织为适应内外环境及条件的变化，有意识地对组织的目标、结构、组织要素及组织行为等适时而有效地进行各种调整和修正，以提高其适应环境、求得生存和发展需要的应变能力的过程。

2. 组织变革的目标

组织变革是组织为适应竞争和发展变化、保持自身活力而进行的，是以改善和提高组织效能为根本目的的一项管理活动。组织变革的目标可以总结为五个方面：一是提高组织适应外部环境变化的能力；二是实现组织与其成员心理、行为方式上的和谐，使运营更加高效；三是增加市场竞争力，确保组织的市场竞争地位；四是达到与组织战略的匹配，更好地支撑组织战略的执行；五是增加顾客的价值性，降低顾客的购买成本和使用成本。

3. 组织变革的分类及战略类型

组织变革的类型有多种划分方法，有战略型和战术型之分，有临时变革和经常变革之分，有主动变革和被动变革之分，有渐进的变革和剧烈变革之分，按照变革的内容来分，还有以组织结构为中心的变革和以技术为中心、以人员为中心的变革之分。

阅读材料

有一群为一家小旅馆工作的服务员来到老板面前，由一个女代表对老板提出了关于工作重新设计工作的要求。她认为对大多数人来说，每天早8晚5的上班时间太苛刻了，因为她们中的几乎每个人都有家庭需要照顾，但是这种严格的工作时间使她们分身乏术。如果旅馆不能考虑重新设计工作时间的问题，她们将集体辞职去找别的工作。老板听出了这是员工的最后通牒，尽管在法律中规定8小时工作制，但是各种行业的实际情况不同，员工对工作时间的要求也不尽一致，所以他同意了大家提出的工作时间调整要求，第二天就开始为这些员工设计了弹性上班制，一个员工也没有走掉。

一家大型汽车制造商花费了几十亿美元安装了艺术机器人。接受这种新设备的一个领域是质量控制部门。先进的计算机控制设备将安装到位，以便提高公司发现和修正产品缺陷的能力。由于新设备将给质量控制部门工作人员的工作带来急剧变化，而管理层也预计到来自员工方面对引入新设备的阻力，因而高级主管马上就着手开发一项计划来帮助人们熟悉新设备并且消除他们的焦虑感。

上述两个情节都是组织变革的案例，其共同点在于都是让事情与原来不同，使公司的管理方式或运行方式发生变化；所不同的是，前一个案例的变革是被动发生的，而后一个案例的变革是有计划的。事实上，现在有很多组织的变革都与小旅馆的情况相似，因此，他们会认为组织的变革是偶然现象，不过，由于市场竞争的加速，我们要实行的应该是有计划的变革，是目标导向的行为。

资料来源：斯蒂芬·P. 罗宾斯. 组织行为学精要（第7版）［M］. 北京：机械工业出版社，2009：237.

组织变革涉及的是组织战略性的改革与调整，是关系到全局性、方向性的大问题，通过变革整合组织的各种资源和竞争力量，形成新的竞争优势。这些变革的基本战略类型和内容如下：

（1）经营战略变革。组织经营战略同组织发展规模、组织在市场上的竞争地位相适应，如果规模和地位发生了变化，经营战略也要随之改变。

明星类组织（市场增长率和相对市场份额都很高的组织）与瘦狗类组织（市场增长率低而相对份额低）、处于市场领导者地位的组织与处于市场挑战者地位的组织，所采取的经营战略与策略都是不一样的。组织必须审时度势，对自身进行市场再定位，适时调整自己的发展目标，以适应社会环境的变化和要求。

（2）管理和联系方式变革。随着组织内外环境的变化，原有的经营管理方式和联系方式可能会变得落后和无效率。对组织内部而言，随着人员素质的不断提高及员工权力的扩大，上下级之间更多的是伙伴关系、合作关系，组织内部管理与联系方式也应更多地采用参与式、团队式、自我管理等方式。在组织外部，组织同政府、公众、新闻媒体以及供应商、客户之间的联系方式也将随着信息系统的引进、随着竞争环境的变化而发生改变。

（3）组织运行系统变革。组织系统的正常运行，要求有与之相应的运行载体，即合理的组织方式。一定的组织形式总是同相应的组织规模、市场环境相联系并随之而改变的。变革的目的在于更合理地组织管理人员的工作，提高管理劳动的效率。这些变革包括内部报酬系统、管理信息与控制系统、会计与预算系统等方面。

（4）人员与文化变革。组织内部人员的知识结构、技术水平、价值观念、思维方式随着环境的变化而不断更新，组织文化也会随着组织兼并、再重组、结构调整而改变。组织必须加强教育培训，加强对人的价值观管理，建立"学习型组织"，重视员工参与和授权，增强组织凝聚力，形成文化认同和文化融合，提高员工的积极性和组织素质。

（5）产品与服务变革。产品是组织与社会、组织与公众联系的桥梁，质量是产品的生命。市场的激烈竞争要求组织不断改进产品的品种、结构，寻找产品的新途径、新用户，吸引新顾客，开发新市场，向社会提供适销对路的产品和服务，满足和诱导购买动机，坚持市场创新。

（6）技术变革。技术推陈出新有利于组织在激烈的市场竞争中抢先占领市场有利地位，获取主动权，扩大市场份额。技术变革包括引进新材料、新设备，改进生产工艺、设备与人员的时空组合，改进工作方式、工作流程等方面。

二、组织变革的基本动因

组织要制定科学的变革对策，首先需要对能够引起变革的各种基本动因进行认真分析，这是研究组织变革的起点。本节主要从组织变革的外在原因和内在原因两大方面进行分析。

1. 组织变革的外在原因

（1）科学技术进步。科学技术系统的发展是组织变革的一个明显推动力。现代科学技术在以空前的广度和深度影响和改变着社会生产和生活的各个方面，它对组织结构、组织管理层次与幅度、组织运行要素等都带来了巨大变化。

产品的技术含量越来越高，技术创新速度越来越快，从研究试制到投入商品市场的周期越来越短，国内外市场新产品层出不穷，产品随时面临老化、过时、遭淘汰的厄运。信息系统的引进使得组织结构日趋扁平化，中间层次大大减少，部门之间、上层与下层之间沟通更为快捷，沟通方式也大为改变。

（2）竞争压力的加大。竞争日趋激烈，竞争对手越来越强大且难以捉摸，新的进入者不断加入，替代品不断出现，竞争的领域、范围扩大，同行业竞争对手增多，除了国内的竞争者外，海外的竞争者以更高、更精致技术的同类产品低价销售。因此，如果不进行组织变革，就无法应对竞争的压力。

（3）顾客的改变。随着科学的发展、生活水平的提高，消费者的需求水平、需求结构、价值观和生活方式、审美观和闲暇时间等都发生了新的变化，组织必须进行变革，增强快速反应能力，及时满足消费者的需要占领市场。

（4）地区和国家经济变化。政府对组织的影响巨大，构成了组织最重要的外部环境之一。政府重大方针、政策的出台，宏观调控措施的改变，经济结构的调整，通货膨胀的变化以及各项法律规则、税收、政治事件等方面的改变，都要求组织做出相应的变革。尤其是组织所在地区的经济发展情况，反映着组织生存环境的变化，组织必须及时调整相关的生产经营政策才能在当地站稳脚跟，只有多关心当地的发展，参与公益事业的发展，才能获得更多公众的支持。

（5）组织活动范围扩大。随着经济全球化和一体化趋势加快，组织联合兼并出现，跨国组织增多，各国公司尤其是综合性大规模组织的经营活动范围在扩大，从一国扩展到多国甚至全球，经营活动范围的扩大使得组织要面对众多不同的政治、经济、文化和法律环境，要求组织改革单一的管理模式，适应多国不同的环境。

（6）管理现代化的需要。管理是推动组织变革的重要因素，有人直接把组织变革称为"管理变革"或"改革的管理"。管理现代化要求组织对其行为做出有效的预测和决策，对组织要素和组织运行过程的各个环节进行合理规划，以充分调动员工的积极性，最大限度地发挥本单位人力、物力、财力的作用，取得最佳效益。

2. 组织变革的内在原因

（1）组织目标与员工价值观的改变。随着组织的发展，要么组织既定的目标已经实现或即将实现，需要寻求新的发展、新的目标；要么组织既定目标无法实现，需要及时地转轨变型；要么组织目标在实施过程中与环境不相适应，出现偏差，需要进行及时修正与调整；同时，职工的价值观、对组织的期望和劳动态度等方面都会发生相应的变化，因此，组织结构必须与组织目标发展相适应，及时作出相应的改变和调整。

（2）组织结构的改变。现有部门进一步划分或合并，对组织结构的权责体系、部门体系的调整，将引起整个组织系统效能和作用的变化，从而要求调整管理幅度和层次，重组新的部门，协调各部门的工作，改变现有结构设计不合理或不适应新的环境变化的状况，以提高组织的运转效率。

（3）组织内部的矛盾与冲突。由于部门扩大，人员增多，目标不一致，业务量增加，组织内部矛盾增加，人际关系复杂，群体冲突不断，需要调整组织结构，改变沟通方式，缓解矛盾，理顺关系，从而使组织有效运行。

（4）组织职能的改变。组织职能随着现代社会的发展而发展变化，现代社会组织的职能更专业化、社会化，强调职能细化，分工明确化，社会服务职能要求强化，对社会的责任增强。所有这些都要求组织变革原有的权责体系，合理设计管理层次和幅度，建立有效的沟通体系，兼顾社会各方面的利益，提高服务的层次和水平，以求得生存和发展。

（5）员工社会心理的变化。组织成员动机、态度、行为、需求等的改变，对整个组织的发展具有重要的意义。组织方针、措施的出台，战略规划的实施，都需要员工的支持和配合，员工的需求层次提高，参与意识、自主意识增强，个性化趋势增强，要求组织改变激励手段，改善工作环境和工作条件，改变工作设计，以适应组织成员的社会心理需要。

【思考】现代社会快速变化引起了人员的大量流动，这对组织的发展造成了一定的影响，请结合影响组织变革的因素谈谈人员流动的变化对组织变革的影响是什么？

三、组织变革的先兆

西方组织管理学家希斯克（H. L. Sisk）对组织变革的征兆作了深入的研究，认为当组织内部出现下列情况之一时，就表明该组织需要变革：①决策的形成过于缓慢或时常做出错误的决策，以致常常错失良机。②意见沟通不良，造成不及时协调人事纠纷等严重后果。③组织的主要功能已无效率或得不到正常发挥。如组织生产计划不能如期完成，生产成本过高，产品质量低劣，销售下降，技术革新和新产品上市失败，职工工作绩效下降等。④组织缺少创新，在产品发展上没有新观念，在组织机能的执行上没有新方法，致使组织停滞不前。⑤结构重叠，权限冲突，信息缺失，执行延误等。

仅仅看到了需要变革还是不全面的，组织还要灵活判断变革的程度，会分析变革为组织带来的影响。美国利特尔咨询公司提出了一个公式：$C = (ABD) > X$。式中，C 为变革；A 为对现状的不满程度；B 为对变革可能到达情况的概率判断；D 为现实的起步措施；X 为变革所花的代价。该式说明，是否进行组织变革还要取决于需要变革的各种因素的乘积大小，只有 ABD 的乘积大于变革所花的代价，变革才是有意义的，否则变革就没有经济价值。发现了组织需要变革的征兆，就可以确定变革的时机和对策，及时实施变革。

四、影响变革成功的因素

由于组织变革充满许多不确定性因素和预期，在实施时必然会遇到各种阻力，就是说，如果变革不能得到绝大多数组织成员的支持、理解、参与和积极配合，很难取得成功。当然，如果完全没有阻力，组织行为则将出现无序随机的特征，也难以实现彻底的完整意义上的变革目标。因此，管理者必须清醒地认识到影响大多数人对组织变革态度的因素有哪些，尽最大可能对这些因素加以调节和控制，将变革的阻力降到最低限度。

变革的阻力可能是明显的，也可能是隐含的，可能是立刻的，也可能是延迟的。管理者通常更容易处理好明显的和立刻的变革阻力，而对于隐含的和延迟的变革通常会估计不足或没有估计到，从而使变革阻力产生累加的反应。

1. 影响变革的个人因素

从个人方面讲，影响变革的主要因素有以下几个方面：

（1）心理因素。人是习惯性生物，在复杂的生存环境下每天都要做出很多种选择，而一旦形成习惯或者成为程式化的反应，就不愿被改变，因为人们长期从事自己熟悉的、稳定的工作，会感到心理上的安全感和平衡感，一旦遇到组织变革，这种心理上的平衡和安全感就会丧失，产生一种茫然无助的心理恐慌，这是导致抵制变革的主要原因。还有一些人会担心变革影响自己在组织中的地位和职权，有的人担心变革会破坏原有的人际关系，为了维持原有的关系，人们从感情上产生一种对变革的抵制。组织变革还会使人们感到风险增大，预期不稳定，因为变革的后果是未知的，存在着成功和失败两种可能，所以人们可能对变革产生怀疑和担心，形成抵制心理。

（2）经济因素。这是产生变革阻力的最关键因素，因为很多人会担心变革将使个人的经济收入和福利减少，直接损害自身利益。比如组织技术变革后会使一些员工不适应新的程序，部分老员工可能会成为多余的人而被调动到其他岗位甚至被解雇，同时有些人还会担心变革后工作时间的减少影响自己的收入，担心职务和工作发生改变，担心生产效率提高后工作会使工作更紧张、更辛苦，自己的闲暇时间会相应减少等。其实经济上的变化也将直接影响家庭生活的稳定，如精简机构和干部人事制度的改革，使某些人失去职权，工资奖金等收入都发生改变，也直接影响着家庭经济收入的变化。因此，组织的变革可能还会间接地受到家庭的影响。

（3）领导者因素。变革是用新秩序代替旧秩序的过程，是对旧有秩序的破坏，由于存在着成功和失败两种可能，组织变革的领导者对变革要承担一定的风险，相关的领导者和组织成员担心一旦变革失败会危及自身地位和既得利益，因而有一种畏惧和求稳怕乱的心理，对组织变革不能大刀阔斧地进行，影响了变革的速度。

（4）认知影响因素。由于知觉具有选择性和恒常性，一旦在人们的头脑中形成了工作世界的图样，就不愿再改变，为了保持认知不变和思维定式，人们通常会采取选择性的信息处理方式，只听自己想听到的，只看自己想看到的，而忽略那些对他们已经形成挑战的变革信息，有时就是"掩耳盗铃""自欺欺人"的消极抵抗。

（5）社会因素。组织在长期的发展中会形成一定的利益群体，形成一定的规章制度、价值观念及习惯做法，在进行变革时会打破原有的群体平衡状态，甚至遭到群体的反抗，另外，社会的文化传统、风俗习惯、利益集团的利益诉求等都可能造成变革的阻力。

2. 影响变革的组织因素

从组织方面看，影响变革的主要因素有以下几个方面：

（1）组织结构因素。组织变革使原有各层次权力与责任的界限被打破，不同层次的管理机制也会被调整，会触及旧有层次管理机构的利益和权力，从而导致这些群体的抵制。

（2）组织规范因素。组织规范是组织产生稳定性的内在机理，一旦制定出来，就有一种惯性，会在较长时间内约束和规范员工的行为。尽管组织变革改变了原有行为规范和组织目标，但这些行为规范和组织目标的影响力在没有消退之前对新的组织规范和组织目标还是会形成一种抵制力量，影响新的组织规范的贯彻落实，实际上这是结构性惯性在扮演着维持稳定的平衡力，从而阻碍变革的进度。

（3）经济利益因素。组织变革不仅涉及组织制度和秩序的重新构建，更可能涉及利益的重新划分问题，因此，一方面是需要投入人力、物力和财力，另一方面则要对有限的资源进行合理的配置，如果员工们对这种投入的预期效果感到不确定和存在浪费资源、增加成本等方面的经济顾虑，组织变革的动力就会被减弱。

（4）人际关系因素。人际关系在组织发展中既是个人因素又是组织因素，随着组织的发展会形成比较稳定的人际关系网络，而变革则意味着旧有的关系要被打乱，组织成员之间的关系要被重新调整。新旧关系的交替、新关系的确立需要一个较长的过程，在旧有关系仍在起作用，而新的关系尚未建立时，组织成员之间的关系可能会变得紧张，从而引起一些人对变革的不满。

五、克服抵制变革因素的方法

组织变革中出现各种阻力是正常的，管理者可以按照组织的实际情况采取不同的方法克服各种抵制变革的因素。

归纳国内外研究与实验的结果，在变革前、变革进行的行为转换阶段及变革后的行为转化阶段都可以采取相应的措施克服抵制变革的因素，见表11－3。

表11－3 克服抵制变革因素的具体方法

变革的阶段	克服抵制变革因素的方法
变革前	激励员工的改革动机，使新建体制的好处深入人心
	有针对性地采取克服心理阻力的措施，挑选合适的人来领导改革，制定改革计划与方案，注意上下沟通，获得群众的支持和拥护，把变革者的意愿变成全体员工的信念，从而形成变革的强大推动力
	施加外部压力，使员工感到有非改不可的必要性
	选择恰当的变革时机
变革进行中的行为转换阶段	鼓励员工积极参与，找出应改革的方面，提出相应的解决方法和对策
	采用力场分析法，利用群体的新规范和群体内聚力改变个体行为方向
	对改革的总目标进行分解，分步骤、有计划、有组织地进行
	变阻力为动力，做好反对者的转化工作，使其成为"智囊团"的成员

续表

变革的阶段	克服抵制变革因素的方法
变革进行中的行为转换阶段	当变革方案不够成熟，对变革结果没有充分把握时，可以先在小范围内进行试点，试点成功后再普遍推广
	尽量保持企业原有的社会协作关系，确保生产经营的正常进行，避免外界因素给变革造成的阻力
变革后的行为转化阶段	采取各种激励方式，强化员工的积极行为，转化消极行为，使新行为规范更早、更多、更快地为大多数人所接受并内化
	保持原有的社会联系相对稳定性，增加外部力量对组织变革的支持

第四节　组织发展

现代组织面临着生存和发展的各种竞争压力和机会，只有通过不断进行变革和发展才能从根本上增强组织的核心竞争力。近些年，组织发展已经作为组织变革的一种有效途径，广泛应用于美国许多组织的变革实践中，成为组织发展的一个热门话题。

一、组织发展的内涵

1. 组织发展的含义

组织发展（Organizational Development，OD）是一种参与式的变革尝试，主要是指组织的自我更新和开发过程，是组织为了应付内外条件的变化，将外界压力转化为组织内部的应变力及解决问题能力，以改善组织效能，实现组织目标的过程。

2. 组织发展的特征

组织发展鼓励全体受到变革影响的人积极参与组织变革，并主要利用行为研究模式来引导人们进行行为的变革，最终目的是促使组织内群体或整个组织发生变革，因此与一般的组织变革方法相比，具备独有的特征，主要表现在：

（1）组织发展是有计划的、长期的过程，着眼于组织内部群体的变革，既包括整个组织的各个阶层人员，也包括技术水平的发展，而不是仅仅停留在任务部分。

（2）组织发展强调工作群体之间的协作，通常采用行动研究模型，有专业的变革人员参与，组织还会从外部聘请顾问从事组织发展工作（通常被称为变革分子），这些人会作为变革的推动者，他们与组织员工、领导共同参与制定最佳方案，研究具体措施，共同付诸实施，从而在组织高效化的同时实现个人成长的最佳化。

（3）组织发展本质上要求具有可参与性，要求变革所设计的群体或组织中的每个成员积极参与变革的全过程中，在所发现的问题上达成共识，制定解决问题的方案和框架，提出推进变革的行动计划，积极参与实施工作，并在评价变革结果时发挥主要作用。

（4）组织发展的目标在于开发组织解决实际发展问题的潜力，而不是去提出解决建议，因此重点要关注组织能力的提高，这是一个重要的战略任务，需要得到组织最高领导层的支持，才能获得大的发展。

3. 组织发展的目标

贝克哈特从组织发展的观点研究管理问题，对组织发展的目标进行分析，提出组织发展的具体目标应该包括：组织的发展战略的变化；组织中不适应要求的工作风格和方法被改变；管理者适应性的组织功能；积极解决个体与群体之间的冲突；切实改正组织管理结构上的缺陷；让组织激励动机系统有重要的变化；使得组织系统更加有效和灵活；不断提高组织群体之间的团结；提倡组织目标管理，按照计划要求改善组织管理工作。

其实，之所以要进行组织变革，目的是为了促使组织结构更为合理，与组织的任务目标更相匹配，发展中的组织应是能够不断解决管理中的各种问题的、创新能力不断增强的，只有当组织达到此种状态时，才是真正的发展。

二、组织发展的过程和规律

任何组织都与人一样是具有生命周期的，有发展的阶段性和一定的规律性可循，在对组织发展的阶段性研究中，里皮特（G. L. Lippit）和施密特（W. H. Sschimidt）认为，组织发展主要会经历三个阶段，如表 11 - 4 所示。

表 11 - 4 里皮特和施密特的组织发展阶段

组织发展阶段	转折关系	关键环节	可能出现的后果
产生期	创建新组织 持续的生存系统	危险性 献身精神	受挫或不开展活动 组织坏死
青年期	获得稳定性 赢得发展	有机的组织 接受环境变迁	组织遇到危机 人事困难
成熟期	取得成就 为社会做贡献	持续变革 大家都为社会做贡献	由于竞争而影响能量传播 人员的创造性低落

资料来源：张德. 组织行为学（第四版）[M]. 北京：高等教育出版社，2011：344.

组织发展过程主要包括以下几个阶段：进入和签约阶段、组织诊断阶段、信息的收集与处理阶段、干预措施的设计与执行阶段、干预效果的评估阶段。

进入与签约是组织发展的第一阶段，内容涉及界定组织问题的性质，使组织成员与专家建立良好的合作关系，达成一致意见后签订书面合同，明确双方的权利和义务，任务完成的时间及注意事项等。

组织诊断是要评估组织当前的状况，为制定组织变革的措施提供必要信息的过程。包括对组织水平的诊断、群体水平的诊断和个体水平的诊断等内容。

信息的收集、分析和反馈，这一环节要运用到各种信息收集方法，使用定性及定量的分析方法，对信息的内容和信息反馈的方式进行优选组合。

设计与执行干预措施的阶段，在对干预措施进行选择时，要注意这些措施必须建立在关于组织运作的有效信息技术上、能够带来预想的结果、能够提高组织成员管理变革的能力等。为达到这些效果，在干预措施设计的时候就要综合考虑各种权变因素，包括组织方面、技术方面、人力资源方面，还包括各种情境变量，如变革的准备、变革的能力、文化维度及变革代理人的能力等。

评估干预的效果，涉及评估干预是否按计划执行以及取得的预期效果如何，表 11 - 5 显示的是关于组织发展效果测量的一些变量。

表 11 - 5　组织发展干预效果的测量变量

测量变量	计算公式
缺勤率	缺勤天数/员工人数 × 工作天数
迟到率	迟到次数/员工人数 × 工作天数
流动率	流动次数/员工人数
抱怨率	抱怨次数/员工人数
生产率	产品或服务输出/直接或间接劳动
质量	次品 + 退货 + 返工 + 废品
停工时间	停工 + 修理

资料来源：陈兴淋. 组织行为学 ［M］. 北京：清华大学出版社，2006：291.

三、组织发展的干预技术

组织发展的干预技术就是组织发展的基本方法，按照组织发展专家弗伦奇（F. French）和贝尔（E. Bell）的定义是："各种有组织的工作活动，以及推动组织中有关成员或团体从事一项或一整套工作任务，其目的是直接或间接地为了组织的改善。"简单说，就是为了改善组织管理，针对有关的成员或团体采取的各种措施。

常见的干预技术主要有技术结构干预技术、人类过程干预技术、人力资源管理干预技术和战略干预技术四种类型。

1. 技术结构干预技术

技术结构干预技术是指有计划地改变组织的结构以促进组织发展的技术，通常包括组织结构的设计、裁员、全面质量管理、工作再设计、合并部门、简化规章、扩大员工自主性、更新组织文化、开发人力资源、进行各种培训、改善工作的技术条件、调查反馈法等。

2. 人类过程干预技术

人类过程干预技术主要解决的是组织成员在完成组织目标的过程中所遇到的问题，是以提高个体的行为能力为直接目的的技术，主要包括敏感性训练、第三方干预、团队建设、群际关系干预、组织会议、大群体干预、方格训练等技术。

3. 人力资源管理干预技术

组织发展中会遇到很多人力资源管理方面的问题，化解这些问题需要运用到人力资源的干预技术，主要有目标设置、绩效评估、事业发展、劳动力多样化、报酬制度及员工援助计划等。

4. 战略干预技术

战略干预技术主要是解决经营战略、组织结构、文化及环境的匹配性问题，常用的有开放性系统规划、整合战略变革、跨组织发展等。

【综合练习题】

一、选择题

1. 以下因素中哪些属于组织设计应该遵循的基本原则？（　　　）

A. 弹性结构原则　　　B. 精简效率原则　　　C. 统一指挥原则　　　D. 管理层级原则

2. 以下组织结构中哪些属于新型的组织结构类型？（　　　）

A. 直线职能制组织结构　　　　　　　　B. 团队型组织结构

C. 虚拟型组织结构　　　　　　　　　　D. 无边界组织结构

3. 将政策的制定与行政管理分开，政策管制集权化，业务营运分权化的是哪种组织结构类型？（　　　）

A. 职能制组织结构　　　　　　　　　　B. 事业部制组织结构

C. 虚拟型组织结构　　　　　　　　　　D. 矩阵制组织结构

4. 按照变革的内容来划分，组织变革可以分为（　　　）。

A. 以组织结构为中心的变革　　　　　　B. 以技术或任务为中心的变革

C. 剧烈的变革　　　　　　　　　　　　D. 主动的变革

E. 以组织成员为中心的变革

5. 从个人方面讲，影响组织变革的阻力主要有（　　）。

A. 经济因素　　　　　B. 心理因素　　　　　C. 社会因素　　　　　D. 组织规范因素

6. 克服抵制组织变革因素的具体方法有（　　）。

A. 选择恰当的变革时机　　　　　　　　B. 沟通

C. 试点　　　　　　　　　　　　　　　D. 员工参与

E. 增加群体凝聚力　　　　　　　　　　F. 对目标进行分解，分步骤进行

7. 组织变革的模式有哪些（　　）？

A. 勒温的变革模式　　　　　　　　　　B. 组织变革的系统模式

C. 凯利的变革程序模式　　　　　　　　D. 卡斯特的变革程序模式

8. 里皮特和施密特认为组织发展要经历哪几个阶段（　　）？

A. 成长期　　　　　　B. 产生期　　　　　C. 青年期　　　　　D. 成熟期

9. 组织发展的干预技术有哪几类（　　）？

A. 技术结构干预　　　B. 人类过程干预　　C. 人力资源干预　　D. 战略干预

10. 下列哪些技术属于人类过程干预技术（　　）？

A. 工作再设计　　　　B. 敏感性训练　　　C. 全面质量管理　　D. 团队建设

E. 群际关系干预技术

二、简答题

1. 如何理解组织与环境的关系？

2. 请举例分析组织发展战略与组织结构之间的关系。

3. 常见的组织结构有哪些，其优缺点及适用范围如何？

4. 新型组织结构形式的启示意义如何？

5. 分析影响组织设计的因素。

6. "员工喜欢在扁平的分权式组织中工作"，你同意这种说法吗？为什么？

三、名词解释

1. 组织　2. 组织结构　3. 无边界组织　4. 组织设计　5. 组织变革　6. 组织发展
7. 组织发展的干预技术

四、案例分析与探讨

案例分析 1：查理·特里卡斯卡更多的加班时间

查理·特里卡斯卡（Charlie Trikowsky）是"试对照明"（Try Right Lighting）的一名机器操作工，这家公司为美国三大汽车制造商生产汽车前灯。他所在的这家公司原先是由三大汽车公司制造商的一家所有，但三年前易主给了一家独立的公司。在"试对照明"公司被出售的时候，公司有 600 名员工，他们一周工作 5 天，每天工作 8 小时，实行三班倒。在公司特别辉煌的时候，员工需要加班一个或者一个半小时，加班费按照平时的工作标准发放。然而，加班情况发生的次数很少，查理每月大约平均有 6 个小时的加班时间。

这个行业的竞争是激烈的，越来越多的公司将他们的工厂转移到劳动力更加廉价的其他国家，一些公司为了提高效率和产量也正在应用机器人以及其他的一些新技术。查理的雇主为了保持公司的竞争力，已经决定缩减公司的规模。过去的三班倒缩减为两班，而且大约 150 名员工被裁减或者辞掉。

查理很幸运，没有被公司辞掉，公司裁员所依据的是员工的资历，那些资历浅的员工会被辞退，而查理 12 年的工龄使他免于被裁掉。由于公司规模的缩减和裁员，剩下的员工不得不迫于压力，工作时间超过 8 小时，工作量比过去更大。两班倒的生产方式远远不能有效地满足客户的要求。查理发现，与公司规模缩小和减少轮班之前相比，他现在的工作时间一周大约比过去多了 15 个小时。

查理喜欢每周拿到加班费，但是他发现取得更高的工作绩效和增加的加班时间的压力是非常大的。自从公司规模缩小以来，查理的工作更缺乏效率而错误却更多了，然而，查理最不能容忍的是这种经常加班的工作方式已经影响了他的个人生活。他有三个孩子，而现在由于加班他不能自由地与他的家庭待在一起。他不得不辞掉小联盟教练的工作，而且他现在只能每个月钓一次鱼。总而言之，他的工作和家庭生活不再令他像以前那样满意。

资料来源：[美] O. 吉弗·哈里斯，斯塔德拉·J. 哈特曼. 组织行为学 [M]. 北京：经济管理出版社，2011：352.

根据以上案例所提供的资料，结合所学的知识分析回答如下问题：

1. 什么原因和压力使公司缩减规模？

2. 查理和其他的员工是在什么时候首次听到公司缩减规模计划的，你认为他们会有怎样的反应？他们会有什么忧虑？

3. 那些在公司规模缩减后能够在公司继续工作的员工一般会有什么感受？

4. 哪些因素造成查理的不满情绪（可能其他剩下的员工也有同样的感受）？

5. 你对公司的管理层有什么建议和解决措施？

案例分析 2

前进电器公司的前身是一家乡镇企业，主要生产开关、电源等元器件，也为大型企业承揽一些加工业务。当时有员工不足百人，采用的是直线职能制组织结构形式。

后来，该公司抓住了家电行业大发展的有利时机，努力开拓家电领域的新产品，经过十多年的努力，产品已经发展到电饭煲、电风扇、电熨斗、电视机、微波炉等十几个系列，年销售额在3亿元以上，员工达到了5000人，并完成了股份制改造，组成股份有限公司。

但最近几年来，公司总经理王先生感到企业发展中的某些问题越来越突出：销售额增长缓慢，产品开发不力，生产组织混乱，各部门推诿现象严重，协调十分困难。比如，销售部门认为销售业绩不好的原因是产品设计落后，质量不稳定，并且不能根据市场的要求及时供货，错过了商机；生产部门则认为问题在于设计部门不重视生产技术特点，而营销部门又随意改变供货计划，导致生产组织困难，产品质量下滑；设计部门抱怨营销部门不能及时提供充分的市场信息，生产部门又不能贯彻设计思路，导致产品式样落后。

王经理数次召开部门负责人协调会，试图化解矛盾，明确责权，但效果不理想，因为各部门之间的纠纷要到王经理那里"讨个说法"，从而使王经理陷入了调解、仲裁等烦琐的事务之中，无暇顾及公司的战略决策。直到最近在杂志上看到公司的电饭煲市场份额由占全国市场份额第三名跌至第六名，而公司内部却没人向自己汇报过！这时王经理才感到问题的严重性。

【问题】你认为该组织应该如何解决眼前的问题？请你对组织结构改革提出建议。

第十二章
组织文化与管理

教学目标

通过本章的学习，学生要掌握组织文化的构成及表现形式、结构，了解组织文化的基本功能、类型，掌握产生组织文化冲突的各种原因及冲突的表现形态，会应用组织文化创建、维系及整合的各种方法。

教学要求

主要内容	知识要点	重点难点
组织文化概述	(1) 组织文化的兴起 (2) 组织文化的概念 (3) 组织文化的表现形式 (4) 组织文化的功能	(1) 组织文化兴起的原因 (2) 对组织文化的正确认识 (3) 组织文化的表现形式 (4) 分析组织文化的功能
组织文化的结构及分类	(1) 组织文化的结构 (2) 组织文化的分类	(1) 沙因的组织文化三层次 (2) 组织文化的构成要素 (3) 组织文化的各种分类方法
组织文化管理	(1) 组织文化的创建 (2) 组织文化的维系 (3) 组织文化的变革 (4) 组织文化的冲突与整合	(1) 组织文化产生的一般模式 (2) 组织文化维系的方法 (3) 组织文化冲突的表现及整合模式

导入事例

阿里巴巴的组织文化

阿里巴巴集团始于1999年创办的阿里巴巴网站，是全球最大的 B2B 电子商务平台，其可以追溯到马云于 1995～1997 年创办的中国第一家互联网商业信息发布网站——中国黄页，而 1997～1999 年加盟当时的外经贸部中国国际电子商务中心，开发外经贸部官方站点及网上中国商品交易市场也是其重要的里程碑。阿里巴巴的成功源于其独特的组织文化，在这方面，其创始人马云做出了很多努力。

（一）阿里巴巴组织文化的内容

阿里巴巴的组织文化可以概括为以下几个方面：

1. 阿里巴巴的梦想

通过发展新的生意方式创造一个截然不同的世界。

2. 阿里巴巴的使命

让天下没有难做的生意。

3. 阿里巴巴 Vision 愿景

其一，成为一家持续发展102年的公司，做世界十大网站，是商人就一定要用阿里巴巴。之所以提出要发展102年的口号，马云的解释是，公司成立于1999年，在20世纪活了1年，21世纪再活100年，下个世纪活1年。马云不可能待在这个公司102年，他为自己定位的主要职责是帮助继承者把整个公司的机制建好，这个企业才会不断地成长起来，等他离开公司后，公司会更加发展壮大。这才是一个优秀的企业者或领导做的事情。

其二，成为全球最大的电子商务服务提供商。

其三，成为全球最佳雇主公司。

（二）阿里巴巴组织文化的发展

阿里巴巴的组织文化发展可以概括为三个阶段：

1. 第一阶段

第一阶段为2000年3月至2001年3月，湖畔花园创业时代。特征为可信、亲切、简单。

可信就是诚信，后来演变为价值观，又衍生出"诚信通"产品。亲切就是人性化和人情味，就是阿里巴巴与客户亲如一家。简单就是阿里巴巴的页面和软件要简单，因为商人应用网络的水平不高。简单还包括公司的人际关系要简单，杜绝办公室政治；所有争论都要留在办公室，不准带出办公室。

2. 第二阶段

第二阶段为2001年4月至2004年7月，华星时代。特征为独孤九剑。

2001年1月13日，阿里巴巴第一次将组织文化总结、提炼，固化为文字，这就是独孤九剑，即九大价值观。独孤九剑有两个轴线。一是创新轴：创新、激情、开放、教学相长。其中激情是核心，这是马云的本质。二是系统轴：群策群力、质量、专注、服务与尊重。贯穿创新和系统轴线的是简易。创新要简易，系统也要简易，简易就是防止内部产生官僚作风，防止办公室政治。

3. 第三阶段

第三阶段为 2004 年 8 月至今，创业大厦时代。特征为六脉神剑。

独孤九剑形成文字后，就成为阿里巴巴价值观的第一个正式版本。作为价值观，独孤九剑在阿里巴巴灌输了三年多，它不但成为员工的行为准则，而且进入到员工的绩效考核体系中。2004 年 8 月，阿里巴巴决定将独孤九剑进行简化。简化的过程是先由人力资源部门拿出基本方案，然后召开由 100 多位员工参加的座谈会，再由企业高层对座谈会结果进行讨论，最后是投票表决。最终的结果，即形成了六脉神剑，其基本内容是：客户第一、团队合作、拥抱变化、激情、诚信、敬业。

（三）阿里巴巴组织文化的四项

基本原则和"三个代表"的基本思想。

阿里巴巴组织文化的四项基本原则为：唯一不变的是变化；永不把赚钱作为第一目的；客户第一，员工第二，股东第三；永不谋求暴利。"三个代表"的基本思想是：第一代表客户利益、第二代表员工利益、第三代表股东利益。

阿里巴巴成功的组织文化源于马云的努力，同时也与马云自己的风格有很大的关系，他将丘吉尔的名言"永不言弃"作为自己的座右铭，认真地打造集团旗下的几驾"马车"（阿里巴巴、淘宝网、支付宝、雅虎中国），目前这几种产品已经取得了爆发式的增长，实际上已经上演了网商时代的传奇故事。其他的如阿里软件、阿里妈妈、口碑网、阿里云、一淘网、淘宝商城、1688、中国万网等公司的发展也取得了令人羡慕的好成绩。

资料来源：根据百度文库《阿里巴巴的企业组织文化》整理。

第一节　组织文化概述

凡是有人群存在的地方就有文化。每个组织都有独具特色的组织文化，文化的不同对组织绩效和组织成员的工作、生活质量产生的影响也不同，因此需要对组织文化进行认真分析和研究。

组织文化作为文化的一种表现形态，是组织在长期的实践过程中形成并为组织成员普遍遵守和奉行的共同价值观念。它反映和代表了组织成员的整体精神、共同的价值标准、合乎时代的伦理和追求发展的文化素质。

通用汽车公司的总裁杰克·韦尔奇在评价组织文化的关键作用时指出：如果想要列车的时速再快 10 公里，那只要加大马力就可以了，但想要车速提高 10 倍，就必须要更换铁轨了。由此可见，当代企业既要重视制定战略、调整结构、选择技术，又要重视组织文化的建立和创新。

一、组织文化的兴起

20世纪70年代末80年代初，世界头号经济强国美国的竞争能力在石油危机的冲击下，大大削弱，经济停止增长，几乎处于停滞状态，引发了一系列社会问题。与此形成对比的是，东方小国日本的经济却得到长足发展，并在许多方面超过了美国，对美国的经济利益形成了强大威胁。这引起了美国专家学者的普遍关注，经过对比研究发现，在日本企业中，不是就管理论管理，而是从经营哲学的高度对企业管理进行研究。他们把日本的经验与美国的管理现状进行比较，作了系统的概括和总结，形成了有关组织文化理论的一系列著作，提出了独到的见解，这些观点集中在美国企业管理学界于20世纪80年代先后出版的四部著作之中，分别是《日本的管理艺术》《Z理论》《公司文化》和《成功之路》，这四本著作成为组织文化理论的奠基之作，标志着系统的组织文化理论的形成。

当时美国哈佛大学的教授泰伦斯·迪尔和麦肯锡咨询公司的顾问爱伦·肯尼迪一直关注于对组织文化的研究，他们集中对80家企业进行详尽的调查后积累了丰富的资料，并且撰写了《组织文化——企业生存的习俗和礼仪》一书。1981年7月，该书出版后成为最畅销的管理学著作，被评为20世纪80年代最有影响力的十本管理学专著之一，也成为论述组织文化的经典之作。在该书中作者强调：杰出而成功的组织都有强有力的文化，即为全体员工共同遵守，但往往是自然约定俗成的而非书面的行为规范；并有各种各样用来宣传、强化这些价值观的仪式和习俗。正是组织文化的这些因素，使组织的决策得以产生，人事任免得以进行，员工的行为举止、生活习惯得以确立。研究表明，两个其他条件都相差无几的组织中，由于文化的强弱会对组织的发展产生完全不同的后果。

由于是一门新兴的组织管理科学，组织文化理论的兴起标志着组织管理科学的研究进入了一个新的阶段，是继古典管理理论（又称科学管理）、行为科学管理理论、丛林学派管理理论（又称管理科学）之后，世界企业管理史上出现的第四个管理阶段理论，也称世界企业管理史上的"第四次管理革命"。

组织文化理论适应了组织管理的需要，有利于实现组织目标，是组织赖以生存和发展的精神支柱，是组织管理的最高层次。它突破了传统的认为企业要创造利润的经济观，提出要谋求人的全面发展，谋求人与其本质活动——生产活动的统一，实现社会与其生产组织形式——企业的统一。组织文化理论的兴起标志着组织行为研究向更加深化、更高层次发展。

二、组织文化的概念

关于组织文化的概念，不同的学者持有不同的主张，有人曾经作过统计，对组织文化的定义超过200多种。其中比较著名的如：

埃德加·沙因（Edgar Schein）认为，组织文化是在一定的社会经济条件下通过社会实践所形成的，并成为全体成员所遵循的共同的价值观念、职业道德、行为规范和标准的总和。

彼特斯和沃特曼认为，组织文化就是员工做出不同凡响的贡献，从而也就产生有高度价值的目标感，这种目标感来自对生产、产品的热爱，提高质量、服务的愿望和鼓励革新及对每个人的贡献给予承认或荣誉。迪尔和肯尼迪认为，组织文化是价值观、英雄人物、习俗仪式、文化网络、组织环境的凝聚，其中价值观是核心。

霍夫斯坦德认为，组织文化是一种"组织心理"及组织的潜意识，它一方面在组织成员的行为中产生，另一方面又作为"共同的心理程序"引导这些成员的行为。文化由价值观和实践两个层面组成，其中实践层包括英雄、象征、仪式三个要素。

科特和赫斯克特认为，组织文化是指一个企业中各个部门，至少是企业高层管理者们所共同拥有的那些价值观念和经营实践，是指企业中一个分部的各个职能部门或地处不同地理环境的部门所拥有的那种共同的文化现象。

威廉·大内认为，组织文化是进取、守势、灵活性，即确定活动、意见和行为模式的价值观，一个组织的文化由其传统和风气所构成。

罗宾斯认为，组织文化是指组织成员的共同价值观体系，它使组织独具特色，并且区别于其他组织。

华格纳认为，组织文化是一种非正式的，将组织成员团结在一起的共同理念和价值观，它会对组织成员及其工作产生很大的影响。

本章认为，组织文化就是指在一个组织长期生产经营管理活动中所自觉形成的并为广大员工恪守的经营宗旨、价值观念和道德行为准则，是企业独具特色的思想意识、价值观念和行为习惯等所构成的体系。

 阅读材料

对企业文化的七个错误认识

企业文化传入中国虽已近30年，但由于国内企业文化建设方面的管理理论比较散乱，没有一个能取得共识的案例和学术研究，导致中国企业在导入企业文化时，还有很多错误的认识，主要表现在以下七个方面：

第一，拿来主义的全盘西化，认为企业文化建设要全面学习西方的文化。中国企业文化建设中要善于学习西方优秀的成果，但这绝不等于简单地移植和照搬，一定要尊重中国企业的特点和中国的文化传统，只有将西方的企业文化理念加以本土化和中国化，才能形成真正的文化力。

第二，把企业文化等同于思想政治工作，认为企业文化建设就是思想灌输和说服教育。其实，企业思想政治工作的主要功能是"政治导向"，而企业文化偏重于体现企业的风貌，是一种高层次的管理艺术，其目的在于引导企业员工形成一种集体观念和共同价值取向，以提高企业的经济效益，满足职工的精神需求。因此，我们的一些企业光靠请一两个党支部书记、指导员，成立党支部、团支部，这并不是企业文化的全部。

第三，认为企业文化就是文体活动，通过举办文艺演出或者体育活动等就能够达到塑造企业精神的目的，这种观点具有相当的普遍性。

第四，认为企业文化就是标语口号。许多企业到处都悬挂或张贴诸如"团结""拼搏""进取""奉献""效率就是生命，顾客就是上帝"之类的标语口号，这种空洞的口号脱离了员工，更背离了企业文化的本质，企业文化的形成是一个渐进的过程，是企业文化被干部、职工承认、接受并真心实意自觉地实行的过程，是从实践到理论，再从理论到实践的认识深化过程。

第五，认为企业文化就是企业标志，把企业文化等同于 CIS 设计，热衷于搞标志，对精神层面的建构漠然处之。CIS 仅是企业文化的外显部分，如冰山露出海面的一角而已。而企业文化建设是在企业内部形成的强大凝聚力，使职工万众一心共创事业，它的作用重在建设与铸魂。

第六，认为老板文化就是企业文化。在企业的创业初期，老板文化的确在企业文化的形成中起到决定性作用，但随着企业发展，老板文化的作用会逐渐减小，企业文化应该逐步走向民主与开放。只有被所有员工认可的文化，才能使员工的价值观趋于一致，所以这时企业文化一定是广大员工的文化而不是老板文化。

第七，没有把企业文化看成管理的一部分，认为企业文化是务虚行为。其实企业文化是管理学的范畴，企业管理的最高境界是文化管理，制度是管理的一部分，文化也是管理的一部分，有时文化比制度更重要，中国老子的无为而治就是文化管理的结果，一个没有文化的公司是一个管理不完善的公司。企业文化建设是一个管理再造的过程。

资料来源：根据 http：//www. hometex114. com/news/248789. html 资料整理。

三、组织文化的表现形式

组织文化需要借助于一定的形式来表现，需要人们基于可观察到的物象来推断，需要通过一定的渠道和途径以及表现形态传递给员工和外界，以利于解释、识别和学习，这就是组织文化的表现问题。

1. 组织故事

组织故事是指在组织内曾经发生的能够体现组织的价值观、反映组织情境的、经过演化和加工而流传下来的叙述性事件。故事的内容大多与组织创建者、违反组织制度的事情、从乞丐到富翁的发迹史、裁减劳动力、员工重新安置、反省过去的错误以及组织应急事情等有关。故事借古喻今，使公司价值观保持长久活力，为全体员工提供了一种共享的理念，还可以为组织政策提供解释。

无论是国内组织还是国际组织，无论大组织还是小组织都有着独特的组织故事。例如，海尔公司流传至今的关于张瑞敏砸冰箱的故事，也是海尔文化的一种重要外显形式。

2. 礼仪和仪式

礼仪和仪式，实际上是一种培养人们一定价值观念和行为方式的手段和载体，它使本来抽象的价值观念变成具体的、有形的东西，成为组织文化不可缺少的一部分。它能够促使员工向新的社会角色转化，使员工产生更强的社会认同感，有助于改善组织功效，使员工之间产生共同的纽带和良好的情感，增强员工对组织的认同。

 阅读材料

组织仪式

在一家大的银行中，能选为主管被视为成功职业生涯中的重要事件。一系列的活动将伴随着雇员向银行主管的每次晋升而发生，包括通知提升的特殊方式安排，把新的主管第一次带到官员就餐室就餐，在通知公布后由新官员出资举办周末餐饮会。这属于进阶仪式。

比较典型的公司增进仪式是玫琳凯化妆品公司为销售代表举办的年会。大会既像马戏团表演，又像美国小姐选举。那些达到销售指标的女售货员们将得到各种令人惊奇的奖品，如金饰针、钻石饰针、狐皮披肩等。在年会上，所有的与会者互相交流销售经验和心得，互相促进。而通过这种仪式对销售业绩卓越的公司员工所进行的公开表彰，大大地激发了人们的积极性。这种年度增进仪式在树立员工的行为期望方面起到了重要作用。

麦当劳公司每年一度的重要事件是在全美国范围内进行竞赛来决定谁是全国最优秀的汉堡包烤制团队，这项比赛鼓励了麦当劳所有的连锁店重新检查制作汉堡包的每个细节。仪式是高度可见的，其价值在于向全体员工传递注重汉堡包质量的麦当劳价值。这是一个复兴仪式。

资料来源：陈国海. 组织行为学［M］. 北京：清华大学出版社，2009：302－303.

3. 物质象征

物质象征是组织文化的物质形态和外在表现，也称作有形信条。这些物质象征包括公司的容貌，如公司的名称、象征物、内外空间设计，劳动环境如色调、音乐、员工休息室、餐厅、教室、图书室、文化娱乐环境，还包括给高层管理人员配备、提供的各种办公条件、生活待遇、津贴以及基层管理人员的衣着、交通配置等。

4. 语言

语言是指在组织中特有的、常用的、体现组织的行业特点、工作性质、专业方向的专用术语。如公司的惯用语、口号、隐喻或其他形式的语言，这些语言能够识别和解释组织文化或亚文化，并成为组织文化的重要组成部分。组织成员学会这种语言，有利于他们接受组织文化。

5. 英雄人物

每个组织都有自己的英雄人物，可以是组织的创始人或者领导者，也可以是工作十分出色的一般员工。那些受人尊敬的英雄人物是组织价值观念的集中体现，英雄人物被赋予了超乎于常人的经营智慧和能力，成为组织文化的旗帜，能使组织的价值观"人格化"，成为员工学习的榜样。英雄人物的巨大影响是潜移默化的，英雄人物也是组织文化的重要载体和传播形式。

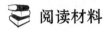 阅读材料

沃尔玛精神

山姆·沃尔顿（Sam Walton，1918—1992）是沃尔玛公司的灵魂，这是每个熟悉沃尔玛的人的共识，他不但亲手创造了沃尔玛，而且在将近30年的岁月里，一直亲自领导它的日常业务，决定它的发展方向，并以自己的风格、个性、理念深刻地影响着它，使沃尔玛不仅创造了"二战"后美国零售业的最大奇迹，而且成为美国零售巨型公司中最有个性的公司。

山姆一生都在勤勉地工作。他60多岁时，每天仍然从早上4：30就开始工作，直到晚上，偶然还会在某个凌晨4：00访问一处配送中心，与员工一起吃早点和咖啡。他常自己开着飞机，从一家分店跑到另一家分店；每周至少有4天花在这类访问上，有时甚至6天。在周末上午的经理例会前，他通常3：00就到办公室准备有关文件和材料。20世纪70年代时，山姆保持一年至少对每家分店访问两次，他熟悉这些分店的经理和许多员工。后来，公司太大了，不可能访遍每一家分店了，但他仍尽可能地跑。

无论人们到哪一家沃尔玛连锁店，都会发现其强烈的文化特色，而卓越的顾客服务就是沃尔玛的最大特色。山姆说过："顾客能够解雇我们公司的每一个人，他们只需要到其他地方去花钱，就可以做到这一点。"在沃尔玛，只有顾客才是老板，顾客永远是对的。"要为顾客提供比满意更满意的服务"，沃尔玛真的做到了这一点。

尽管沃尔玛各连锁店的生意都非常好，店员非常忙碌，但当天的事情在太阳下山之前必须干完是每个店员必须达到的标准，不管是乡下的连锁店还是闹市区的连锁店，只要顾客提出要求，店员就必须在当天满足顾客。这就是沃尔玛著名的"太阳下山"规则。

沃尔玛公司还有一个著名的"三米原则"，即沃尔玛公司要求员工无论何时，只要顾客出现在三米距离范围内，员工必须微笑着看着顾客的眼睛，主动打招呼，鼓励他们向你咨询和求助。同时，对顾客的微笑还有量化的标准，即对顾客露出你的"八颗牙齿"。沃尔玛这些"超过期望"的服务，不仅赢得了顾客的热情称赞和滚滚财源，而且为企业赢得了价值无限的"口碑"，为企业长远发展奠定了基础。

在沃尔玛公司已拥有500多亿美元资产时，山姆率领的采购队伍依然非常节俭，有时

8 个人住一个房间。于是有人问他，为什么公司还要那样精打细算？山姆说："答案很简单，因为我们珍视每一美元的价值。我们的存在是为顾客提供价值，这意味着除了提供优质服务外，我们还必须为他们省钱……每当我们为顾客节约了 1 美元时，那就是我们自己在竞争中领先了一步——这就是我们永远打算做的。"

资料来源：陈国海. 组织行为学［M］. 北京：清华大学出版社，2009.

6. 文化网络

文化网络是指组织内部非正式的信息传递手段，是组织文化的载体，在组织中起到内外纵横的渠道作用，广泛存在于组织员工之中。文化网络对所传播的消息作艺术加工，对消息含义的解释往往与组织正式渠道的解释不同，信息的传递大多靠口头传播。

四、组织文化的结构

组织文化的结构是指组织文化的各种内容和形式之间的层次关系。组织文化学者经常用冰山来类比组织文化的层次结构，一座浮在海上的冰山，只露出小部分，其余大部分隐藏在海面之下，随时可能对船只构成威胁，而组织文化也像一座冰山，可以分为外显的文化和内隐的文化，平时我们所看到的只是组织文化的外显部分，是组织文化的一小部分。

一般认为，组织文化有三个层次结构，即潜层次的精神层、表层次的制度层和显现层次的物质层。

1. 精神层

精神层是指组织文化中的核心和主体，是广大员工共同而潜在的意识形态，包括管理哲学、敬业精神、人本主义的价值观念、道德观念。

2. 制度层

制度层是指体现某个具体组织文化特色的各种规章制度、道德规范和员工行为准则的总和，也包括组织体内的分工协作关系的组织结构。它是组织文化核心层（内隐部分）与显现层的中间层，是由虚体文化（意识形态）向实体文化转化的中介。

3. 物质层

物质层是指凝聚组织文化抽象内容的物质体的外在显现，它既包括了组织整个物质的和精神的活动过程、组织行为、组织体产出等外在表现形式，也包括了组织实体性的文化设备、设施等，如带有本组织色彩的工作环境、作业方式、图书馆、俱乐部等。显现层是组织文化最直观的部分，也是人们最易于感知的部分。

五、组织文化的功能

组织文化对于组织行为的影响是无形而持久的，往往能在很大程度上影响组织成员的行为，甚至超过正式的权责关系、管理制度等所发挥的作用。但组织文化也存在着与组织环境适应和匹配的问题，因而组织文化对组织行为与绩效可能产生积极影响，也可能产生消极的负面影响。

1. 组织文化的积极功能

组织文化对组织发展的积极功能主要表现在以下几个方面：

（1）区别功能。组织文化的独特性使不同的组织能够互相区别开来，尤其在激烈竞争的现实社会中，能使组织易于被识别，起着划清界限的作用。人们通过组织的标志、广告、建筑物、产品或服务等会了解组织与众不同的特色以及其后面深层次的价值观，从而产生识别效果。如肯德基和麦当劳的标识已经家喻户晓，不用听广告，只要看到"KFC"三个字母就知道是什么产品了。

（2）导向功能。当组织文化在整个组织内部成为一种强势文化以后，其对于员工的影响力将越来越大，会对组织行为方向起到导向作用，被概括为组织文化的概念、哲学等语言经过对员工的长期教育和教育，对员工起着潜移默化的影响，并铭刻在广大员工心中，形成员工对组织的一种认同感，员工越是认同组织文化，对组织的归属感和认同感就越强，对文化的传承和发扬就越积极。如海尔以"真诚到永远"作为经营理念，要求所有员工对顾客都要保持真诚的态度，使员工自觉地将真诚待人作为行为的准则。

（3）凝聚功能。由于组织文化具有同化、规范和融合不同行为和观念的特点，因此形成了强大的凝聚力，是组织成员的黏合剂，也是组织成员忠于组织的向心力，它不仅为全体员工确定了努力奋斗的方向，而且将各个方面、各个层次的人都团结在组织目标的旗帜下，并使内部存在着共同的目的和利益。另外，在组织氛围的作用下，成员们还能够通过自身的感受，产生对于本职工作的自豪感和对组织的归属感，使成员乐于参与组织的各种事务，发挥各自的潜力，为组织目标的实现做出贡献。因此组织文化从目标凝聚和价值凝聚的角度支持更大范围的资源整合和意识形态的统一。

📖 阅读材料

科龙集团与"万龙耕心"的组织文化塑造工程

广东科龙集团是国家一级企业，中国500强之一，也是亚洲最大的制冷企业，但是网络时代的生存和发展，不能凭直觉和经验，更不能躺在历史的功劳簿上坐等，科龙的领导层认识到21世纪企业间的竞争已经提升到组织文化之间的竞争，所以果断决定进行组织文化建设，2010年启动了"万龙耕心"的组织文化塑造工程，掀开企业发展中的崭新一页。

"万龙耕心"中的"万龙"是指1.2万多人的员工队伍，显示科龙强大的实力和丰富的人力资源；"耕心"是要求把组织文化的种子撒播在每一位员工的心田，让它开花结果，发展壮大。"耕"字还有精耕细作之意，寓意这次活动不会流于形式，而是鼓励每一位员工参与其中，将大家的心凝聚在一起，塑造出一种良好的、富有个性的组织文化氛围。

这次组织文化塑造工程要达到六个目标：明确组织的总体经营目标；凝聚员工的向心力；形成特色的组织文化；寻找科龙新的优势点；品牌形象延伸；提高全员素质。

资料来源：根据网络资料编辑整理。

（4）规范功能。组织文化的规范功能主要表现在以下几个方面：一是规范、统一组织的外部形象，如统一的工作服、统一的服务规范和手势语等；二是规范公司的组织制度，使员工的行为规范化、制度规范化；三是可以让组织的全体员工产生一致的精神信仰，将人和组织的发展目标有机地结合在一起。组织文化的这种规范功能是通过员工的自省行为实现的，不是强制性的，员工们心甘情愿地接受一些无形的、非正式的或不成文的行为准则，并按照这些价值观念对自我的行为进行管理和控制。

 阅读材料

总裁受批评

在某公司流传着这样一个故事：下班后总裁还在实验室穿着工作服做实验，一位员工来锁门时，由于不认识自己的老板，他像与同事说话一样问"昨晚也是你加班了吗？"总裁说"是"。"那昨晚你没有关灯就走了吗？"总裁点头承认"我想应该是我忘记关灯了。"这名员工马上以斥责的语气说；"你不知道公司正在实行节能计划吗？总裁特别提醒要注意关灯。"总裁回答："对不起，我下次一定改正。我会按照要求递交一份错误记录的。"

过了两天，这位员工到总裁办公室交材料，看到穿着西装革履佩戴胸卡的"那名同事"，才大吃一惊，心想，"这下我该倒霉了"，但是总裁却极力称赞这名员工工作的认真负责。

资料来源：李剑锋. 组织行为学［M］. 北京：中国人民大学出版社，2004：335.

（5）约束功能。组织文化作为一种价值体系和控制机制，能够引导和塑造员工的态度和行为，减少工作上的摩擦，增加沟通参与的机会，倡导团结互助，形成和谐的工作氛围。

（6）协调功能。主要是指组织文化可以强化组织成员之间的协作、团结和相互信任，培养互动、团队精神，培养组织的凝聚力和归属感，从而促进组织内部各部门、员工个体之间、个人与群体之间、群体与组织之间及员工与组织之间的多种和谐。

2. 组织文化的消极功能

从员工角度来说，组织文化也很重要，因为它降低了模糊性，能告诉员工事情应该怎样做，以及哪些事情很重要。但是，我们也不应忽视文化，特别是强文化对组织有效性可能造成的不利影响。组织文化的消极功能主要表现在：

（1）成为组织变革的障碍。组织文化的形成不是一蹴而就的，具有历史继承性和稳定性的特点，是在组织长期运营过程中形成的，一经形成就不会轻易发生改变。而如今的世界处在多变的环境中，那种牢固不变的、僵化的组织文化，很可能成为组织变革的障碍，从而使组织应对环境变化的能力减弱，尤其是拥有强文化的大公司，发生文化变革及适应环境变化的能力都要引起关注。三菱公司、柯达公司、施乐公司、波音公司等，这些组织都拥有强势的组织文化，并且一直运营良好，但是，当环境发生变化时，这些强文化就可能成为它们变革的障碍，管理者必须考虑及时变革方式的问题。在这个方面做得最好的当属3M公司，它的组织文化是它在胶带行业中能够保持长久的竞争力，当外界环境发生变化时，领导者及时考虑了进行组织文化变革的策略，从而维持了该公司在行业内的"霸主"地位。

（2）使新思想的引进受阻。通常，组织会考虑到适应外界环境进行组织文化变革的策略问题，尤其是在引进新思想方面会经常进行一些大胆的尝试。当强文化大大削弱了来自不同背景的人带给组织的独特优势时，它就成了组织发展的束缚。

（3）随着经济的发展，组织扩张的事件经常出现，跨国并购现象时有发生。通常情况下，管理层在做出并购决策时，考虑的关键要素是融资优势或产品的协同作用。不过，近年来，组织文化的相容性问题成了人们关注的主要对象，尽管收购对象良好的财务状况和生产线可能是最初的一些吸引因素，但是，收购过程能否真正实施似乎与两家公司的组织文化能否相容更有关系。

美国一家研究机构发表的报告显示，组织并购不成功很可能是由于组织文化冲突和首席执行官的个性差异导致的，甚至会使并购归于失败。有调查显示，58%的组织并购都没有达到公司高层所定的价值目标，失败的主要原因基本都是组织文化的冲突。联想集团收购IBM个人电脑业务时所遭遇的困境，很大程度上也是与不同组织间尤其是不同国家组织间文化融合的困难有关。

第二节　组织文化的塑造

组织文化对于组织的长久发展起着非常重要的作用。组织文化的塑造与维系是一个漫长而系统的工程。

一、组织文化的塑造

组织文化的塑造是一个长期的过程，同时也是组织发展过程中的一项艰巨、细致的系统工程。许多组织致力于导入 CIS（Corporation Identity System）系统颇有成效，它已成为一种直观的、便于理解和操作的组织文化塑造方法。从路径上讲，组织文化的塑造需要经过以下几个阶段。

1. 选择合适的组织价值观标准

组织价值观是整个组织文化的核心，选择正确的组织价值观是塑造良好组织文化的首要战略问题。选择组织价值观要立足于本组织的具体特点，根据自己的目的、环境要求和组成方式等特点选择适合自身发展的组织文化模式。其次要把握住组织价值观与组织文化各要素之间的相互协调，因为各要素只有经过科学的组合与匹配才能实现系统整体优化。

在此基础上，选择正确的组织价值观标准要注意以下四点：①组织价值标准要正确、明晰、科学，具有鲜明特点；②组织价值观和组织文化要体现组织的宗旨、管理战略和发展方向；③要切实调查本组织员工的认可程度和接纳程度，使之与本组织员工的基本素质相和谐，过高或过低的标准都很难奏效；④选择组织价值观要发挥员工的创造精神，认真听取员工的各种意见，并经过自上而下和自下而上的多次反复，审慎地筛选出既符合本组织特点又反映员工心态的组织价值观和组织文化模式。

2. 强化员工的认同感

在选择并确立了组织价值观和组织文化模式之后，就应把基本认可的方案通过一定的强化灌输方法使其深入人心。具体做法可以：

（1）利用一切宣传媒体，宣传组织文化的内容和精要，使之家喻户晓，以创造浓厚的环境氛围。

（2）培养和树立典型。榜样和英雄人物是组织精神和组织文化的人格化身与形象缩影，能够以其特有的感召力和影响力为组织成员提供可以仿效的具体榜样。

（3）加强相关培训教育。有目的的培训与教育，能够使组织成员系统地接受组织的价值观并强化员工的认同感。

3. 提炼定格

组织价值观的形成不是一蹴而就的，必须经过分析、归纳和提炼方能定格：

（1）精心分析。在经过群众性的初步认同实践之后，应当将反馈回来的意见加以剖析和评价，详细分析和比较实践结果与规划方案的差距，必要时可吸收有关专家和员工的合理意见。

（2）全面归纳。在系统分析的基础上，进行综合化的整理、归纳、总结和反思，去除那些落后或不适宜的内容与形式，保留积极进步的内容与形式。

（3）精练定格。把经过科学论证和实践检验的组织精神、组织价值观、组织伦理与行为予以条理化、完善化、格式化，再经过必要的理论加工和文字处理，用精练的语言表述出来。

4. 巩固落实

要巩固落实已提炼定格的组织文化：首先，要建立必要的制度保障。在组织文化演变为全体员工的习惯行为之前，要使每一位成员在一开始就能自觉主动地按照组织文化和组织精神的标准去行动比较困难。其次，领导者在塑造组织文化的过程中有着决定性的作用。他们应起到率先垂范的作用，必须更新观念并能带领组织成员为建设优秀组织文化而共同努力。

5. 在发展中不断丰富和完善

任何一种组织文化都是特定历史的产物，当组织的内外条件发生变化时，组织必须不失时机地丰富、完善和发展组织文化。这既是一个不断淘汰旧文化和不断生成新文化的过程，也是一个认识与实践不断深化的过程。组织文化由此经过不断的循环往复达到更高的层次。

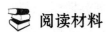 阅读材料

优秀企业文化应该具备的特征

美国兰德公司、麦肯锡公司、国际管理咨询公司的专家通过对全球优秀企业的研究，得出的结论认为：世界500强胜出其他公司的根本原因，就在于这些公司善于给他们的企业文化注入活力，这些一流公司的企业文化同普通公司的企业文化有着显著的不同，他们最注重四点：一是团队协作精神；二是以客户为中心；三是平等对待员工；四是激励与创新。凭着这四大支柱所形成的企业文化力，使这些一流公司保持百年不衰。

通过研究国内优秀企业文化建设我们发现，优秀的企业文化通常具备以下特征：

（1）拥有强势的主流文化，主流文化的核心价值观符合行业要求、时代要求、战略要求。

（2）文化理念得到有效贯彻与强力执行。

（3）持续为文化注入新的活力。

（4）企业文化管理系统性、科学性日益提升，良性循环。

在大多数企业里，实际的企业文化同公司希望形成的企业文化出入很大，但对那些杰出的公司来说，实际情况同理想的企业文化之间的关联却很强，他们对公司的核心准则、企业价值观遵循着始终如一的标准，这一理念可以说是世界最受推崇的公司得以成功的一大基石。

资料来源：中国人力资源网，http://blog.hr.com.cn/html/72/n－81072.html。

二、组织文化的维系

"组织文化创立难，维系和发展更难"，在创立之后不仅需要有一系列有效的措施和方法进行维系和发展，保持组织文化的发展活力和特色，更需要有全员上下同心的努力，见图 12 − 1。

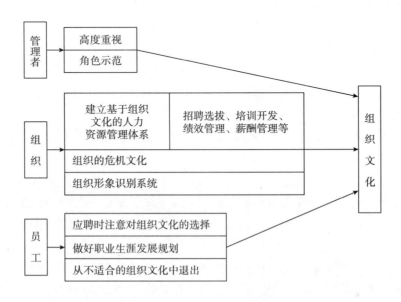

图 12 − 1　组织文化的维系方法

在组织文化维系过程中，管理层要高度重视组织文化的重要作用，尤其是那些得到管理者和组织注意和赞扬过的行为和过程，将向员工发出强烈的信息：什么是重要的，组织期望他们去做什么？怎么做？员工通过观察和体会能够把握组织文化的特征。其次，领导要做到身体力行、以身作则，向员工表达组织信息。

对于组织本身的建设来说，建立符合组织文化的人力资源管理系统是十分重要的，一方面，通过招聘、甄选、提拔和调动等工作标准与取向来保持组织文化，了解员工的文化价值观念，使符合组织文化发展要求的人员数量增加，不适合的及时进行调整和辞退；另一方面，对于在职人员要按照组织的价值标准进行考核、管理，在人员培训过程中领导者要向员工传达组织强调什么、追求什么、禁止什么？组织成员还能从报酬制度、考评标准、晋升政策等方面识别出组织的价值观、态度和相关假设。综上所述，领导者要促使某种价值观转换成员工的共同认识，必须设计出与这种价值观一致的奖励、晋升制度，要重视组织 CIS 的建立和传播问题，使其发挥应有的文化维系作用。

从员工个人层面来说，则要重视与自己价值观相符合的组织文化的选择，在应聘时要认真了解组织情况，了解其文化特色，在入职之后要进行合适的职业发展规划，一旦发现本人与组织的文化发展不相适应，要及时进行调整，如果不适应，就要及时从这种环境中撤出。

第三节　组织文化的变革

任何组织都要存在于社会这个大系统中，由于环境的不断发展变化，组织原有的文化体系已经不能适应发展需要时，就要考虑及时进行调整和变革。

一、组织文化变革的时机

变革的成功与否与管理者所选择的时机有密切关系，通常在以下情况发生时，组织应该抓住时机及时进行变革。

当社会发生重大变动时，如市场、科技、政策、体制等发生变化；当组织的竞争环境发生重大变化时：如竞争者增加、与上下游之间的关系紧张等；组织成长很快，规模迅速扩大，其原有的文化已经不能适应大规模的组织发展；组织进行兼并或收购活动，与新的组织发生文化融合问题；需要寻找新的市场或发展空间；重新定位产品或服务对象、组织转产；组织陷入某种危机；组织领导换届或股东发生重大调整；生产效率低、团队凝聚力差、员工缺少归属感；组织严重亏损等。

由此可见，组织重大危机的挽救往往离不开组织文化的深刻变革。但并不是时时都要进行组织变革，管理者必须识别变革先兆，认真把握变革的时机才能达到组织变革的目的。

二、组织文化变革的方法

组织文化的发展惯性决定了在进行变革时会遇到各种阻力，变革并不一定会得到组织全体成员的支持。因此在组织文化建立过程中所采用的一些方法也可以应用到组织文化变革中。但无论怎样变化，管理者都要扮演重要角色，需要对组织发展充满信心，持有乐观的态度，做变革的推动者。

具体方法如下：通过改变组织管理者和组织发展所注意的内容来改变组织文化关注的重点；改变把握和处理危机的各种方式；调整组织的 CIS 部分内容；改变与组织文化相关的人力资源管理系统中的具体操作规程，如改变员工的提升标准，改变招募和甄选新成员的标准，改变组织报酬分配和奖励标准及具体操作方法、改变组织的相关庆典、礼仪活动、调整培训方式和内容，使新的组织文化观点从更多的渠道尽快深入人心等。

在组织文化变革过程中，管理者要全面了解组织的旧文化，确定创造新文化的起点和目的，结合内外环境变化及挑战，有针对性地设计变革方式，预测突发事件，制订详细的战略方案和实施计划。不要一味地搞全盘否定和全盘抨击，要及时发现员工团队中较好的文化思想和变革愿望，吸纳大家积极参与变革，对文化变革要充满信心，要有耐心，把新的文化观点作为变革的指导原则，坚持不懈地实践和巩固变革后的新文化。

三、组织文化的冲突与整合

由于组织的快速发展，员工的组成结构越来越复杂，组织规模不断扩大使跨国经营成为大企业发展的必然趋势。在文化建设及发展过程中，这类组织出现了跨文化的冲突与整合问题，员工之间不仅有地区、性别、民族文化方面的差异，甚至还出现了国与国之间的文化差异，使现代管理者遇到了前所未有的文化管理挑战。

1. 组织文化冲突

（1）组织文化冲突的含义。所谓文化冲突是指不同形态的文化或者文化要素之间相互对立、相互排斥的过程，它既指跨国企业在他国经营时与东道国的文化观念不同而产生的冲突，又包含了在一个企业内部由于员工分属不同文化背景的国家而产生的冲突，还包括企业兼并重组后来自不同企业员工之间的文化冲突。

（2）组织文化冲突的表现。并购重组是现代企业发展壮大的一个重要手段。一般而言，并购后的新企业都要进行业务整合，包括有形整合和无形整合。在整合过程中会涉及方方面面的问题，由于文化系统构成非常复杂，所以必然会面对各种各样的文化冲突。从冲突产生的根源上看，文化冲突大致包括以下几种：

其一，组织经营理念的冲突。优秀的组织通常会有长远的发展规划，在激烈的市场竞争中追求"双赢"或"多赢"的效果，所以通常会采用诚信经营的手段，而当其对只注重短期利益，忽视长期发展的组织进行兼并重组时，就会与其产生经营理念上的冲突。

其二，组织决策管理方面的冲突。由于具有不同的经营理念，组织之间的决策机制有不同的表现形式，有的以集体决策、集体论功过以及集权管理为主；有的则强调分层决策、独立决断和个人负责，以适应市场快速多变的要求。这种冲突在组织重组之后最集中表现在组织的领导层中，由于习惯了原来的决策机制，所以经常会出现领导之间的矛盾，要么是争权，要么是推诿扯皮。

其三，组织价值观方面的冲突。由于价值观具有极强的主观性和不可视性，这种冲突在企业并购重组的时候并不是直接表露在外的，不过，一旦出现了利益等方面的矛盾，具有差异性的价值观接触在一起，必然会相互摩擦、相互碰撞，每一个体都出于本能，极力维护自己长时期形成的价值观，轻视别人的价值观，使之不能形成统一的行为准则。

其四，劳动人事方面的冲突。劳动人事方面的冲突最集中表现为人员的安置问题、群体利益的划分问题、职权大小问题、职责划分问题等。如一些企业在选人用人上长期习惯于套用行政机关那套衡量标准，片面强调政治素质、职务对等、个人历史、人际关系等。因而选拔的企业管理者不一定有管理才干。而优秀企业已经打破这种用人制度，更多地强调创新素质，强调贡献、成就和企业管理能力。认为只有这些素质才是企业发展所需要的。由此形成的观念冲突，不仅给企业重组后的管理本身带来矛盾，也给员工带来巨大的心理压力和困惑。

（3）组织文化冲突产生的原因分析。组织文化间冲突的产生往往是在组织并购或重组之后才表露得比较明显，之所以这样是由于以下原因：

其一，并购前对文化整合缺乏规划和细致的计划。并购前的调查阶段是收集相关信息，了解组织之间差异的过程，在这一过程中要对并购的规划有充分的设计和安排，否则，导致并购失败的概率就会增加。

其二，缺乏为整合而设置的专职人员。在并购之后，很多组织通常会追求相安无事的效果，一旦有事发生，再头疼医头，脚疼医脚，不仅没有规划，更没有专业的人员对双方的文化冲突进行解释和矛盾的化解，更没有专门机构去从事文化整合工作。目前并购之后的工作通常是由新任领导者组织开展的，但是与文化整合相比，这些人可能会更关注新成立企业的利润、市场等问题，没有精力进行文化冲突的化解，因此，在实践中对于上规模的收购双方而言需要引入专门的整合人员岗位，并赋予一定的权限以保证整合工作的顺利进行。

其三，信息沟通不畅，整合方式简单粗暴，达不到协同效应。在文化整合过程中，被并购企业的员工迫切想知道并购的最新进展，想知道新公司未来的发展设想，想知道自己在新公司中的位置，但遗憾的是，在整合实践中，这方面的工作并没有得到足够的重视，员工得不到这方面的详细信息，可能谣言满天飞，使企业内部充满了焦虑、动荡和不安。一方面，并购方没有建立一条顺畅的正式沟通渠道，信息的传递和反馈都出现了问题；另一方面，并购方的经理们也不情愿与被购方的员工进行交流，因为他们无法回答后者提出的许多问题，这样可能就会造成致命的错误。麦肯锡公司的一项调查显示，许多被并购方离职的员工承认，他们之所以离职，一个很重要的原因就是他们缺少关于并购的任何信息，他们不知道并购的最新进展，不知道自己在新机构中的位置，也从来没有指望能够在新公司中得到满意的职位。

另外很多企业在实施完收购后，虽然也考虑了文化整合的问题，但是由于采取的整合方式过于简单、粗暴，把相应的管理模式及运作制度简单、强制从收购方复制到被收购企业，没有通过足够耐心的沟通和培训来引导二者文化的融合，从而引起了被收购方员工的抵触情绪和强烈反感，也容易导致并购的失败。

2. 组织文化整合的含义及模式

（1）组织文化整合的含义。组织文化整合就是组织适应内外发展环境、适应社会整体文化氛围及组织制度发展变化的需要，对构成组织文化的各种异质性文化要素进行整合，使之成为和谐发展的有机整体的过程，实质上是对组织文化系统模型进行不断优化的过程。

（2）组织文化整合的模式。在组织并购重组的过程中，文化差异情况决定了整合的具体模式，因为有的组织具有强势文化，而另一个组织处于弱势，有时两种文化可以融合，有时又是水火难容的，因此可以将文化整合模式分为四种，即替代式、融合式、促进式和隔离式。

替代式文化整合方式是由强势企业向弱势企业输出自己的管理模式和文化模式，促使弱势企业的文化发生根本转变，最终以自己的强文化取代对方的弱文化。这种文化整合模式适用于并购双方的企业文化强度相似，各有特长，且彼此都欣赏对方，谁也不能替代谁，双份还愿意调整原有文化中的一些弊端的情况。如果被收购方的优质文化处于强文化的地位，则比较适合采用促进式的文化整合模式，这时的收购方既要增加自己的优质文化强度，又要改造被收购方的劣质文化，使双方尽早形成一种优势强文化。如果双方的文化背景迥然不同，甚至是水火不容的，那么就只能采用隔离式的文化整合模式。

由以上几种模式可见，组织文化的整合是一项重要的任务，不仅需要认真进行调研，正确分析识别文化差异的具体情况；而且还需要加强文化沟通，或者是进行一些适应性的训练，为员工创造宽松的发展环境和适应氛围；为了稳定被并购公司的人才，必须制定一系列的人力资源政策，出台一些具有实质意义的激励措施，尽快给员工做好角色定位；要做好并购双方在企业精神、制度文化、物质文化及组织形象等方面的整合工作。

【综合练习题】

一、选择题

1. 组织文化的研究兴起于（　　　）。
A. 美国　　　　　　B. 日本　　　　　　C. 中国　　　　　　D. 英国
2. 组织的建筑、空间设计属于组织文化表现形式的哪个层次（　　　）？
A. 物质层　　　　　B. 精神层　　　　　C. 制度层　　　　　D. 灵魂
3. 组织的经营理念、服务宗旨等属于组织文化的（　　　）？
A. 制度文化　　　　B. 行为文化　　　　C. 物质文化　　　　D. 精神文化

二、简答题

1. 组织文化的功能有哪些？
2. 优秀的组织文化具有哪些基本特征？
3. 如何应用组织文化的各种表现形式？
4. 如何创建和维系有特色的组织文化？
5. 文化冲突表现在哪些方面？
6. 组织中的一些仪式是不是在搞"形式主义"？

三、讨论

1. 谈一谈你认可的或不认可的组织文化。

2. 关于组织文化的结构层次，不同学者看法并不相同，请查阅资料谈谈学者间观点的联系和不同之处。

四、案例分析与探讨

TCL"合金式"的组织文化

组织文化存在于企业家和组织的意识中，体现在组织的竞争能力之中，是一种不易模仿而又根深蒂固的核心竞争力。TCL集团总裁李东生认为，哪一个组织能够在组织文化建设方面领先，它就能建立起竞争优势。

TCL集团对组织文化有他独特的见解，提出了"合金式"组织文化概念，李东生对此有过精辟的论述："合金式"的组织文化是以中国传统的优秀文化为基础，吸收西方企业管理的精髓，谓之"新儒家"文化。也就是说，TCL的组织文化是中西结合，以中华内涵丰富的儒家文化为根基，以西方管理思想为营养，合力打造"合金式"组织文化。

组织文化是TCL集团从上到下的思想共识，在企业的重大决策和日常管理中，都起到了重要的作用，是企业长期积累的知识。

"合金式"组织文化融入中国文化的道德观念和西方管理的先进理念，指明了TCL发展的方向，形成了TCL的价值观，是号召TCL行动的精神力量。

基于"合金式"的组织文化，TCL探索形成了一套"合金式"人力资源管理，它汲取了儒家文化的以人为本思想，又学习了现代管理的基本方法，将二者结合到对人的管理上。在管理中，还注重用组织文化中的团队精神和敬业精神来引导管理，体现了"为员工创造机会"的企业经营宗旨。

TCL的人力资源部门是企业中比较完善和健全的，对人的管理系统化和规范化。人力资源部在企业内发挥着管理和服务功能，负责物色、培养、考核人才，但是不能替用人机构行使执行权，只能行使建议权和监督权，能否用、如何用等具体问题由用人机构决定。目前，TCL集团的人力资源部主要负责招聘工作、培训工作、薪酬管理工作和考核工作，对应这些工作内容在人力资源部内设置了四个小组，即招聘组、培训组、工资组和绩考组。

（一）招聘组

招聘组根据组织发展的需要，协助各部门计划招收人员，安排和实施相应的招聘与调配计划。同时收集人员使用的反馈情况，检验招聘工作的效果，并不断地改善招聘工作。人力资源部是以服务功能为主的部门，结合组织人力成本的情况，为各部门招聘合适人员是招聘组的职责。招聘中还重视员工的人品，要求员工重孝道、重家庭、重友情，对事对人要忠诚、实在、敬业，人品好的人才能理解和接受组织文化，成为TCL人。人才流动方面，在外部，吸收新员工，淘汰不合格员工，使组织的人才保持新鲜活力；在内部，人才可上可下，特别是对优秀的人才加以培养和提拔。还实行了竞聘上岗，在组织内引入了竞争机制，有效地激发了员工的积极性，也消除了员工的惰性。通过竞聘上岗活动，在组织内引入了一种新的用人机制，竞争使员工和干部都不断地提高个人素质和最大地发挥个人能力，实现企业人力资源最大化增值，这样，组织的竞争力就能最大限度地发挥出来。执行用人回避制度，避免夫妻、亲戚在同一个单位工作，以免裙带关系影响工作正常运行及工作效率，严格地将生活与工作区分开。

（二）培训组

培训组制定公司培训方面的管理制度和方法，分析员工培训需要，参考其他企业的经验，总结过去情况，最终协助用人部门对新员工进行实用、科学的岗前培训。培训工作要遵循四大原则：培训需求自下向上产生的原则，根据需要的培训来制定培训计划；有针对性地进行培训的原则，对不同层次的员工采取不同的培训方式和不同的培训内容；对培训效果进行跟踪的原则，对培训效果进行调查，以改进培训工作；以内部培训为主、外培训为辅的多样化培训原则。把员工培养成 TCL 人，首先要让员工认同 TCL 的理念，丰富员工的知识，让他们理解中西结合的"合金式"文化。企业倡导员工学习采取"三结合"的方式，即东西方文化学习的结合、外部培训和内部培训的结合、他教和自学的结合。从《三国演义》《孙子兵法》《道德经》《论语》等古籍中汲取中国传统的人文主义思想谋略，从《毛泽东选集》《邓小平文选》等著作中汲取具有中国特色的现代思想，从现代经济管理类书籍中汲取现代企业知识，从而丰富员工的知识体系。人才培训方面，根据个人情况实施培训方法，而且注意全方面的培养。以在职培训为基础，增加对重点培养对象的脱产培训和出国留学；以专业培训为基础，增加复合型人才培训的内容。

（三）工资组

工资组辅助领导进行薪酬管理，提供决策支持。主要是收集外部的薪酬信息，结合组织自身情况，制定出体现激励机制和竞争机制的薪酬方案。除基本工资外，对不同工作的人采取不同的奖金方案，如研究人员采用项目工资制，奖金与研发成果挂钩；生产一线员工的奖金和当月产量挂钩；其他职能部门的效益奖金取生产线效益奖的平均数。报酬体系上实行"双重报酬的标准"，即企业培养出来的员工按企业内部标准付薪水，企业从外引来的高级人才按国际标准付薪金。因为人员层次不同，不可能实行一致的报酬方式，要因人而异，有多大能力就给予多高的报酬。企业原先的内部人员，可以通过企业的内部标准，来评定劳动付出所应获得的收入；而引入的国际高级人才，因为作用特殊，而且要与国际高级人才市场情况接轨，所以采用国际标准。这种方式很好地解决了内外报酬体系的矛盾，更好地激励了员工的积极性，保持奖惩的有效性和公正性。

（四）绩考组

绩考组协助各部门进行员工考核，负责制定相应的绩效考核管理制度和原则。为了体现能者上、争者让、庸者下的用人机制，定期对员工考核，实现根据员工的能力、绩效、素质等区别对待。绩效考核工作要坚持五大原则：明确化、公开化的原则：评议的标准、方法、程序和责任均有明确规定，并且对全体员工公开；客观评议的原则：评议与实际工作业绩结合；同时评议原则：企业有评议小组评议，同时个人也要做自我评议；反馈原则：评议一定要面对面地进行，并将结果反馈给被评议者；体现差别的原则：评议的等级间要体现明显的差异。人才考核方面，作为一个动态的过程，要经常地对员工进行考核，避免通过一时的表现来评价员工。考核是全面的考核，主要包括三个方面：一是工作素质，二是工作绩效，三是可持续发展的能力。人才的第一标准是：能否适合企业的需要。按照分工将人才的素质分类，根据企业发展的需要制定分类标准。人才的一般标准是：具有协调沟通能力、学习能力、创新和应变能力、职业技能、职业道德等。在衡量人才时，避免了以个人感觉代替标准、以学历代替能力、以某一专长代替综合素质的弊病。

（五）TCL 团队

TCL 的团队是家电业中最稳定、最优秀的团队之一，主要是因为企业把以人为本作为管理人才的指导思想，认为：人力资源是企业最重要的资源；机会牵引人才，企业创造机会供人才发展；培养和发现人才，让人才在企业得到提高和发展；在工作中学习和提高，跟上企业需要，提高个人能力。尊重人才，平等待人，用人之长，容人之过，待人以诚，是 TCL 文化的基本内涵。

企业还从感情上柔化制度化的管理，领导与员工之间是工作战友的关系，在平时则是朋友的关系，相互之间没有距离感，消除了上下沟通的隔膜。员工生病，企业的领导一定会亲自上门探望，表示对员工的关心；每逢节假日，都会想到员工的家属，每年还发给家属"十五月亮奖"，表示对家属理解和支持工作的感谢。

TCL 的团队在多次战略中都有出色的表现，主要是因为人力资源管理完善，员工的敬业精神和团队精神激发了工作的热情。企业管理中最不好管理的是人，因为人有主观能动性，完全的制度管理会约束个性，没有制度管理又不能形成企业需要的合力，如何把握尺度，就是企业的一种知识。企业管理人的目的是实现人力资本的增值，当人力资源得到最大限度的开发时，也就是企业竞争能力得到了最大的发挥。TCL 的文化理念极大地影响着企业的用人思想，通过人力资源的开发实现了企业竞争力的开发。

资料来源：中国人力资源网，http：//blog. hr. com. cn/html/06/n－81706. html。

根据以上案例所提供的资料，结合所学的知识分析回答如下问题。

1. TCL 集团对组织文化重要性的认识表现在哪些方面？

2. TCL 集团的组织文化有什么特色？

3. TCL 集团人力资源部的主要工作任务有哪些，各部门是通过什么方式为构建组织文化服务的？

4. TCL 为什么能打造出最出色的团队？

第十三章
工作压力与管理

教学目标

通过学习本章，了解压力的含义与特点、掌握压力产生的原因，了解具体压力反应模型分析及解决方法，树立正确的压力管理观念，并能够指导别人做好压力管理。

教学要求

主要内容	知识要点	重点难点
压力概述	（1）压力的概念 （2）压力的特点 （3）压力的感受模型	（1）压力形成的过程模式 （2）塞利的一般适应综合征（GAS）模型
压力的后果	（1）压力对个体影响的表现 （2）压力与绩效的倒 U 形管理理论 （3）压力与工作创造力 （4）压力与工作要求和控制能力 （5）压力与决策	（1）压力与绩效的倒 U 形关系理论 （2）阿玛拜尔的压力理论 （3）压力与决策的关系
压力的来源与评价	（1）压力的来源 （2）压力的评价	（1）霍姆斯的社会再适应 （2）理查德·扎拉鲁斯的压力评价模型 （3）整体健康理论 （4）拉扎鲁斯的压力评价模型
压力管理的方法	（1）个体层面的压力管理 （2）组织层面的压力管理	（1）个体的压力管理战略 （2）员工帮助计划 （3）工作丰富化

导入事例

"过劳死" 案例

企业资产总规模达到 25 亿元的均瑶集团原董事长、著名民营企业家王均瑶于 2004 年突患直肠癌英年早逝，38 岁的他，在去世前不久，还雄心勃勃地准备创办自己的航空公司。熟悉他的人都说，他是累死的！

2005 年 4 月 6 日，正在外景地忙于拍摄新片《理发师》的陈逸飞突然病倒。被送到医院不几日，就撒手人寰。

25 岁白领过度加班致死引发争议。"用生命加班，哀悼华为员工胡新宇"。2006 年 5 月 28 日晚，胡新宇在广州中山医科大学第三附属医院病逝，年仅 25 岁，他因工作任务紧迫持续加班近 1 个月，导致过度劳累，全身多个器官衰竭。

2010 年，37 岁的腾讯网的女性频道编辑于石泓因脑溢血去世，亦传与工作劳累过度有关。

2012 年 4 月 12 日晚，一条"普华永道美女硕士过劳死"的微博在网上流传，在万人转发、评论中我们得知：一个长发披肩、笑容迷人的美丽姑娘，25 岁的美女硕士潘洁不幸去世了。去世原因则可能是过度疲劳导致身体虚弱，在身患病毒性感冒后，由于工作繁忙和自己的疏忽，没有好好休息，更没得到及时医治，最终诱发急性脑膜炎，不治身亡。

2012 年 7 月，淘宝店主艾珺因忙于进货上架，连续通宵熬夜，在睡梦中去世，年仅 24 岁。

还有彭作义、杨迈、汤君年……这一长串名单上的每一位，都是非常成功的企业家，拥有无可限量的美好前景，但都因为劳累，绷断了生命之弦，在人生的黄金年华便早早逝去，不由人不扼腕长叹。

候任日本驻华大使西宫伸一（60 岁）因病住院后，2012 年 9 月 16 日上午在东京的医院内去世。西宫伸一 11 日被任命为驻华大使，任命后 5 天去世也引起日本民众对其死因的猜想。有媒体指出，西宫可能是由于脑溢血死亡，称此前他随野田参加亚太经合组织（APEC）峰会时过度劳累。而日本网民则"分析"出各种阴谋论。警方在西宫昏迷入院后表示，西宫的突然昏迷是由于疾病而非意外事故或不法行为，因为"在身体上没有发现外伤"。

资料来源：根据互联网相关报道整理。

工作压力是组织中的一个严重问题，处理不好，就会使个体产生挫折感，降低工作积极性并影响绩效。北京易普斯咨询公司调查结果显示，2018 年高级经理人压力指数仍维持在较高水平。78.0% 的高级经理人面临"泰山压顶"般的高压力，理应引起我们高度重视。从不同群体来看，男性经理人压力主观感受高于女性，31～35 岁年龄段的高级经理人压力感受相对较高，工作年限 11～15 年的经理人压力感受相对较高。

在生活方面，66.2% 的经理人产生了消极的情绪体验，61.3% 的经理人出现了失眠或其他睡眠问题。在工作方面，77.1% 的经理人认为工作效率较低，49.6% 的经理人表示对工作缺乏兴趣；其中，20.8% 的高级经理人每周工作时间超过了 56 个小时，其工作强度之大，可想而知。

过重的压力不仅会影响个人的身心健康状况，而且对组织、对社会的发展都可能造成巨大的损失。据一项美国工业评估报告显示，一年来工作压力以及由此引起的意外事故、旷工、员工流动、生产力下降、医疗费用、法律或保险费用、对工作因民事侵权和根据《联邦雇主责任法》（FELA）裁决赔偿等造成的损失高达 3000 亿美元。哈佛大学经济学家朱莉亚·斯科采用政府统计和劳动数据计算发现，一般雇员的工作时间比 25 年前多了 163 小时，等于每年额外多工作 1 个月。根据美国的官方统计数字，由压力所导致的疾病估计每年使美国减少 8000 万个工作日，经济损失高达 70 亿英镑；欧盟每年也因为工作压力太大，损失 20% 的劳动力。因此，了解工作压力、挫折产生的原因、压力可能带来的后果以及相关的应对措施，对做好管理工作、调动人的积极性，有着极大的现实意义。

第一节　压力概述

一、压力的概念

压力的概念最先是由坎农于 1925 年使用，当时是在观察实验条件下处于寒冷、缺氧、失血状态中的个体表现出来的战斗——逃避反应时提出的。后来的生理学家谢尔耶系统研究了压力过程，指出压力是内外环境中各种因素作用于有机体时所产生的非特异反应。

像组织行为学的其他概念一样，压力的概念有很多种说法。莱扎鲁斯（Lazarus）认为"压力是需要或超出个人正常反应的任何外部状况"，强调的是压力的来源问题；奎克（Quick）则强调压力的后果，认为压力反应是人在面对压力源时，对机体自然能力资源的普遍的、有规律的、无意识的调动；萨默斯（Summers）等人在研究中则重点强调了工作压力中个体由于正常生活方式的改变而引起的各种感觉的改变，而并不强调改变本身，认为工作压力是当个体被迫偏离正常的或希望的生活方式时体验并表现出来的不舒适的感觉。

从以上研究者的定义可以看出，工作压力是一个多维度的概念，不同学者的定义从不同角度丰富了对压力的认识，正是由于对压力的不同定义，也给压力问题的交流和研究带来了某些障碍，因此在进行沟通时，要注意首先了解对方谈的压力究竟归属于上述何种定义，或者是上述定义的混合体。

这里从组织行为学的角度对工作压力的概念进行研究，认为工作压力是个体对各种刺激或威胁做出生理、心理和行为反应的一种综合模式，是指在工作、学习、生活过程中，个体对于觉察到的挑战或威胁认为无力应对时所产生的异常反应。

这个定义表明：首先，压力是复杂的心理过程，这个过程大致可以描述为：个体受到压力源的刺激到个体感受到压力，再到个体产生一系列身心及行为反应。其次，压力的产生和作用过程会受到多种因素的影响，只有被个体评价为威胁的诸种压力源，才会形成真正的压力。再次，在压力源存在的情况下，个体的认知评价、人格特征、经验经历、应付能力等起着重要的中介变量作用。最后，压力结果是多方面的，既有积极方面也有消极方面，如果能激发潜能、磨砺心智，使压力产生动力就属于产生积极的效果；但如果导致的是心理崩溃、生理失调、行为失能则会产生消极效果。

压力形成的过程可以用图 13 – 1 表示。

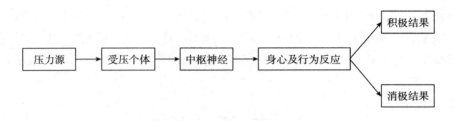

图 13 – 1　压力形成的过程

二、压力的特点

1. 压力的不可避免性

压力是现实生活中不可避免的一个基本现象，日常生活中横穿马路、被大雨淋湿、上班迟到、忘记带工作证明等使人难受的经历以及大学毕业、要结婚了、孩子出生等令人喜悦的事情等都会成为一种压力。因此，从这个意义上来说，压力并不一定都是坏事，尤其是当我们在生理上和心理上做好各种应对压力的准备时，情况就更是如此了。

2. 压力是可变性

由于产生压力的原因不同，压力主体的应对条件不同，在不同的时间和场合下同一种情况所产生的压力是不同的。如当着陌生人演讲与当着自己的朋友演讲，尽管是同一内容，在不同场合下，产生的压力效果也会不一样。

3. 压力的个体差异性

不同的人对同一压力所产生的感受不同，在承受压力的能力和对压力做出反应方面也存在着明显的区别。这与个体的个性、经历、气质、自我效能感等方面都有关系。

一般认为，A 型个性的人的特点是好斗，有攻击性，当面临困难和压力时能够努力排除障碍，会充分估计自己的能力，在压力面前甚至可能会超常发挥。B 型个性的人与 A 型个性的人正好相反，他们不喜欢竞争与挑战，更不愿意去做出具有攻击性的行为，不愿意承担太繁重的任务，而是愿意从容自如地工作，在确定目标时趋向于考察可供选择的各种方案，做到按部就班进行每一项工作。也正是基于此，A 型个性的人经常使自己处于高压力状态下，患各种心脑血管疾病的人较多，当然他们也拥有很多与成功相联系的素质，包括时间观念、高激励、目标管理等。

个人经历也对压力的个体差异形成有重要的影响作用，饱经风霜、经验丰富的人，其应付各种压力的能力肯定要比"少见世面"的人强。

　　自我效能感是指一个人对自己是否能够成功完成某一任务的行为的主观判断，通俗地讲就是一个人的自信心程度，自我效能感与压力应对能力成正比的关系，主观判断的效果越好，应对压力的心理反应就越主动、有底气。

　　实际上，即使是同一个人对同一种压力，在不同的时空环境下所产生的反应也是不一致的，这与个体的主导心境、经验、学识等因素有关。"人逢喜事精神爽"，心情好的时候可以使很多问题和压力被淡化，困难被克服。新任教师试讲的时候会有战战兢兢的现象，而在工作一段时间之后，熟悉了讲台的感觉就不会再将讲课看成是一种压力了。

三、压力的感受模型

　　压力研究的先驱人物加拿大学者汉斯·塞利首先提出压力感受的模型，他指出人们对于压力的状况会做出一些比较稳定的生理反应，这种反应是一个过程，塞利将之称为一般适应综合征，主要分为三个阶段：惊觉阶段、阻抗阶段和衰竭阶段（见图 13 - 2）。

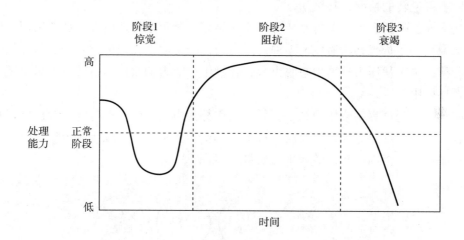

图 13 - 2　塞利的一般适应综合征（GAS）模型

　　资料来源：史蒂文·L. 麦克沙恩，玛丽·安·冯·格里诺. 组织行为学［M］. 井润田，王冰洁，赵卫东译. 北京：机械工业出版社，2007：145.

1. 惊觉阶段

　　在这一阶段人们产生的第一反应就是警告，唤起体内的防御能力。从生理学的角度讲就是肾上腺素释放到血液中。为了对付应激性的处境，个体通常会有两种准备：一是准备战斗，二是准备逃避。这时，由于大脑对威胁性和挑战性状况的持续知觉，会使大脑向身体的各部位发布信号，持续的强压力刺激将引起个体呼吸加速、血压升高、心跳加快、肌肉紧张、胃酸增加等生理和心理反应，极度的压力刺激甚至可以引起猝死或休克。但在大多数情况下，该阶段使人对环境开始保持警惕并积极做好准备进入下一阶段。

2. 阻抗阶段

又叫作适应阶段。在经历了第一阶段后，人对各种环境因素的适应能力高于正常水平，因为肌体刺激产生了各种生物化学的、心理的、行为的机制，使体重恢复正常、肾上腺皮质变小、淋巴腺恢复正常、激素水平也保持恒定，因此个体有更多的能量去克服或消除压力来源。这时从表面上看身体似乎已经"恢复了正常"，然而危险是存在的，由于注意力过于集中于一种或几种压力，阻抗阶段持续时间久，能源即将耗尽，会使个体在其他挑战面前特别容易受到攻击，如在高压力下的人们容易患感冒、头痛等各种疾病。而且据研究表明，组织中通常出现的亚健康状态就是由于长期受各种压力引起的。

3. 衰竭阶段

当压力持续存在，而人们的阻抗能力有限的条件下，抵抗能力消耗殆尽之时，人们将进入此阶段。主要表现为体重减轻，肾上腺增大然后衰竭、淋巴腺增大、淋巴系统功能紊乱、激素增加然后耗竭等。这一阶段如果刺激、压力还不能消除，人的心理及生理反应将产生各种不可逆转的情况，甚至死亡。

塞利本人也强调，没有灵丹妙药可以使人类完全避免全身适应综合征的出现。作为组织机构来说，要尽量想办法避免员工进入压力的这个阶段，在破坏性到来之前尽量缓解压力，或者帮助员工从压力环境中解脱出来，经过生存能力的改造，再使员工以全新的能力回到压力环境中。

在应对压力的过程中或压力结束之后，人们都会由于紧张而产生疲劳等症状，从生理学角度看，疲劳程度共分为 5 个等级，每个人都要学会检测自己处于哪个疲劳阶段，从而更好地克服压力，提高工作绩效和生活质量（见图 13－3）。

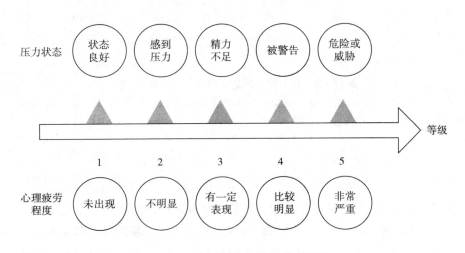

图 13－3　压力状态与疲劳程度表现

第二节　压力的后果

实践证明，工作压力不仅会对员工个体产生各种心理、生理及行为的影响，同时也会对组织的工作绩效产生影响。

一、压力对个体影响的表现

压力对个体的影响可以通过多种形式表现出来，综合起来，这些症状表现可归并为三种类型：生理症状、心理症状和行为症状。

1. 生理症状

尽管压力与特定生理症状的关系尚不明确，但研究证实了长期处于压力中的个体更容易出现新陈代谢紊乱，患上心脏病和中风，更容易感冒，长期处于身体亚健康状态的人们，会感到身体不适，心脑血管、消化系统、神经系统、呼吸系统疾病及恶性肿瘤的发病率都相当高，而且，压力还会使原有的病情加重、加快。因为当个体感到压力时，肾上腺会释放一种称为"氢化可的松"的肽，这会引起一系列的反应，包括免疫系统的免疫能力下降、血液凝固、血压升高，心率、呼吸增加等。

压力的生理症状反应往往是个体不能控制的。在课堂或会议上，我们都曾遇到过用颤抖的声音发言的情况，这自然不是发言者所希望的，但他控制不了自己因压力而造成的声带变形。遇到有人抢劫时，受害者的瞳孔会缩小、视野变得狭窄从而更清晰地看到对方，心跳会自动加快、呼吸频率增加、肌肉收缩，为"战斗"或"逃跑"做出生理上的准备。这些作用是由交感神经系统和内分泌系统所引发的，当危机状况过去，这些激发状态便逐渐消退。

个体若长期处于严重压力状态之下，其生理机能会严重受损。调查显示，在纽约证券交易所工作的员工相对于同龄人而言，心脏病的死亡率比全国平均水平高60%。我国知识分子平均寿命为58岁，比全国平均寿命低10岁左右；北京中关村知识分子平均死亡年龄为53.34岁，比10年前提前了5.18岁。这里的员工是最先安装心脏起搏器的。国家有关部门专项调查显示：疾病的产生降低了劳动者的素质，不仅给个体本身和家庭带来痛苦和不幸，而且给组织带来了巨大损失。

2. 心理症状

心理反应包括了一系列的认知和情绪反应。与应激的生理反应不同，心理反应通常是习得的，而且很大程度上取决于我们看待这个世界的方式。一旦紧张刺激被认为是对我们的威胁，一系列基本的认知功能便会受到影响。如我们可能过于聚焦于压力刺激，而使注意范围变得狭窄，对其他事物关注的敏感性下降，"心不在焉"常常发生在这种时候，对非压力刺激的记忆水平也会降低，"丢三落四"往往暗示着你近期处于压力状态之中。这些压力的信号需要个体引起警觉，并适当地做出心理和行为的调整。

压力还会影响判断和决策等高级认知功能。在强压力下，我们可能只会重复僵硬刻板的思考，不能创造性地解决问题。一些人考试时大脑一片空白，反映的就是这种问题。很多老师和教练非常强调平时大量的训练，目的是为了保证考生和运动员在创造力方面不受抑制，还能够依靠过去的经验与习惯取得不错的成绩。

【思考】试想一下，组织行为学老师对你的作业做出两种不同的要求：①一周内提交1000字的报告，用案例描述你面临压力时的情绪体验；②两天内完成对弗洛伊德的焦虑理论的学习和分析，并在全班做一小时的介绍。在这两种前提下你的情绪有何差异？试着在课程中做一次讨论。

压力也会激发不同的情绪。面临小挑战时我们会兴奋；当挑战越来越大时，我们会产生焦虑、恐惧、愤怒、气馁等消极情绪。压力在可控范围内所产生的个人心理反应主要是焦虑感和沮丧感，一旦压力失控还可能导致精神衰竭。

当个体承受的压力较大时，会模模糊糊地感到很容易受周围环境中的其他人或其他事情的伤害，觉得自己对工作、对周围的一切都失去了控制，会经常出现一些意想不到的困难，自己时时担心无力应对，甚至会产生一些幻觉，人为地设计一些障碍和压力，这就是典型的焦虑症。与焦虑相伴而生的是消极情绪、敌视态度、悲观情绪及愤世嫉俗、厌世等沮丧感，人们的正当需要得不到满足或行为受到妨碍时会使情绪受到伤害，伤害程度不同，沮丧感的情绪反应也不同。屡遭失败后人们对某种行为活动的积极性就会降低，甚至放弃努力，冷眼看世界；而当受到较大的打击或遭遇不公正待遇后，可能会产生敌视态度、特立独行、不善交往、不愿交流、吹毛求疵甚至产生攻击性行为；付出了巨大努力遭到失败后会变得悲观失望、严重缺乏自信心和自尊心；而当一个人在工作生活中处处都遇到困难和挫折，自己无力应付这种环境时便很容易出现厌世情绪，甚至产生自杀的念头，严重的还会产生对公共场所和周围人员的威胁。

当工作压力失控时会产生精神衰竭、强迫症、抑郁症、癔症等神经官能症，甚至会导致精神病。精神衰竭是在长期、过重的压力下产生的一种心理状况，主要表现为情绪衰竭状况、非人格化和个人成就感低等几种现象。人们的精神衰竭状况与职业有很大的关系，研究表明，通过直接接触而帮助他人的职业工作者，发生精神衰竭的概率更高一些，如各种社会工作者、警察、律师、教师、管理者、医生、护士、客服人员等（见图13-4）。

3. 行为症状

压力的行为表现是组织更为关注的问题，因为员工的行为表现和组织绩效有着更为直接的联系，也更显而易见。伴随高压力产生的个人行为问题有嗜烟、酗酒、暴饮暴食或没有食欲，言语速度加快、睡眠失调等。在组织层面上会直接表现为生产率的降低、缺勤率的增加、员工流动的愈加频繁、人际关系紧张，在工作中经常出现好斗或发生口角等现象，有时甚至会在工作场所出现侵犯的状况。

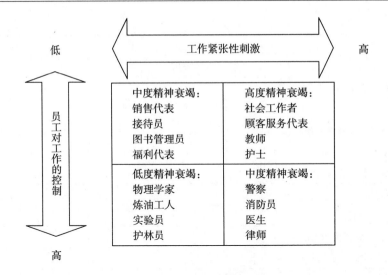

图 13 - 4　职业与精神衰竭的联系图示

资料来源：胡宇辰，叶清，庄凯. 组织行为学（第三版）[M]. 北京：经济管理出版社，2002：151.

一些员工白天感到工作压力，晚上可能通过醉酒来缓释，第二天待在家里不上班或迟到，长期如此，组织可能辞退员工，员工也可能因为自己不好的表现而主动辞职。从面临压力的战斗和逃避角度看，这是一种逃避反应。缺勤率和离职率的增加，导致公司不得不派人顶替缺勤或离职的人，而新人的生产率在一开始通常不高，需要支付一笔不菲的培训成本来提高效率。还有一些员工尤其是管理者，采取了战斗反应，变得易怒和富有攻击性，进而破坏了组织和团队氛围，影响面大，这种不良影响是难用经济方式测算的。

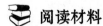 阅读材料

个人焦虑的自我评价

表 13 - 1 有 20 条文字，请仔细阅读每一条，把意思弄明白。然后根据您最近在宜兴市的实际情况再适当的方格里打一个钩，每一条文字后有四个格，分别表示：没有或很少有时间；小部分时间；相当多的时间；绝大部分或全部时间。

表 13 - 1　压力量表

压力情况	没有或很少时间	小部分时间	相当多的时间	绝大部分或全部时间
1. 我觉得比平时容易紧张和着急				
2. 我会无缘无故地感到害怕				
3. 我容易心里烦乱或觉得惊恐				
4. 我觉得我可能将要发疯				

压力情况	没有或很少时间	小部分时间	相当多的时间	绝大部分或全部时间
5. 我觉得一切都好，也不会发生什么不行				
6. 我手脚发抖打颤				
7. 我因为头疼、头颈痛和背痛而苦恼				
8. 我感觉容易衰弱和疲乏				
9. 我觉得心平气和，并且容易安静坐着				
10. 我觉得心跳得很快				
11. 我因为一阵阵头晕而苦恼				
12. 我有晕倒发作，或觉得要晕倒似的				
13. 我吸气呼气都感到很容易				
14. 我的手脚麻木和刺痛				
15. 我因为胃疼和消化不良而苦恼				
16. 我常常小便				
17. 我的手常常是干燥温暖的				
18. 我脸红发热				
19. 我容易入睡并且一夜睡得很好				
20. 我做噩梦				

资料来源：李永瑞. 组织行为学［M］. 北京：高等教育出版社，2008：330.

二、压力与绩效的倒 U 形关系理论

关于压力和工作表现之间的关系，谚语中有很多经验性的说明，"压死骆驼的最后一根稻草"，说明压力过大可能导致我们的绩效荡然无存；"没有压力就没有动力"，反映了压力过低可能带来的绩效降低。人们已经做了大量研究，发现压力和绩效之间一般存在着倒 U 形的关系。

倒 U 形关系显示，当工作负荷与压力较小时，工作缺乏挑战性，我们感觉不到工作的贡献，会处于松懈状态之中。长期如此可能体现出的是冷漠、厌倦情绪，自我价值感降低，效率自然也不高。当压力逐渐增大时，压力成为一种动力，它会激励个体努力工作，抓住机会有效地处理各种潜在的问题，从而使工作效率逐步提高。当压力处于"最佳"范围时，我们可以感受到创造性、把工作做好的动机，人的效率达到最大值。当压力进一步增大，超过最佳范围后，压力就开始成为阻力，员工由于难以完成工作而使自尊心下降，易紧张、失眠，有逃避工作的想法，缺勤率开始上升，效率也就随之降低。应该肯定的是，大多数工作，都存在一个让员工达到最佳工作表现的适度压力水平，这个范围可以称之为积极压力范围，当超过一定界限后就会变为消极压力（见图 13 - 5）。

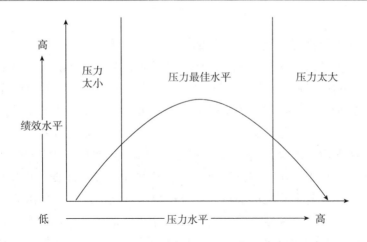

图 13 – 5 压力与工作绩效之间的关系

资料来源：陈兴淋. 组织行为学［M］. 北京：清华大学出版社，2006：113.

管理者应该从实际出发，更多地关注曲线上过多的压力，而不是如何增加员工的压力。激励个人取得更好的业绩始终很重要，但是试图通过增加压力来提高业绩的想法属于目光短浅。在此需要再次提醒，由于压力具有积累性，对于短期的工作是最为合适的压力水平，如果长期持续存在下去，也有可能变成导致绩效降低的过高压力水平，所以要注意日常工作、生活中的释压，如果不注重这个环节，一旦压力积累到极限，从量变引发了质变，高绩效会直接转化为低绩效。当然也不能用突击的方式挑战每个人的压力底线及可接受的程度，即不能用跑 100 米的策略去跑马拉松。

三、压力与工作创造力

随着科技的进步，很多程序化和规则性很强的工作都可以通过智能化程度越来越高的机器来完成，对企业人力资源部门而言，其价值将更多地体现在创造性的工作中，因此对工作环境中的压力和创造性工作绩效之间关系的认识就变得越来越重要。目前已有的研究证据显示，创造性更多地产生于低压力的工作环境中。

阿玛拜尔（Amabile，1990）发现，当存在着评价压力时，人们的创造性程度可能会降低。在一项研究中，她把大学生分为两组，让他们创造一首诗歌。实验者告诉其中的一组同学，实验的目的是考察他们的书法如何，诗的内容无关紧要。告诉另外一组同学，实验是要评估他们写诗的水平，专家会对他们的诗歌做出评价。结果发现，人们在工作时，如果感受到他人在旁观看的压力，或者创造者有竞争某种奖励的压力，都会在一定程度上影响创造性的水平。

一些创造性很强的组织往往对员工的行为赋予很高的自由度，这些组织为了创造性的工作能够容忍员工大量的失败，而不是不断地将员工的行为和预设的目标进行对比、评价，并进行过程性控制。因为创新的本意就包含了不可知，包含了意外，目的性过强的评估压力和控制欲望，会像囚笼一样严格地设定本不存在的创造边界，从而使创造性削弱乃至丧失。

并不是所有的工作都要像创造性很强的工作一样降低对员工具体工作的评价和监控压力，并给员工赋予很高的工作自由度。即使在贝尔实验室，不同的工作类型所对应的评价和监控压力也是不同的。做基础研究的人自由度最大，做技术研究的自由度小一点，做产品的人自由度就更小一点。贝尔实验室是一所企业实验室，却创造了一系列足以改变人类生存质量和生活方式的科技创造成果，产生了十几位诺贝尔奖获得者。曾经有一位员工进入贝尔实验室三年多没有产生任何成果，实验室主任委婉地提示他要汇报一下自己的工作进展，该员工表示自己正在用新的方法研究四色问题（每幅地图都可以用四种颜色着色，使得有共同边界的国家着上不同的颜色，如果用数学对此结论进行严格证明，即为四色问题。四色问题是世界近代三大数学难题之一，另外两个是费马定理和哥德巴赫猜想），尚无成果，用一页纸的篇幅就对自己三年的工作进行了说明，但是贝尔实验室仍然鼓励其继续研究。

不少研究发现，对于程序性很强的工作，较高的评价压力和时间往往能促进工作效率提高。想象一下，若高考时监考老师看着你一字一字地写作文，你会写好吗？如果我们将作文的评分规则改变一下，不看内容，只看字数多寡，你恐怕不会那么反感身边的老师了。心理学的试验甚至证明，在后一种情况下（属于简单的认知活动），个体的成绩会提高。

四、压力与工作要求和控制能力

相关研究表明，压力与工作要求的高低成正比关系，而与自我控制能力成反比关系。两者之间的关系可以形成四种格局，这四种格局对个体所产生的压力是不一样的（见图13-6）

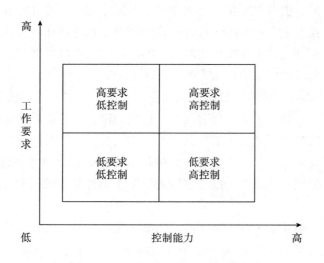

图13-6　工作要求与控制能力的关系

资料来源：周菲. 组织行为学［M］. 北京：机械工业出版社，2009：249.

在以上四种情况中，员工感到压力最大的时候应该是处于高要求、低控制的状态下，因为此时在工作上提出的任务重、工作量大、要求的质量高、时间紧迫，很可能会包括采用高新技术手段和方法等，但是员工对个人的工作数量、质量、方法等的决定控制权力很小。在低要求、高控制状态下，员工感觉到的压力应该是最小的，当然此时员工受到的挑战和促进前进的动力也最小，进步的步伐较慢，有时甚至会出现滥用职权等现象。低压力、低要求的状态下，人们的压力最小，但长此以往，就会使个体丧失独立判断和接受挑战性工作的基本能力。对于企业来说，高要求、高控制的状态是一种能使员工绩效更高、满意程度更高的状态，尽管这种情况下对员工提出了很高的工作要求，有时员工甚至感觉到完成任务有些吃力，但是由于个人对工作的控制力较强，有较大的自由度，有较多的参与决策机会，甚至有很大的权限，使员工受到的激励和鼓励也较大，这种心理和环境会鼓励员工努力工作，获得更高的绩效。

五、压力与决策

个体每天都要做出很多决策，在决策时会有很多影响因素，压力有时会影响决策的效力和速度。当人们感到有压力的时候，通常会产生两种不理想的决策形式，一种是冲动型决策，一种是拖延或回避型决策，这两种形式对个体的成功都是不利的。主要原因是受压力的影响，人们难以集中注意力去认真思考，认真挖掘有助于做出更好决策的有用信息，难以将注意力集中到已经获得的信息上，甚至遇到有用的信息也反应不过来。因此，应该十分重视分析压力的来源，注意其产生的时间、场合及后果，采取积极的态度应对各种可能有的和已经有的压力，为做出正确的决策做好准备。

【思考】在你的生活中也有很多时候需要独立做出决策，请描述一下大学填报志愿时的决策过程。回忆一下当时有哪些压力？你是怎样处理压力与决策的关系的？请结合本节所学的知识对当时的决策进行评价。

阅读材料

回答下列问题，将你的答案给你的同学看，并获得对方的评价。

成功的经历：

1. 描述你曾经成功处理过的一个压力环境，包括对当时情境的评价。

2. 有哪些内在和外在的因素帮助你在这种环境中取得成功？如知觉、思想、感觉、行为及各种资源。

3. 你如何以你的能力将这些因素处理成应对压力的各种有用的要素？

4. 你还可以使用其他的哪些要素以便更好地处理压力？

不成功的经历：

1. 描述你没有很好地处理压力的一种情境，包括对当时情境的评价。

2. 什么样的知觉、思想、感觉和行为影响或阻碍着你有效地处理这种情境？

3. 通过这个不成功事件使你对压力管理的认识有所提高了吗？你明白什么道理了呢？

你下一次将（已经）采取什么不同的方法？

第三节 压力的来源与评价

导致压力产生的各种情境、刺激或活动等叫作压力源。就其本身的属性来看，压力源可以包括：化学因素、生物物理因素、文化因素、社会心理因素等。对于员工的压力来源，当前研究者一般将其分为三类：组织外部压力源、组织内部压力源和员工个体压力源，如图 13 - 7 所示。

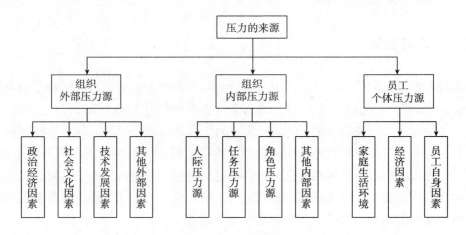

图 13 - 7 压力来源分析

一、压力的来源

1. 组织外部压力源

组织作为一个开放系统的观点已经被接纳，但当其面对具体的压力管理问题时，这个特性常常被忽略，具体表现在：当前大多数对于员工压力的分析常常会忽视组织外部因素的重要性，这必然导致压力管理的视角单一，且偏离员工的具体工作动机，从而影响其工作效果。

组织外部的压力源包括一些常见的因素，如政治因素、经济因素、社会文化因素、技术因素等。这些组织外部的宏观环境因素造成的员工压力，是组织难以把控的，需要组织提前预测可能的压力因素，并将其纳入对员工压力分析的框架之中。

（1）政治经济因素。在特定的情形下政治经济因素会成为员工主要的压力因素。国家政局动荡、战乱频繁，政治的不稳定很容易成为工作压力的重要原因。

（2）社会文化因素。社会文化因素给员工带来的压力深刻、持久却不容易被感知。高度重视工作成就的社会文化也会给人带来较大压力。日韩企业界常有由于企业经营失败而自杀的老板或高官，而强调工作和生活平衡的北欧人对此举动恐怕很难理解。处于经济飞速发展期的中国，其社会文化也愈加重视工作成就。根据麦克莱兰的观点，成人会把这种期望投射到对下一代的教育中，中小学生越来越长的学习时间和越来越重的书包可以直观地反映这一变化，或许可以将其看作是压力的传递性在社会层面的体现。

（3）技术发展因素。技术的发展对很多工作岗位提出了全新的要求，也常常使员工过去多年累积的知识和经验在一夜之间过时。如果处于这种需要不断学习而又前途叵测的状况中，相信没有几个人会高枕无忧，这迫使那些学习能力渐弱的中老年员工放弃原来一直从事的工作，进而导致自尊的降低和敬业精神的丧失，而那些尚未进入这一阶段的员工也会看到这一状况并为自己的未来担忧。

【讨论】某重点大学计算机专业的李永成刚从大学毕业就在一家大型国企找到了令其他同学羡慕的研发工作。但是工作一段时间之后，大家都发现平时活泼开朗的他变得整日身心疲惫，甚至想辞职不干了。说起这个变化的原因，他总结为工作压力太大，他的计算机专业能力要想跟上技术部门的要求实在是太累了，在单位工作的8小时，两眼一直盯着电脑，下班回家了还要经常将一些项目随身带着，及时更新，及时处理数据。半年来，一直处于睡眠不足状态，视力下降严重，精神萎靡，没有多少业余时间，更没有丰富的业余生活，看着同学们在一起快快乐乐，他竟然找不到共同的话题。

讨论并分析，这种来自技术发展的压力都存在于哪些行业和领域中？会带来哪些压力表现？

（4）其他外部因素。国外的相关研究认为，组织外部的压力源远比我们想象的要多，如住宅条件的好坏、获得服务和购物的便利性、邻居的友善性、社区治安环境、噪声和空气污染的程度等都可能成为员工的压力来源。这些压力源一方面会影响员工的正常生活，严重的时候会带到工作中来，影响工作绩效。

2. 组织内部压力源

除组织外部压力源外，员工的很多压力来源于组织自身，这些压力更容易引起员工对组织的抱怨和工作绩效的降低，而且会严重削弱员工的工作能力，危害身心健康。46%的美国工人认为他们的工作压力很大，34%的美国工人认为工作压力过重而准备跳槽。在日本，因工作负担过重而猝死的人数每年超过3万人。这一现象已经引起心理学家、精神病学家和管理学家的高度重视，并且开始从不同角度和侧面研究压力产生的内部根源及对人体的行为带来的影响。

📖 阅读材料

《财富》（中文版）曾经连续几年对职业经理人的压力情况进行调查，结果表明：组织气氛、人际关系、职业发展成为经理人的三大压力源。通常，工作负荷（如工作量的大小）、职业发展（如升职机会）、工作职责（如决策大小与要承担的后果）、日常烦扰

（如会议多）、管理角色（如监管下属）、角色冲突（如面临互相矛盾的工作要求）、角色模糊（如职责不清）、工作与家庭冲突、组织气氛（如上司不指导）、人际关系等十大主要情景或事件会成为经理人的压力来源。

（1）人际压力源。人具有社会属性，人的工作、生活都离不开与其他人的交往互动，各种群体对组织中人的行为都有很大的影响。员工个体在组织中与其他同事关系的好坏是组织生存和压力潜在来源的关键部分。如果有良好的人际关系，员工会在轻松愉快的环境下工作，对组织的归属感也会增加，从而促进组织和个人目标的实现，但如果人际关系紧张，甚至发生过办公室冲突或不愉快，则会使员工没有归属感和集体意识，不愿意关注群体发展，甚至不愿意上班，这些不愉快的后果会带来工作上的巨大压力，难以形成团队合力。就是说，人际关系既是压力的来源，又是帮助员工克服压力的一种社会支持手段。

（2）任务压力源。组织在向员工交代工作时，一定要明确工作的性质、目的、要求、规范、时间、空间、考核的方式、任务完成的数量和质量等一系列必要的问题，即使员工明确要干什么、怎么干、该做什么不该做什么。

现代社会的竞争现状导致组织内外各种竞争群体的存在，由于组织不能同时满足不同群体的需要，就会导致任务的冲突和竞争的加剧。任务冲突包括两种，一种是由不同群体对另外一个群体的不同期望导致的，另一种是由同一群体对另外群体的数个互不相容的期望要求导致的，前者称为任务的外在要求冲突，后者称为任务的内在要求冲突。

任务的冲突会造成组织资源的浪费、集体绩效的下降，团队合作的减少。另外，工作超载的情况是经常存在的，再加上时间压力，也会使员工出现力不从心或消极怠工等现象。

（3）角色压力源。在工作、事业和家庭生活中会面临很多角色的矛盾和冲突问题，这里只考虑工作角色问题。工作角色的压力源主要有角色冲突和角色模糊两种情况。

角色冲突来源于相互矛盾、难以协调的工作要求。是指员工针对某一任务同时要对多个不同上级负责，而上级之间的意见并未进行有效沟通或达成共识时所处的一种角色状态。工作思路摇摆或者不清晰的上级也会让员工产生角色冲突感，严重影响工作速度和效果。

如果员工不清楚自己应该做什么，工作应该达到什么标准，就会产生角色模糊的压力。一些组织中尽管有清晰的职位说明，但实践中却将其搁置一旁，随意安排员工工作，使员工产生了很强的角色混乱感，员工会开玩笑地说："我是公司的一块砖，哪里需要哪里搬"，缺少内在一致性的人力资源政策会让员工产生深层次的角色冲突或角色模糊的压力，这也是需要组织认真思考的一个管理问题。

（4）其他内部因素压力源。能够形成压力的组织内部其他因素有很多，组织机构精简、工作环境设计等都是内部压力的主要来源。在组织不断进行变革、精简机构、压缩人员的情形下，同样甚至更多的工作量由更少的人员承担，导致了很多工作人员有不堪重负之感。对于幸存者而言，裁员经常意味着更长时间的工作和更多的压力。某些工作的季节性很强，如旅游服务工作、农产品加工工作、年终的财务工作等，会导致短期内工作负荷急剧上升。很多组织进行机构变革后出现扁平化的组织结构，从而导致管理幅度大幅增加，各级管理者的工作负担也越来越重。组织通过增加员工工作负荷，在短期可能有人力成本的优势，但从长远发展看，如果没有其他适当的措施，过重的工作压力将会导致人员流失、工作效率降低、最终得不偿失。

另外，组织扩张、并购、增加新产品或开拓新市场等都会给员工造成压力，因为在这种新环境下，员工不得不重新考虑自己的事业发展规划、学习新知识和新技能、适应新的角色和工作环境、与新的同事打交道、结识新领导等。

办公室的办公环境、政治活动、社会活动等对某些人来说也会形成压力源。独立的办公空间会增加私密性，减少陌生人的干扰和同事之间的互相监督，但是会减少同事关系的亲密感和互相关心的机会，难以形成集体归属感，甚至有互相猜忌现象的发生。但如果大家一起办公时，同事的打扰、相互交流、嘟嘟响的电话、在工作场所周围走动的他人也会形成压力源，办公室周围的施工、汽车鸣笛等甚至会形成噪声，有时压力大到连同事之间的窃窃私语都会被感知为恼人的噪声，成为工作上的压力源。高级别政治活动的多少、"办公室政治"的出现会打乱工作环境和秩序，造成工作压力。社会活动的多少和参与程度的高低则会影响员工的主导心境和工作效率，对于不愿意被干扰的或不愿意与人交流的人来说，这也会形成压力。

3. 员工个体压力源

员工个体压力源分为家庭生活环境问题、经济问题、员工自身的人口学特征等。

（1）家庭生活环境。家庭生活环境对于员工压力的影响往往被低估。家庭中一些因素会导致短期的压力，如孩子感冒、伴侣吵架、结婚、家庭成员的重病和死亡、节假日的安排等临时性事件或突发事件，另外一些因素会导致长期的压力，如长期不良的婚姻关系、一直紧张的亲子关系、邻里关系、代际关系等。

表 13 - 2 列出了不同生活事件能够产生的各种应激数值。这是霍姆斯（T. H. Holmes）和拉赫（R. H. Rahe）及其在华盛顿大学的同事们通过对 5000 多人的社会调查，对 43 项不同事件所产生的典型压力大小进行统计之后得出的结果，这个结果为定量测量人们一年中的生活变化情况提供了有用工具，将一年中所发生的事件得分相加之后就能得出一年中所承受的压力大小。

表 13 - 2　社会再适应评定量表（SRRS）

生活条件	平均值	生活条件	平均值
配偶死亡	100	离婚	73
夫妻分居	65	监禁（拘留）	63
家属去世	63	个人受伤或患病	53
结婚	50	开除	47
复婚	45	退休	45
家庭成员健康的变化	44	妊娠	40

生活条件	平均值	生活条件	平均值
性障碍	39	家庭新成员的出现	39
企业调查	39	财务状况变化	38
亲密朋友死亡	37	工作调整	36
夫妻吵架次数的变化	35	大宗抵押	31
抵押或贷款丧失赎回权	30	工作职责的变化	29
儿女离家出走	29	婚姻纠纷	29
个人的突出成就	28	配偶就业或停止工作	26
上学或毕业	26	生活条件的变化	25
个人习惯的变化	24	与上级发生纠纷	23
工作时间或条件的变化	20	住宅的变化	20
学校的变化	20	消遣方式的变化	19
宗教活动的变化	19	社会活动的变化	18
小型抵押或贷款	17	睡眠习惯的变化	16
家庭合住人数的变化	15	饮食习惯的变化	15
假期	13	大型节日	12
轻度违法	11		

资料来源：Thomas H. Holmes and Richard H. Richard H. Rahe. The Social Readjustment Rating Scale. Reprinted from Journal of Psychosomatic Research.

近些年有很多员工越来越难以完全处理好工作和家庭中各种责任的平衡关系。主要是随着员工工作时间的延长，他们晚上会把越来越多的工作带回家中做，从而使工作和家庭之间的间隔变得越来越模糊，两者之间的相互影响也越来越大，这种工作状态不仅影响了组织绩效，更会影响家庭生活质量及和谐程度。

 阅读材料

双职工夫妻的复杂困境

现在离黎明到来还有一个小时，在里克和巴巴拉·蒙特尔在凤凰城的家后面的那座大山轮廓还没有从黑暗中涌现。然而，里克已经洗完淋浴，穿好了上班的衣服，读着报纸，喝着咖啡。6点钟，他叫醒了四岁的杰里和两岁的吉利安。当巴巴拉·蒙特尔为上班做准备时，她丈夫给孩子们穿衣服，为他们准备早餐，然后把他们送到日托所，最后直奔他的工作地点。他的工作是在摩托罗拉公司当项目管理人。下午6点钟轮到巴巴拉·蒙特尔。她要放下摩托罗拉工资管理工作，回家照料孩子，给他们准备吃的，给他们洗澡，然后读故事给他们听，送他们上床睡觉。接着夫妻俩将在家庭办公室"为争夺计算机而战"，因为两人在睡觉前都想多做些工作。

另一种新的现象是由于工作需要导致的工作调动引起的家庭成员分居，这已经成为很多白领员工的潜在压力。一些组织会对管理者在特定区域的任职时间进行严格的规定，为防止政府官员为亲友谋取不正当利益，国家还出台了异地就职的规定：一些银行为防范风险，规定在某地区任职不得超过特定年限，到期必须调任他处。这些做法常常导致承担重大责任的管理者在承受压力时得不到家庭的支持，或者整个家庭需要随其不断"迁徙"，从而带来了更多的适应问题。一些组织通过设置更长的探亲假，提供探亲费用，帮助员工照顾远在万里之外的家人来缓解压力带来的消极影响。尽管这样，这种家庭生活环境的变化还是会给员工带来生活上的压力。

　　（2）经济因素。拮据的经济条件和不当的财务管理方式会影响到工作状态和对工作内容的选择。现代的年轻人经常属于"月光族"，其生活方式表面看很潇洒，但实际上这种经常性的短暂资金短缺也会对自己造成不必要的压力，制约自己对事业和追求的选择。由于开支过大，一些员工宁愿选择自己不感兴趣或不符合自己价值观的工作，仅仅因为这份工作能多提供一些收入，从长期来看，不感兴趣的工作会让其感觉枯燥，不符合自己价值观的工作会让其难以产生真正的成就感，最终都会导致持久的压力。

　　（3）员工自身的社会人口学特征。这主要指员工自身的人格特质、性别、阶层、年龄、学识等因素。人格影响主要表现在两个方面，一是个人对环境和紧张性刺激的认知程度，二是他们对这些刺激的反应程度；一个自尊心强的员工比自尊心弱的员工更容易产生工作压力；男性高级经理人的身心健康水平明显高于女性；初中级管理者最主要的三大压力来源分别为职业发展、人际关系和组织气氛，高级管理者则为组织气氛、人际关系和职业发展，最高级管理者则认为个人责任、组织气氛和人际关系是压力的主要来源。研究表明，压力还随着身体素质的下降和年龄的增长曾现出不容乐观的变化，25 岁以下的人职业发展的压力是最大的，25 岁以上者对组织气氛的压力感觉最大；41～50 岁的男性中，认为自己各方面压力都最大的比例为 55.6%；已婚或再婚的高级经理人的身心健康水平都较高；在高学历人群聚集的组织中，低学历人的压力最大。

二、压力的评价

　　压力研究者认为压力是一种反应，是一种刺激，是一种交互过程，是一种整体现象。现代人面对压力源时的大脑活动反应与原始祖先的大脑活动反应完全是一样的，当他们认识到所面临的情境是威胁性刺激的时候，会产生为身体调动能量来进行战或逃的交互行为。他们认为，人和事只有在能够引起压力反应即被认为有威胁或会引起伤害和损失时才是压力源。理查德·扎拉鲁斯（Richard Lazarus）建立了一个独特的压力评价模型，用来表示大脑在感知压力时是如何工作的，这个压力评价过程就是基于"人或事在以某种方式对我们的满足感产生威胁时才会成为压力源"的假设，他将对压力源的感知称为交互，对刺激的评价称为威胁评估过程。这个过程分为三个阶段，初级评估时确定某一压力源是否是威胁，次级评估确定个体能否应对这一威胁，认知再评估阶段则根据前两次的评估信息做出能应对和不能应对的刺激反应（见图 13 - 8）。

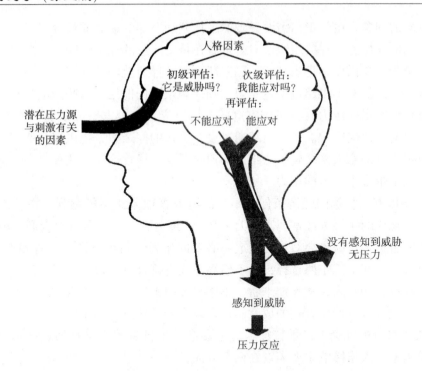

图 13 – 8　拉扎鲁斯的压力评价模型

资料来源：Richard Blonna. 多变世界中的压力应对（第三版）[M]. 北京：高等教育出版社，2008：10.

伴随压力评价过程的关键因素是"压力情绪"和情绪管理的能力，个体评价压力源时的感觉、健康状况、经验直接影响着压力的应对效果。赫波特·多恩（Habert Dunn，1962）提出要对健康进行全面的定义，即不仅应该包括传统观点中的生理、社会和心理因素，而且应该包括生理、社会、智力、情绪和精神在内，20 世纪 80 年代和 90 年代，整体健康的定义又扩展到包括职业、环境在内的六个方面，只有做到全面的健康和最佳状态的健康，才能以更积极的态度对压力进行评估和应对。

第四节　压力管理的方法

压力的存在是不可避免的，不可能也没有必要完全消除压力，因为适度的压力存在更能激发员工的能量和工作热情，对于组织而言，管理的目标是要将员工的压力控制在能够提供最佳工作效率的水平；而对于员工而言，则要因时制宜、因人制宜进行战略设计。但无论是员工还是组织，压力管理的前提是：适度的压力存在是必要的，保持工作、学习和生活之间的平衡是必要的，组织与员工之间互相妥协与合作也是必要的。本节将压力管理的方法分为员工个体层面的管理和组织层面的管理两类。

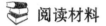 阅读材料

战胜压力的建议

一个简单的减轻压力的办法是停止看新闻。媒体对世界性事件的报道有时会让人很苦恼。多种媒体（纸质、广播、电视、网络等）可以对世界性事件进行全天候的报道，很多报道是重复的、耸人听闻的、不必要的。有时我们需要暂时停止知道世界上的事情，让我们的头脑清醒一下，减少担心，以合适的视角来看待我们的生活。下面是如何暂时停止了解世界性事件的建议。

在一个星期的时间里做到下面几点：

不看报纸、杂志或网络新闻；

不看电视新闻；

不听新闻广播；

不要感到内疚（重要新闻下周还会有。如果没有，你还可以去看上周的新闻）；

逐渐恢复看新闻，减少看不好的新闻（头条新闻、消极评论和网页等）。

资料来源：Richard Blonna. 多变世界中的压力应对（第三版）[M]. 北京：高等教育出版社，2008：15.

一、个体层面的压力管理

个体层面的压力管理实际上是指个人怎么减少压力源或控制压力的大小，发挥压力的积极作用，克服消极作用。主要可以分为三个层次的战略：压力降低战略、压力适应战略和压力恢复战略。

1. 压力降低战略

压力降低战略是指减少影响个人的工作压力源数量的战略，对于个体而言有以下几类做法可以供参考：

（1）避免压力的出现。最直接的方法应该是避免压力的出现，放弃一些不切实际的追求和理想会达到这种效果。

（2）学会做好计划。在个人计划中，应该包括对于将会发生什么及会存在哪些潜在压力源的估计，未雨绸缪，可以帮助个体减少压力发生的概率和强度。

（3）增加对新环境或新事务的了解。当员工换了一个新的工作环境、进入一个新的组织或获得了一项新工作后，都会产生新的压力。如果能在进入之前就对这个新的环境有所了解、对组织或动作本身有所了解，便可以轻松地面对。

（4）合理利用食物或药物。研究表明，有些人在压力过大时，通常会通过食物来减

小压力的影响，如咖啡因、尼古丁、小食品、酒精甚至镇静剂等药物。其实，这些食品或药品本身就是一个压力源，如果再过量使用则还会产生过重的生理压力。反之，如果把这些物质从人们的饮食或生活中去掉或加以合理地使用，则会降低压力的影响。

（5）通过知觉过程来减压。人们的压力受知觉的影响也较大，个体可以通过有效地将自己与潜在的压力源相隔开来的方式，降低压力，就是通常所说的"听而不闻""视而不见"；也可以通过寻找情境中积极因素的方式，选择性地忽略一些压力源，减轻自己对压力的承受范围；如果压力是不可避免的，那就正面迎击，不要试图抵抗，从容应对，不管成功还是失败，都不要看得太重。这种良好的知觉品质会直接降低压力的影响。

（6）提高时间管理能力。时间管理十分有技巧，需要对工作和生活中的各种任务进行优先排序、统筹规划，为重要任务制订计划，减少工作时间的被干扰，限制自己的兴趣范围、减少参加各种会议的数量和长度，限制通话时长等。另外要了解自己的生物钟，在自己效率最高的时段做好最主要的工作。帕金森定律认为，工作会自动占满所有的时间，所以不要为某些不重要的活动安排过于充足的时间，要善于充分利用零散时间处理日常琐事，而留出固定的时间处理重要工作。

（7）选择离开。当某种压力不可避免会出现时，个体唯一能够摆脱的方式就是离开，可以选择工作岗位的调动，如果不行，可以考虑辞职甚至退出整个组织。

【思考】同一个专业的两名大学应届毕业生加盟了同一家寿险公司作为电话销售人员，她们面临着共同的工作任务指标，工作时间一样，住宿条件一样，给客户打电话表述的内容也一样，有着同样的持续压力。其中一名同学不到一周就受不了了，开始是疲惫不堪，后来开始请病假甚至选择了辞职，而另一名同学驾驭了自己的工作并乐于与客户交流，接受工作的挑战，在实习期内不仅顺利完成了组织的客户开发任务，还获得了多名客户的好评。请结合你所学的压力知识解释一下这两名学生对压力的不同反应说明了什么。

2. 压力适应战略

压力适应战略的主要目标是培养人们的生理毅力和心理毅力，从而能与潜在有害的压力源相对抗，最受人们推崇的方式是通过身体锻炼、饮食、睡眠等方式调整生活方式来应对。

（1）锻炼身体。加强有氧训练、娱乐性运动、非剧烈性运动等形式都可以较早地排遣压力事件。可以根据个人的实际情况选择室内或室外进行，也可以根据个人喜好选择活动的伙伴，在运动过程中互相交流增进感情，以减轻压力。

（2）调整饮食结构。合理的饮食是当前人们都在注意的问题，营养专家们建议应少吃甜食、太咸的食品及油炸食品，多吃新鲜蔬菜和水果；适当地饮茶、适当的饮酒也有助于血管的健康；早饭和中饭可以多吃，晚饭一定要少吃，细嚼慢咽都有助于身体健康。

（3）调整睡眠。保持良好的睡眠不仅可以减少压力，也可以延长寿命。睡眠专家认为，每天保证有 7~8 小时的睡眠可以使身体机能保持最佳状态，不足 4 小时的人，死亡率比睡 7~8 小时的人高两倍半；睡眠不足 4 小时，反应的能力会下降 45%，减少工作效率和创造力则多达 25%~50%，所犯的错误也多达 25%~50%。现代职场中的很多人每天仅仅能维持 5~6 小时的睡眠，处于亚健康状态的人日益增多，要减轻压力就必须注意养成良好的作息习惯，可以考虑用午睡来适当地弥补晚上睡眠的不足问题。

3. 压力恢复战略

压力恢复战略是指采用从锻炼到思维等各种类型的活动来帮助人们从生理上和心理上恢复活力，从而战胜压力。

这里所指的锻炼与适应战略中的有氧锻炼不同，是指剧烈运动和放松训练，因为剧烈运动可以引发激素的分泌，从而让感情放松下来，使身体机能恢复到正常状态。放松训练近年正越来越受白领们所重视和大力学习，主要形式有冥想、禅修、拓展等形式。在工作间隙可以借助上述方法松弛一下过度紧张的神经，减少肌肉紧张，降低心率、血压及呼吸的速度，保持清醒冷静的头脑，更有效地处理压力。

调整思维方式也是恢复的主要方法，有时人们会陷入"钻牛角尖"的境地，"不撞南墙不回头"，有时还会将某些事情的不良结果想象得过分严重，夸大不良结果的发生概率和某些事情的价值和意义，"杞人忧天"或者以非黑即白的方式看待外部世界，都容易给自己带来很大的压力。心理学家的研究表明，在造成压力的事件中，有40%永远不会发生，比如世界末日；有30%的担忧涉及过去做出的决定；有12%是他人出于自卑感做出的判断；10%的担忧与健康有关；只有8%是合理的。因此，个体要通过不断了解自己的感受，反思认识，使思维模式变得更为合理，从而增强应对压力的能力。

关于放松训练的方式很多，这里提供一种简单的操作方式，帮助你缓解压力：首先要深深地吸气，要非常夸张地吸气；然后，屏住这口气，慢慢地从一数到五；最后要把所有的空气非常慢、非常慢地呼出去，直到呼尽为止。重复这样做大约10分钟，你可能感觉到把身体里的所有压力和紧张都呼出去了。

阅读材料

1. 美国一个专为男性白领排忧解难的服务网站建议，"随身带个小皮球，郁闷时偷偷捏一捏"。随身携带一个网球、小橡皮球或是什么别的，遇到压力过大需要宣泄的时候就偷偷地挤一挤、捏一捏，显然要比掐同事的脖子、在大家目瞪口呆之下歇斯底里地撕废纸、捶桌子要好得多。

2. 据说在法国有一家"减压餐馆"，用餐客人可以任意掀翻桌子、摔断椅子。北京一家外企办事处的办公室角落里也堆着各式各样的流氓兔，专供员工们拳打脚踢，以释放工作中的压力。

二、组织层面的压力管理

员工的很多压力来源于组织，同时其他压力源也会和组织压力相互之间产生影响。单纯凭借员工个人的努力，很难使压力管理充分发挥作用。因此，压力管理亦是组织必须关注的重要问题，组织应该以更为积极的态度帮助员工寻找办法，协助员工应对压力。

1. 识别、改变或消除工作压力源

组织应该认真调查员工的压力来源，改变消极影响，消除那些导致不必要的紧张与工作倦怠的压力源，主要做法建议如下：

（1）改善工作环境，合理控制压力源。员工的压力很大一部分源自组织层面，因此组织要探究工作场所产生压力的主要原因，通过改善环境的方式消除工作压力源。如果一个车间的设备设施布置得太拥挤，员工有可能会感到压抑而产生厌烦情绪，降低工作绩效，组织可以通过改善设备的布置格局，播放背景音乐等措施，使员工在工作时体验到愉快的情绪，从而提高工作绩效。人际关系的压力源可以通过工作场所变动，相邻关系改变、合作者更换等形式加以改善，尽量保证工作丰富化，避免员工因长期从事同质工作带来的枯燥感和疲惫感；合理安排员工的工作负荷，让员工有调整的机会；合理使用人员，做到能岗匹配，才尽其用；对压力感很高的工作宜采取轮岗方式；改进领导者作风，尽量减少来自上级对下级的过大压力。改变企业文化和激励体系，使员工保持工作与生活的平衡，培养团队精神，不再强调工作狂的变态激励机制；通过规范岗位职责，使员工明确自己的工作内容、岗位需求，从而消除角色冲突及角色模糊的压力。

（2）提高员工的承压能力。员工承压能力和压力管理能力的提高可以通过培训的方式进行，通过培训帮助员工进行知识、技术、技能的训练，从而增强其对任务的胜任力，并减轻其对任务压力的体会。另外，敏感性训练通常是在专家指导下进行的，这种训练可以增强员工的沟通能力和人际交往能力，也可以减轻员工对人际压力的体会。如对领导者进行培训可以使他们掌握更好的决策技术，对管理人员进行培训可以使他们做出更好的绩效评价，更有效地听取员工意见，更准确地安排工作；对员工的培训可以使他们熟练掌握业务知识和工作技能，学会与同事相处的技能，处理好与上下级之间的关系。

通过组织提供的压力管理培训，员工了解和识别压力的能力会得到提高，对压力带来的危害有充分的认识，掌握压力应对的方法和制订个人压力管理计划等相关知识和技能，会让员工感受到来自组织的关怀，研究发现，这种被关怀的感受本身（相当于社会支持）就会降低员工的压力感。

（3）适度授权和分解任务。授权管理的方式已经被越来越多的管理者所尝试和接受，通过授权，可以为管理者减轻压力和工作负担，员工则由于对自己的工作内容及工作环境有更强的驾驭能力而主动投入更多的精力工作。另外，对繁重的工作任务进行适度分解则可以减少管理者的工作压力，分散个人承担责任的范围，从而可以更轻松地从事工作。

（4）员工帮助计划。员工帮助计划（Employee Assistance Programs，EAP）是组织为帮助员工及其家属解决职业心理健康问题，由组织出资为员工设置的一套系统服务项目。发达国家多年实践证明，员工帮助计划是解决职业心理健康问题的最有效方案，财富500强企业中80%的企业为员工提供了EAP。这项计划通过提供压力导向的疗法或者是以行为改变为主的咨询服务计划，改变员工的一系列不良行为，如酗酒、滥用药物、重度吸烟等，当然，这种计划主要针对的是那些无法有效地进行自我管理的员工们。

（5）实现工作与生活间的平衡。由于生活节奏的加快和竞争的加剧，使员工的工作和生活之间经常处于失衡状态，组织应该提高工作丰富化水平，建议采取以下做法促进问题的解决。

弹性工作制：这种工作制可以在工作时间和工作形式上进行调整，员工可以根据家庭情况、工作性质自由地选择工作时间和工作场所，使家中的老人、孩子都能得到适当的照护，工作任务也不受影响。

远程办公：这种办公方式可以缩减时间和交通带给人们的工作压力，而且可以在家庭事务得到照顾的前提下完成工作，实现生活和工作的和谐。

工作分享制：由两人或两人以上共享一个工作职位，通过相互关照和轮流工作的方式，使人们在工作与家庭之间承受更小的时间压力。

多种福利计划：福利计划有很多种，包括子女托养福利和津贴、带薪休假、带薪产假、无薪留职假期等多种，日间托儿福利或工作场所的日间托儿中心，可以为家有学龄前儿童的员工提供一些帮助。在工作现场设置锻炼中心，使员工不用从自己的工作场所走出多远就可以锻炼身体，不仅会提高员工的身体素质，更可以增强组织凝聚力和归属感，从而使大家在愉快的环境下工作，消除工作压力源。

2. 减轻压力带来的不良后果

压力既有积极的效果，也有不良的后果，对于组织来说应该认真考虑减轻不良后果的方法，可供借鉴的有团队建设、学习型组织建设、行为塑造、职业生涯规划辅导、实行放松训练、提供健康项目等。

团队组建后可以利用集体的力量帮助员工克服压力产生的可能及相应的后果；在学习型组织中，员工可通过共同愿景的打造实现对压力的积极应对；组织通过对员工进行职业生涯规划辅导，进一步调整组织规划并对员工的行为加以引导，可以减少压力不良后果的出现概率；放松训练既可以使员工尽早从压力状态中解放出来，提高工作和生活质量，又可以帮助员工形成和谐的人际关系，提高绩效水平。健康项目是指组织发起的旨在促进良好健康习惯的各项活动，主要有提供身体健康的相关信息以引起员工的警觉，帮助员工改变生活方式，保持良好的生活习惯等项目。通过以上各种项目的实施，可以帮助减少事故的发生，减少员工的缺勤和迟到现象，减少医疗费用，从而提高员工满意度和归属感，并最终提高组织绩效。

【综合练习题】

一、选择题

1. 下列关于压力的说法正确的有（　　　）。

A. 压力是内外环境中各种因素作用于有机体时所产生的非特异反应

B. 压力是一种个体要面对与自己所期望的目标相关的机会、限制和要求，并且这种动态情景所产生的结果被认为是重要而不确定的状态

C. 压力对于人们只产生负面的影响

D. 压力是人在对付哪些自己认为无法对付的情况或威胁时，认为无力应对所产生的异常反应

2. 关于压力的特点哪个是不正确的？（　　　）

A. 压力是可变的 　　　　　　　　　　B. 压力是不可避免的

C. 压力具有个体差异性 　　　　　　　D. 压力是难以承受的

3. 汉斯·塞利的压力感受模型将人们对于压力的反应状况分为以下哪几个阶段？（　　　）

A. 阻抗阶段 　　　B. 解决阶段 　　　C. 惊觉阶段 　　　D. 衰竭阶段

4. 关于压力与工作绩效的关系，叙述正确的是（　　　）。

A. 压力水平越低，绩效越高 　　　　　B. 压力水平越高，绩效越高

C. 压力水平与绩效水平无关 　　　　　D. 绩效随着压力的增大而先上升后下降

5. 关于压力后果的说法中正确的有（　　　）。

A. 压力对个体的生理和心理都会产生明显的影响作用

B. 压力与工作绩效呈现倒"U"形的关系

C. 工作压力只能产生加重、加快疾病的作用，而不能成为疾病的诱因

D. 工作压力对员工的创造能力和控制能力有影响

6. 压力的来源包括（　　　）。

A. 家庭生活 　　　B. 工作任务 　　　C. 角色冲突 　　　D. 任务冲突

7. 个体进行工作压力管理战略设计可以考虑哪三个层次？（　　　）

A. 压力应对战略 　　B. 压力降低战略 　　C. 压力适应战略 　　D. 压力恢复战略

8. 要实现工作与生活之间的平衡，可以考虑采用哪些方法？（　　　）

A. 远程办公 　　　B. 弹性工作制 　　　C. 工作分享 　　　D. 多种福利计划

二、简答题

1. 什么是工作压力？工作压力的形成过程如何？

2. 工作压力的基本特征是什么？

3. 压力产生的主要原因有哪些？

4. 怎样正确认识和对待工作压力？

5. 说明压力评估的过程是如何进行的。

6. 举例说明现代企业应该如何给员工释压。

三、名词解释

1. 工作压力　2. 压力源　3. 压力降低战略　4. 压力恢复战略　5. 员工帮助计划

四、案例分析与探讨

常务董事 Joe Hansen 的一天

Joe Hansen 是南非开普敦 Magical Connection 的一名常务董事。跟随着他一天，我目睹了在一天的工作中他所面对的挑战和压力。

早上 6 点整，闹钟嗡嗡作响，Joe 翻身关上了闹钟，犹豫是否起床，他昨晚工作到很晚，所以他决定晚些起床，再睡上半小时。天啊，几分钟后 18 个月的女儿开始啼哭，他看了看妻子，然后决定让她再睡会儿，她昨晚照料女儿跟他工作一样到 11 点。他起床抱起哭闹着的女儿，走进厨房为她准备奶瓶。在厨房里，他把女儿放在自己的大腿上，打开他的笔记本电脑，电脑显示了 42 封新邮件。他想回到 E－mail 和手机没普及的年代，不过他首先要承认没有这些先进的科技手段他将一事无成，他认为在各个方面，工作与非工作的界限在逐渐模糊。和他许多 IT 同事一样，Joe 把职业生活从家庭生活中分离出来实在太难。利用女儿正在婴儿床上安静地吃奶的机会，Joe 开始回复 E－mail 并删除掉他收到的垃圾邮件。6：45 他开始沐浴，当他梳理头发时第一次有了暮年的感触——38 岁，他自嘲着开始洗澡，他想他工作到很晚以及工作的压力是导致这些的原因。现在已经是 7：15 了，Joe 应该去办公室了，他没有时间早餐，只能灌下第二杯浓咖啡作为替代，暗暗发誓从明天起自己要在工作前腾出时间来早餐。

当 Joe 驾车去工作的时候，早晨的路上逐渐开始拥堵，他庆幸自己不是在经常去往机场进行商务之旅的路上，那些旅行让他精疲力竭，每次都有一大堆工作等着他回来处理。他刚行驶不到 10 分钟的时候手机响了，是他的一位部门经理 Justin 打来的，Justin 请示今天见他，与他讨论为什么有些成员不能达到预定目标的问题。Joe 回想起他在一家大银行里的第一份工作，在那里团队协作根本不存在，他位于管理链的最底层，他从没有被征求过决策意见。如今所有的都改变了，特别在 IT 部门，Joe 在 Magical Connection 公司里是位常务董事，他的公司 22 名员工里只有很少的几名经理。与之大不相同的是，他当时所在的那家银行有 500 多名员工，他在庞大的管理层内无名无姓，当初和 Joe 一起在银行业工作的人大多数仍在那里工作。而对 Joe 来说，留住有能力的员工依然是个挑战，这些员工一般每两年都要跳到另一家 IT 公司，甚至会去南非的其他一些地方谋职。尽管行业里频繁的跳槽，Joe 还是不怀念银行里的工作方式，他喜欢自己公司的组织，公司人员的分组有助于业务进展，任务被合理地分配，庞大的管理层框架不是他所期盼的。

当 Joe 走进办公室的时候，他见到了 Alan 正在接待处走来走去，公司正急等着来自亚洲的零部件，Alan 解释说虽然零部件已经在德班上岸，但因为有关文档丢失了，被海关扣留了。被许诺得到许多零部件的客户已经打电话给 Alan 问那些零件在哪里，Alan 看来像是到了爆发的极点了，他努力地向 Joe 诉说应付那些发火现在就要零件的客户给他的压力。Jge 对 Alan 深表同情，他自己也是经常要面对来自各个方面的压力。见了会儿 Alan 并为他想办法如何化解这一危机后，Joe 太想喝他的第三杯咖啡了，希望咖啡因能使他振作精神。尽管刚到 10 点，他在桌子的抽屉里捞到了香烟并出去抽烟，他知道烟对健康的危害，更不要说如果妻子发现后他会怎样面对妻子愤怒的脸色。整天里都是麻烦，只有这5 分钟的间隙属于他自己。

11 点，Joe 坐下来与他的一个下属讨论他们的目标。Justin 一开会就指责 Sharon 的不称职以致损害了团队目标的完成。Justin 激昂地说他对因弥补 Sharon 的过失而要加大工作量厌烦透顶了。Joe 在会上坐着，他认为 Justin 尖刻的个性对会议无益，Joo 意识到由于团队里有些人缺乏良好的人际技巧对团队有效开展工作是个阻碍。进而，他想弄清楚为什么 Sharon 没能完成她的既定目标。Joe 想，为他的团队成员开展一些人际技巧的培训，保持团队的效率对于 Magical Connection 是必需的，因为这将转化为在全国和全球标准上的竞争力，公司要想在这高度竞争的环境中立足，保持竞争力是生存的基石。

Joe 的老同学 Dan 下午 1 点的时候打电话给他，邀他共进午餐。Joe 笑了，他告诉 Dan，他两年来从没有过午餐休息，他期望有一顿安静的午餐——有着可口的食物和好友——但是他知道自己还有许多事要做，Justin 仍在抱怨团队绩效差，Joe 知道他要尽可能快地处理好这个问题。Dan 嘲笑他，告诉他一个管理者应当善于委托并享受闲暇。Joe 有自己的观点，他认为在南非，授权仍是个新的理念，但是 Joe 知道如果将他的工作更多地委托给年轻的员工，并让他们做更多的决策，这样的话他会省下更多的时间来为公司做长远的战略考量。而现在还没有到午餐休息的时代，他只能用食堂的汉堡和面包片来应付。

下午 2：30，Fiona 走进他的办公室告诉 Joe 她打算离开公司。听到这，Joe 有些失落。她是公司最聪明的员工之一，她的离开意味着公司又要想办法去招收并留住另一个新人。招募并挑选新人要花时间，Joe 打算要启动这一工作。

下午 4 点，Joe 躺在桌子上，在办公室里做了个按摩。一个月前采纳了员工们的这个意见，公司所有的员工每周可以做一次 30 分钟的按摩。舒缓的音乐在办公室里飘荡，空气里散发着精油的芳香，Joe 感到自己的关节在按摩师灵巧的手里活动开来，肌肉开始放松。这个好主意真管用。

下午 6 点，Joe 带着一个鼓鼓囊囊的公文包想离开办公室——想到他的妻子整天照看着女儿，她此刻一定很累了，正期盼着他回家好帮帮她。他有 6 本新电脑杂志要看，还有一个网页需要浏览。此刻，Joe 意识到他下周应该参加一个电脑培训，这样的话可以让他置身于办公室之外。这些再培训以及与在大量的信息里与行业保持同步的持续压力吞没了他生活的所有特征。

当 Joe 开始他 20 分钟的驾程回家时，他放进一张新 CD 跟着哼唱他最喜欢的歌曲。哼唱逐渐变为大声地唱，合唱的声音格外大，噪声振着方向盘。而一个与工作有关的电话打断了这短暂的轻松。电话结束了，他打算要带妻子和女儿出去过周末，也许去山里，在那里他们可以像一个家庭那样轻松，他还可以与妻子多说说话。没有手机也没有笔记本电脑，想到这，他笑了笑。这会儿有点舒服，他想起明天和未来要面对的挑战，Magical Connection 需要保持快速、灵活、敏捷、韧性、创造性，Joe 想成为这个公司的领导者之一。尽管工作有这么多挑战，Joe 还是爱自己的工作，有挑战也值得。

资料来源：Reprinted with permission of Hazel Bothma.

【问题】

1. 找出 Joe 所面对的压力源。

2. 你认为 Joe 如何才能更有效地管理压力？

3. IT 部门的员工承受的压力比其他部门（比如银行或者制造部门）所承受的压力要大，这种说法恰当吗？说明你的理由。

参考文献

［1］海因茨·韦里克，哈罗德·孔茨．管理学（第十一版）［M］．北京：经济科学出版社，2004．

［2］斯蒂芬·P. 罗宾斯．管理学（第四版）［M］．北京：中国人民大学出版社，1997．

［3］周三多．管理学（第四版）［M］．北京：高等教育出版社，2014．

［4］邵冲．管理学概论（第二版）［M］．广州：中山大学出版社，2002．

［5］杨文士，张雁．管理学原理［M］．北京：中国人民大学出版社，2000．

［6］张德．组织行为学（第二版）［M］．北京：清华大学出版社，2011．

［7］张德．组织行为学（第二版）［M］．北京：高等教育出版社，2004．

［8］孙成志．组织行为学［M］．大连：东北财经大学出版社，2007．

［9］［美］O. 吉弗·哈里斯、斯塔德拉·J. 哈特曼．组织行为学［M］．北京：经济管理出版社，2011．

［10］陈国权．组织行为学［M］．北京：清华大学出版社，2011．

［11］阎海峰．组织行为学［M］．北京：高等教育版社，2010．

［12］李爱梅．组织行为学［M］．北京：机械工业出版社，2011．

［13］张德，吴志明．组织行为学（第二版）［M］．北京：东北财经大学出版社，2006．

［14］李永瑞．组织行为学［M］．北京：高等教育出版社，2012．

［15］陈国海．组织行为学（第4版）［M］．北京：高等教育出版社，2013．

［16］胡宇辰，叶清，庄凯．组织行为学（第三版）［M］．北京：经济管理出版社，2002．

［17］任浩．组织行为学——现代的观点［M］．北京：清华大学出版社，2011．

［18］陈兴淋．组织行为学［M］．北京：清华大学出版社、北京交通大学出版社，2006．

［19］许芳．组织行为学原理与实务［M］．北京：清华大学出版社，2010．

［20］百度百科：企业文化冲突．

［21］中国人力资源网．

［22］Richard Blonna. 多变世界中的压力应对（第三版）［M］．北京：高等教育出版社，2008．

［23］关培兰．组织行为学［M］．北京：中国人民大学出版社，2008．

［24］周菲．组织行为学［M］．北京：机械工业出版社，2009.

［25］唐·荷尔瑞格，小约翰·W. 斯劳卡姆，理查德·W. 渥德曼．组织行为学［M］．胡英坤，车丽娟，贾秀海译．大连：东北财经大学出版社，2006.

［26］史蒂文·L. 麦克沙恩，玛丽·安·冯·格里诺．组织行为学［M］．井润田，王冰洁，赵卫东译．北京：机械工业出版社，2007.

［27］Joseph E. Champoux. 组织行为学［M］．宋巍巍，张微译．北京：清华大学出版社，2004.

［28］李剑锋．组织行为管理［M］．北京：中国人民大学出版社，2004.

［29］斯蒂芬·P. 罗宾斯著．组织行为学精要［M］．柯江华译．北京：机械工业出版社，2007.

［30］余世维．有效沟通［M］．北京：机械工业出版社，2006.